사무라이 이야기(상)

문고간행회 편집부 엮음
박현석 편역

玄 人

사무라이 이야기(상)

侍　物　語(上)

목 차

사무라이 이야기(하) 목차

제1장 사무라이의 기원

1. 무사의 발원

예로부터 일본의 병권은 엄연히 조정이 쥐고 있었다. 나라에 일이 벌어지면 천황이 직접 군을 통솔해왔다. 그런데 케이타이(継体) 천황(507?~531?) 시절에 오오토모노 카나무라[1])가 오오무라지(大連)가 되어 정치를 행했는데 충성스러운 사람이기는 했으나 대한반도 정책에 실패한 이후부터 오오토모 씨의 세력이 급속히 쇠락했으며, 뒤이어 모노노베(物部) 씨도 불교 문제로 국수적인 자세를 취해 소가(蘇我) 씨와 다투었으나 불행히도 패하여 멸망했기에 그것으로 오래 전부터 세력을 떨쳐오던 두 대장은 힘을 잃고 말았다. 이후부터 한동안은 소가 씨가 홀로 조정을 장악하여 전횡을 일삼았기에 결국에는 타이카 개신[2])이 일어났고, 이것으로 고대의 호족은 멸망했으며 씨족제도도

---

1) 大伴 金村(?~?). 고대 중앙의 호족으로 최고관직인 오오무라지에 올랐다. 훗날 외교정책의 실패로 실각했다.
2) 大化の改新(645). 나카노오오에(中大兄, 626~672) 황자가 후지와라노 카마타리(藤原 鎌足)의 도움을 얻어 소가 일족을 멸망시킨 일. 나카노오오에 황자는 훗날 텐지(天智) 천황이 되었다.

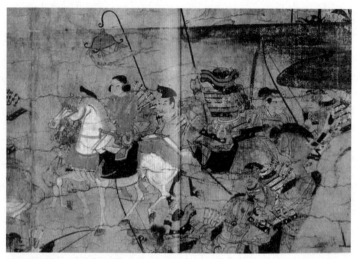

모노노베 씨와 소가 씨의 전투

붕괴되었다. 그리고 병제에도 커다란 변화가 일어났다.

타이카 개신의 정치는 대체적으로 당의 제도를 모방한 것이었는데 곧 유명한 타이호의 율령3) 도 완성되어 새로운 병제가 실시되었다. 그 군제에 따라서 도읍에 에몬후(衛門府)·좌우의 에지후(衛士府)·좌우의 효에후(兵衛府) 등 5개의 에후(衛府)가 설치되어 황거(천황의 거처)를 지켰으며, 지방에는 수많은 군단(600~1,000명 단위)이 배치되었고, 특히 큐슈4)에는 사키모리(防人)가 특파되었다. 그런데 당시는 징병제였기에 국민들 가운데 21세 이상의 남자는 시기를 정해서 군역에 종사해야 했으며, 그 기간 중 1년은 에지(衛士)가 되어 도읍의 에후에 충당되었다. 그리고 군에는 다이키(大毅1개 군단의 장)·쇼키(小毅)·코이

---

3) 大宝の律令. 타이호 원년(701)에 제정한 율령제. 무가정치가 시작될 때까지 존속했다.

4) 九州. 혼슈(本州)의 남서쪽에 있는 큰 섬. 치쿠젠·치쿠고·히젠·히고·부젠·분고·휴가·오오스미·사쓰마노쿠니로 이루어져 있었다.

(校尉병사 200명을 통솔)·료시(旅帥병사 100명을 통솔) 등의 사관이 있었으며,
전시에는 1개 군에 장군·부장군·군감을 두고, 삼군을 통솔하는 대장군
을 임명한 뒤, 천황이 셋토(節刀칼)를 내려 출정케 하도록 정해져
있었다. 이 병제는 말하자면 병농일치[兵農一致]로 국민 전체가 병사
인 셈이며, 군을 통수하는 것은 물론 천황이었다.

　그러나 이러한 군제는 시대에 맞지 않는 것이었기에 그로부터 얼마
지나지 않아서 행해지지 않게 되었다. 나라(奈良) 시대[5] 말기인
코닌(光仁) 천황(770~781) 시절에 태정관[太政官]이 상주한 내용을
천황이 재가하여 이때부터 일본의 병제는 징병제가 폐지되고 모병제로
바뀌어 강건한 자만이 병사로 뽑히게 되었고 이들을 건아[健兒]라고
불렀다. 즉, 병농이 다시 분리된 것이다.

　얼마 후인 칸무(桓武) 천황(781~806) 시절에 이 건아가 폐지되고
다시 병사가 징집되었으나, 역시 원활하지가 않아서 점차 병농분리
경향이 현저해졌으며 결국은 무사라는 특별한 계급의 병[兵]이 일어나
게 되었다.

　헤이안(平安) 시대(794~1192)는 이름 그대로 평안[平安]한 시대여서
400년 동안 태평한 시대가 계속되었기에 일본 특유의 문화가 크게
발달했으며, 귀족들의 전성기라 여겨지고 있다. 그것 역시 틀림없는
사실이기는 하나 이는 도읍에서만의 일이었다. 실제로 헤이안쿄[6]는
비교적 오랜 기간 태평을 누리며 찬란한 문화를 꽃피웠다. 그 기간
동안에는 후지와라 씨[7]가 권세를 마음껏 휘두르며 셋쇼(摂政)·칸파

---

5) 710~794년. 나라를 도읍으로 삼았던 시대.
6) 平安京. 쿄토의 옛 이름. 794~1868년까지 도읍이었다.

쿠(関白)8)의 지위를 독점했는데 그들은 정치를 돌보지 않고 매일 향락에 빠져 지내기에 이르렀다. 따라서 세상이 잘 다스려질 리 없었고, 도읍만은 무사하다 할지라도 지방 정치는 완전히 문란해져서 도저히 손을 쓸 수 없는 지경에 이르고 말았다.

각 지방의 코쿠시9)도 대부분은 도읍에 머물며 해당 지역에 부임하지 않고 그 대신 다이칸(代官대리)을 보내 오로지 백성들로부터 조세를 탐하여 가능한 한 자신의 배를 채우기에 급급했다. 물론 각 지역 안의 치안유지 따위에는 전혀 신경을 쓰지 않았기에 부랑자나 강도 등이 곳곳에서 횡행하게 되었으며, 수십·수백 명씩 무리를 지어 이른바 산적이나 해적이 되었고 후에는 도읍 안까지 침입하기에 이르러 풍류를 즐기던 도시 인사들의 간담을 서늘하게 만들었다. 가엾은 것은 농민들로, 관리들로부터는 착취를 당하고 강도들에게는 위협을 당해서 설 자리가 없었기에 결국에는 사찰로라도 달아나거나 자신도 강도의 무리에 들어가거나, 그렇게 할 수 없다면 누군가 커다란 세력을 가진 사람의 힘에 의지하여 자신의 안전을 꾀하지 않으면 안 될 입장에 내몰리고 말았다. 이는 정부의 경찰기관이 완전히 무력해져서 양민을 보호할 수 없었기 때문인데, 그렇다면 그 커다란 세력을 가진 사람이란 누구였을까? 무엇보다 여기에 주목할 필요가 있는데 그들이 바로 무문[武門]의 무사들이었다.

---

7) 藤原氏. 일본의 대표적인 귀족으로 나라 시대에 조정에서 가장 유력한 씨족이었으며, 헤이안 시대에 들어서는 딸을 천황가에 시집보내 세력을 확장했다.
8) 셋쇼는 천황이 어리거나 여성일 때 임금을 대신하여 정무를 보던 관직. 칸파쿠는 임금을 보좌하여 정무를 보던 관직.
9) 国司. 일본의 옛 행정구역 단위였던 쿠니(国)의 지방관.

당시의 어지러운 세상에서는 정부의 보호를 받을 수 없었기에 각지에서 유력한, 이른바 호족이 일어난 것은 매우 자연스러운 일이었다. 이는 훗날 아시카가(足利) 막부[10]가 무력해지자 전국에서 군웅이 할거한 것과 어딘가 비슷한 점이 있는데 그 호족이 바로 무문이라 불리고, 무사라 불린 계급의 발생이 된 것이다.

한편 헤이안 시대 초기부터 조정에서 황족에게 성을 내리고 그들을 신하로 삼는 예가 생기기 시작했다. 그 가운데 유명한 것은 칸무 천황의 황손인 타카미(高見) 왕의 아들 타카모치(高望)에게 타이라(平)라는 성을 준 일로, 이것이 훗날의 헤이시[11] 일문이다. 이와 더불어 유명한 것은 세이와(淸和) 천황(858~876)의 황자인 사다즈미(貞純) 친왕[12]의 아들 쓰네모토(経基)에게 미나모토(源)라는 성을 준 일로, 그가 이른바 겐지(源氏)의 조상이 되었다.

이러한 사람들은 후지와라 씨가 권세를 휘두르는 도읍에 머무는 것이 썩 내키지 않았기에 지방의 관리가 되어 토고쿠[13]나 사이코쿠[14] 등으로 부임했고 그대로 그 지방에 머물며 케닌[15]과 로도[16]를 두고 무력을 자신의 근지로 삼았으며 농지를 점유하여 언제부턴가 엄연한 세력을 갖게 되었다. 특히 그들은 황족의 자손으로 지방 사람들로부터

---

10) 무로마치(室町) 막부를 일컫는다. 아시카가는 무로마치 막부 쇼군(將軍) 집안의 성. 막부가 세력을 잃자 전국에서 군웅이 할거하여 전국시대가 시작되었다.
11) 平氏. 타이라 씨를 음독한 것. 아울러 미나모토(源) 씨는 겐지(源氏)라고 했다.
12) 親王. 처음에는 천황의 형제·아들 모두를 가리켰으나, 759년 이후부터는 왕의 윤허에 의한 자만을 일컫게 되었다.
13) 東国. 도읍의 동쪽 지방을 뜻하는 말로, 주로 칸토(関東) 지방을 일컫는다.
14) 西国. 도읍의 서쪽 지방을 뜻하는 말로, 주로 큐슈 지방을 일컫는다.
15) 家人. 유력 무사와 주종관계를 맺은 무사. 일종의 가신 개념이다.
16) 郎党. 유력 무사와 주종관계를 맺은 무사 가운데 주인과 혈연관계도 없고, 영지도 없는 자.

커다란 존경을 얻었기에 명실상부 누구도 함부로 대할 수 없는 유력자가 되었다.

물론 이 겐페이[17] 두 집안 외에 후지와라 씨 일족 가운데서도 도읍에서 뜻을 이루지 못한 자가 지방으로 내려가 토착한 경우도 있었다. 이러한 무리들은 실력으로 지방에서 세력을 형성한 것이기에 실력 이외에는 그 어떤 것에도 굴복하지 않았으며, 언제부턴가 실력만능주의의 바람이 불기 시작했다. 이는 조정의 권위가 전국에 미치지 못한 결과인데, 결국은 무력으로 서로 경쟁하게 되어 강한 자는 더욱 강해졌으며 나중에는 조정의 명령에조차 따르지 않고 점차 독립된 입장을 취하게 되어 무사계급을 결성하기에까지 이른 것이다.

---

17) 源平. 미나모토 씨와 타이라 씨를 아울러 이르는 말.

2. 겐지와 헤이케

일본의 역사상 무가의 우두머리로 가장 유명한 것은 겐지(미나모토 씨)와 헤이케(平家타이라 가) 두 집안일 것이다. 두 집안 모두 헤이안 중기에 일어나 처음에는 서로 공을 다투고 출세를 다투었으나 결국에는 헤이케의 키요모리[18]가 먼저 전성기를 구가했다. 그러나 너무나도 극심한 횡포로 인해 그 영화는 오래 가지 못했으며, 뒤를 이어 겐지의 요리토모[19]가 완전한 무가정치의 기초를 닦고 막부를 개설했다. 하지만 그 겐지도 겨우 3대 만에 세력을 잃었으며 뒤를 이어서 헤이케의 일족인 호조(北条) 씨가 카마쿠라(鎌倉) 막부의 실권을 쥐게 되었으나, 그로부터 100여 년쯤 지나서는 켄무의 중흥[20]으로 스러지고 말았다. 그 뒤를 이어서 나타난 것이 겐지의 피를 물려받은 아시카가 씨[21]로 무로마치(室町)에 막부를 열고 200년 정도 명맥을 이어왔으나, 초기부터 말기까지 변란이 끊이지 않았으며 그러한 난 속에서

---

18) 타이라노 키요모리(平 淸盛, 1118~1181). 헤이안 말기의 무장. 호겐의 난과 헤이지의 난에서 겐지 세력을 누르고 관직의 최고위인 태정대신의 자리에까지 올랐다. 일본에서 최초로 무가정권을 세운 인물(막부와 형태는 달랐다).

19) 미나모토노 요리토모(源 賴朝, 1147~1199). 카마쿠라 막부의 초대 쇼군. 헤이안 말기에 이즈에서 거병하여 헤이케를 쓰러뜨리고 카마쿠라 막부를 세웠다. 일본에서의 무가정권을 공고히 한 인물.

20) 建武の中興(1333). 고다이고 천황이 카마쿠라 막부를 쓰러뜨리고 친정을 행한 일.

21) 아시카가 타카우지(足利 尊氏, 1305~1358)가 고다이고 천황에 맞서 쿄토의 무로마치에 막부를 세웠다.

명맥이 끊어지고 말았다. 다시 그 뒤를 이어서 헤이케 출신이라 일컬어지는 오다 노부나가[22]가 한때 천하를 평정했으나 혼노지의 변[23]으로 허망하게 스러졌으며, 이번에는 근본도 알 수 없는 토요토미 히데요시[24]가 갑자기 끼어들었으나 그 역시도 한순간에 스러지고 말았다. 그리고 마지막 무가시대를 일으킨 것은 겐지의 일파인 닛타(新田) 씨의 자손을 칭한 토쿠가와 이에야스[25]였다.

이처럼 무가시대를 통해서 700년 동안이나 겐페이 두 집안이 교대로 천하를 쥐었던 것이다. 후지와라 씨가 쿄토(京都)의 쿠게[26], 즉 귀족을 대표하는 것처럼, 겐페이 씨는 무가를 대표하게 된 것이다. 따라서 사무라이(侍)의 발달을 생각함에 있어서는 이 두 집안에 속한 무사들을 살펴보지 않으면 안 된다.

겐페이 두 집안은 어떠한 사정에 의해서 일어나게 된 것인지, 즉 무사라는 계급이 어떻게 발달하게 되었는지는 이 두 집안의 출세 이야기를 통해서 조금 더 자세히 설명해보도록 하겠다. 앞서도 잠깐 이야기한 것처럼 이 두 집안은 황족 출신으로 그 황손이라는 사실

---

22) 織田 信長(1534~1582). 전국시대의 무장으로 혼란에 빠졌던 일본의 통일을 거의 눈앞에 두었으나 부하인 아케치 미쓰히데(明智 光秀)의 모반으로 꿈을 이루지 못했다.

23) 本能寺の変(1582). 전국시대의 통일을 눈앞에 뒀던 오다 노부나가의 부하인 아케치 미쓰히데가 일으킨 변란. 이 난으로 오다 노부나가는 목숨을 잃었으며 그 뒤를 토요토미 히데요시가 잇게 되었다.

24) 豊臣 秀吉(1536~1598). 처음에는 오다 노부나가의 짚신을 관리하는 신분에서 출발하여 일본 전국을 통일하기까지에 이른 인물.

25) 德川 家康(1542~1616). 에도(江戸) 막부의 초대 쇼군. 토요토미 히데요시 사후 혼란을 수습하고 세력을 키워 에도(지금의 토쿄)에 막부를 세웠다. 전국시대 3웅 가운데 최후의 승자로 기억되고 있는 인물.

26) 公家. 조정에서 벼슬살이를 하던 귀족. 무가에 대한 말로도 쓰였기에 이하부터는 우리말로 읽어 '공가'라 표기하겠다.

덕분에 지방 사람들로부터 커다란 존경을 얻게 되었고 그로 인해서 커다란 세력을 형성할 수 있었다는 것이 출세의 첫 번째 이유였다.

헤이시(타이라 씨)는 칸무 천황의 황손인 타카미 왕의 아들 타카모치가 성을 받아 신하가 되었고 카즈사27)의 스케28)에 임명, 지방관이 된 것이 그 시작이었다. 따라서 이들을 칸무 헤이시(桓武 平氏)라고 부르는데 이는 타카모치 외에 그의 숙부인 타카무네(高棟)에게도 역시 타이라 성을 내렸으며, 또 닌묘(仁明) 천황과 몬토쿠(文德) 천황의 자손에게도 타이라 성을 내렸기 때문이다. 그러나 이들은 세상에 거의 드러나지 않았기에 헤이케라고 하면 대부분은 타카모치의 자손만을 가리킨다. 카즈사의 스케가 된 타카모치는 그대로 칸토 지방29)에 토착했으며 점차 세력을 키워나갔다. 그의 아들 7명30)도 전부 토고쿠의 관리에 임명되어 일족은 더욱 번성하게 되었다. 타카모치의 큰아들인 쿠니카(国香)는 히타치(常陸이바라키 현조슈,대국,원국)의 다이조(大掾삼등관)에서 친주후31)의 쇼군(将軍장관)이 되었으며, 둘째인

---

27) 上總. 옛 일본의 행정구역 단위인 쿠니(国) 가운데 하나. 카즈사노쿠니(上総国). 소슈(総州)라고도 불렸다. 지금의 치바(千葉) 현 중부. 당시에는 쿠니의 힘(国力)에 따라서 각 지방을 대국, 상국, 중국, 소국으로 나누었는데 카즈사는 대국으로 분류되었다. 또한 당시 수도권에서의 거리에 따라서 근국, 중국, 원국으로 나누기도 했는데 카즈사는 원국으로 분류되었다. 이하, 각 쿠니에 대해서 같은 순서로 분류를 표기하겠다. 각 쿠니의 자세한 위치는 책 뒤의 지도 참조.

28) 介. 차관. 당시 각 관은 4등의 직계로 나뉘어 있었다. 장관은 카미라 불렸으며, 차관은 스케, 삼등관은 조, 사등관은 사칸이라 불렸다. 단, 각 직에 따라서 한자의 표기가 달라졌으며, 읽는 법도 조금씩 달랐다.

29) 関東地方. 지금의 토쿄 및 그 일대 지방을 일컫는 말로, 당시에는 사가미·무사시·아와·카즈사·시모우사·히타치·코즈케·시모쓰케 8개 쿠니(주)를 일컬었다. 칸핫슈(関八州), 토고쿠(東国), 반도(板東)라고도 불렸다.

30) 타카모치의 아들은 쿠니카, 요시카네, 요시마사(良将), 요시히로, 요시후미, 요시마사(良正), 요시시게, 요시요리(良繇) 등이라 알려져 있으나, 기록마다 각각 차이가 있어서 정확한 사실은 알 수 없다. 여기서는 원서의 내용에 따랐다.

요시카네(良兼)는 시모우사(下総치바 현 북부 및 이바라키 현 일부.소슈.대국.원국)의 카미(守장관), 셋째인 요시마사(良将)도 친주후의 쇼군, 그 다음인 요시마사(良正)는 카즈사의 스케(차관)에 올랐고, 다섯째인 요시후미(良文)만은 관직에 오르지 않은 듯하나 세상에서는 무라오카(村岡)의 고로(五郎)라고 불리던 자로 무사시노쿠니(武蔵国토쿄·사이타마·카나가와 현부슈,대국,원국)의 무라오카를 개척했으며, 또한 시모우사의 소마군(相馬郡)을 개척하여 총 수확량이 5만 섬32)에 이르는 토지를 점유하고 있었다. 여섯 번째 아들인 요시마사(良正)는 시모우사의 스케(차관), 막내인 요시시게(良茂)는 히타치의 쇼조(小掾삼등관)였다. 이처럼 각자 모두가 출세하여 히타치에서부터 시모우사에 이르는 땅에서 번성했다.

첫째인 쿠니카의 아들 사다모리(貞盛)도 친주후의 쇼군에 임명되었으며, 아울러 무쓰(陸奥아오모리·이와테·미야기·후쿠시마 현 및 아키타 현의 일부.오슈,대국,원국)의 카미(장관)도 겸하고 있었기에 그 세력이 오우33) 지방에까지 미쳤다. 이 사다모리의 자손이 가장 번성하여 훗날 키요모리 등도 나오게 되는 것이다. 그런데 셋째인 요시마사의 아들 마사카도(将門)가 곧 자신의 세력만 믿고 이른바 조헤이(承平)의 난을 일으키는데 이는 나중에 설명하기로 하고, 여기서는 헤이케의 상대가 된 겐지(미나모토 씨)의 기원에 대해서 이야기하기로 하겠다.

겐지도 헤이케와 마찬가지로 사가(嵯峨) 천황을 비롯하여 닌묘, 몬토쿠, 다이고(醍醐), 무라카미(村上) 등 역대 천황의 황손에게 주어

---

31) 鎮守府. 칸토 이북에 살던 일본의 원주민인 에조(蝦夷)를 진압하기 위해 요지에 설치했던 군정기관.
32) 부피의 단위로 1섬은 약 180ℓ.
33) 奥羽. 무쓰노쿠니와 데와노쿠니를 아울러 이르는 말.

졌는데, 그 가운데서도 세이와 천황의 황자인 사다즈미 친왕의 아들 쓰네모토를 조상으로 하는 겐지의 자손이 가장 번영했으며 제일 유명하여, 겐지라고 하면 이 세이와 겐지를 일컫게 되었다. 요시이에(義家), 요리토모는 물론 닛타, 아시카가, 타케다(武田) 등의 각 성이 전부 여기에 속하는 사람들이다.

겐지의 조상인 쓰네모토도 헤이케의 타카모치와 마찬가지로 지방관에 임명되어 무사시·시나노(信濃나가노 현 신슈,상국,중국)·코즈케(上野군마현,조슈,상국,원국) 등의 각지에서 직을 수행했으며, 그의 아들인 미쓰나카(滿仲)도 역시 각지의 관직에 올랐는데 그 가운데서도 셋쓰(摂津오오사카 북중부 및 효고 현 남동부,셋슈,상국,카나이)의 타다(多田)에 장원을 개척하여 그곳을 근거로 정했기에 이를 타다 겐지라고 부르게 되었다. 뒤이어 미쓰나카의 아들인 요리미쓰(賴光)·요리노부(賴信)도 역시 각지에서 관직에 올라 점차 세력을 확장했다. 이 요리미쓰가 상당한 용사로 오오에야마(大江山)의 슈텐도지[34]를 퇴치하여 이름을 알렸으나, 그 자손 가운데는 요리마사(賴政) 정도가 이름을 알렸을 뿐 그다지 눈에 띄는 자는 없었다. 이와 반대로 동생인 요리노부 계통에서는 유명한 사람들이 여럿 나왔는데 요리토모와 요시쓰네(義経)도 여기에 속했기에 이들이 겐지의 본류가 되었다. 여기서 주의해야 할 점 하나는, 일반적으로 겐지는 토고쿠에서, 헤이케는 사이코쿠에서 세력을 키운 것으로 알려져 있으나 이는 조금 더 후의 일이고, 앞서 이야기한 것처럼 처음에는 오히려 헤이케가 토고쿠에, 겐지는 서쪽 지방에 더 많았었다.

---

34) 酒吞童子. 오오에야마에 산다는 도깨비의 두목. 도움으로 들어와 부녀자와 재보를 훔쳐갔기에 천황의 칙명을 받아 미나모토노 요리미쓰가 퇴치했다고 한다.

타이라노 마사카도

헤이안 시대의 태평함도 점차 끝을 향해 다가가게 되었는데 도읍의 텐조비토[35] 등이 밤낮으로 유약한 시가·관현의 놀이만 일삼으며 환락에 빠져 있을 때, 시선을 지방으로 돌리면 그곳은 완전히 별세계여서 조정의 명령은 조금도 행해지지 않았으며 곳곳이 난마처럼 뒤얽혀 호족이 할거하고 산과 바다에서는 도적이 횡행하는 등 국내는 백귀야행[百鬼夜行]의 형국이었다.

생각 있는 자들이 '지금 당장 무슨 일이 터져도 이상할 것 없는 세상이로구나.' 하며 근심하고 있던 바로 그때, 태평스러운 잠을 깨우는 효종[曉鐘]을 울린 것이 바로 조헤이·텐교(承平·天慶)의 난이었다.

---

35) 殿上人. 궁중의 정전에 들 자격이 있는 자. 헤이안 중기 이후 쿠게(공경)에 버금가는 신분을 나타내는 호칭이 되었다.

앞서도 잠깐 이야기한 것처럼 타이라노 타카모치의 손자인 타이라노 마사카도라는 자가 스자쿠(朱雀) 천황 시절로 후지와라노 타다히라(藤原 忠平)가 셋쇼(섭정)로 있을 때인 텐교 2년(939)에 칸토에서 난을 일으켰다.

원래부터 마사카도는 극히 거칠고 날래서 무예에 능하고 사납게 날뛰는 등, 참으로 방자하고 무례한 자였던 듯하다. 그런 그가 한번은 도읍으로 올라와서 케비이시36)가 되고 싶다고 청했으나, 이처럼 난폭한 자는 도읍의 벼슬자리에 조금도 어울리지 않는다며 셋쇼인 타다히라가 거절을 해버리고 말았다. 이에 커다란 불만을 품은 채 시모우사로 돌아간 마사카도는 제멋대로 방자하게 날뛰며 숙부인 요시카네와 다투기도 하고, 심지어는 역시 숙부인 쿠니카를 살해하는 등 더없이 난폭한 행동을 했다. 마사카도 곁에는 당시 무사시의 곤노카미37)였던 오키요(興世) 왕과 히타치 사람인 후지와라노 겐묘(藤原 玄明) 등처럼 좋지 않은 자들이 있었는데 셋이 모여,

"1개 쿠니를 빼앗아도 그 죄를 면하기 어려우니, 같은 죄라면 차라리 반도(板東칸토 지방) 8개 쿠니를 점령하여 그 형세를 살펴보기로 합시다."
라고 천부당만부당한 마음을 일으켜 토고쿠 각지를 강탈하기로 꾀하고, 시모우사의 사시마(猿島)에 임시거처를 지어 크게 위세를 떨쳤다.

마사카도에게는 마사히라(将平)라는 동생이 있었는데 그가 형에게

---

36) 檢非違使. 처음에는 쿄토의 경찰업무를 담당했으나 이후 소송, 재판까지 겸했기에 커다란 권력을 갖게 되었다.

37) 權守. 정원 외로 카미(장관)의 직을 받은 자. 우리 식으로 말하자면 명예장관쯤 될 듯하다. 직함 앞에 '곤(權)'이 붙은 것은 이러한 자들을 칭하는 경우가 많은데 이러한 자들을 곤칸(權官)이라고 불렀다.

다음과 같이 간언했다.

"제왕의 업이란 지혜로 겨루는 것이 아니며, 힘으로 다투는 것도 아닙니다. 예로부터 지금에 이르기까지 업을 일으켜 기반을 놓은 왕자[王者]란 하늘이 내리는 것입니다. 깊이 생각하시어 행하지 않으시면 후세의 비난을 면키 어려울 것입니다."

마사카도의 행동을 멈추게 하기 위해 은근히 말한 것이었으나 그는 이를 듣고,

"나는 무예에 능하다. 지금 세상에서는 싸워 이긴 자를 주군으로 여긴다. 사람의 나라에는 그러한 예가 있다. 만약 관군이 공격을 해온다면 아시가라(足柄)와 우스이(碓氷)의 관문을 닫아걸고 막으면 그만이다. 결코 어긋남은 없을 것이다."라며 동생의 말을 받아들이지 않았다고 한다. 이를 보면 마사카도는 중국의 예에 따라서 난을 일으킨 것인 듯하다.

"시모우사에서 병사를 일으킨 마사카도가 스스로 헤이(平) 신노(新皇)를 칭하며 모반을 꾀하고 있다."

이러한 보고가 조정에 도달하자 공경 모두 낯빛을 잃어, 〈모두 놀라 도읍 안이 더없이 시끄러웠다. 공(셋쇼 타다히라)이 지금은 불력에 의지하고 신명의 도움을 청해야 한다고 생각했기에 각 산의 절에서 수많은 기원이 있었다.〉라는 기사가 콘자쿠 이야기[38]라는 당시의 책에 실려 있다. 오랜 세월에 걸친 태평스러운 꿈이 갑자기 깨진 그 모습이 눈에 보이는 듯하다. 게다가 이 난을 어떻게 처치했는가

---

38) 今昔物語. 일본 최대의 설화집.

하면, 난을 가라앉히기 위해서 관군을 달려가게 한 것이 아니라 그저 신불에게 기원하여 다스려지기를 빌었으니 그 몰상식한 태도에는 참으로 놀라지 않을 수 없다. 이것으로 그 무렵 조정의 신하들이 얼마나 유약하고 군사를 이해하지 못했으며, 또 군비가 되어 있지 않았는지를 알 수 있다.

거기에 공경들의 간담을 서늘하게 하는 소동이 하나 더 일어났다. 서쪽 지방인 사이코쿠에서 후지와라노 스미토모(藤原 純友)라는 자가 이요(伊予에히메 현 요슈,상국,원국)의 히부리시마(日振島)를 근거지로 세토나이카이[39]의 해적들을 모아 토고쿠의 마사카도에 호응하여 난을 일으켰기에,

〈이요의 조(掾삼등관) 스미토모, 악행을 일삼으며 도적질을 즐기고 배에 올라 늘 바다에 머물며 각지를 오가는 배 및 물건을 빼앗고, 또 사람들을 죽인다.〉

라는 주문[奏聞]이 도읍에 이르렀다. 물론 이것은 모반이 아니라 당시 유행하던 해적이 조금 더 기세를 떨친 것일 뿐이었으나, 태평에 젖어 있던 조정의 신하에게는 청천벽력 같은 소식이어서 그들은 깜짝 놀라 모반일 것이라 지레짐작했다.

이처럼 동서에서 동시에 병란이 발생하여 나라 안에 커다란 소동이 벌어졌으나 정작 중요한 정부는 간담이 서늘해져서 허둥지둥할 뿐, 이들을 진정시킨 것은 관군의 대장이 아니라 토고쿠에서는 시모쓰케(下野토치기 현 야슈,상국,원국)의 오료시(押領使)라는 관인이었던 후지와라

---

39) 瀬戸内海. 혼슈, 시코쿠, 큐슈에 둘러싸인 내해.

노 히데사토(藤原 秀郷)로 흔히 타하라 토타(田原 藤太)라 불리던 강용하고 모략에 능한 용장과 아버지 쿠니카를 살해당해 아버지의 원수를 갚겠다며 늘 그 기회를 엿보고 있던 쿠니카의 아들 타이라노 사다모리였다. 이 두 사람이 병사 4천여를 모아 시모우사로 공격해 들어갔고, 마사카도를 쳐서 그 목을 쿄토로 보냈다.

그리고 서쪽 지방에서는 오노노 요시후루(小野 好古)라는 장군과 겐지의 조상인 로쿠손(六孫) 왕 쓰네모토가 수군을 이끌고 히부리시마를 공략하여 스미토모를 주살, 난을 평정했다.

이 조헤이·텐쿄의 난은 천하 소동의 효종이었을 뿐만 아니라, 이 난을 진정시켜 커다란 무공을 세운 자들은 관군이 아니라 동쪽에서는 헤이케, 서쪽에서는 겐지 등 지방의 호족, 즉 신흥무사들이 각각 자신의 무력으로 커다란 공을 세운 것이었기에 이후부터는 자연스럽게 무인이 대두하여 결국 실력을 쥔 그들이 유약한 전통에 의지하고 있던 도읍의 공경의 세력을 대신하여 새로운 형세를 낳기에 이른 것이다. 다시 말해서 마사카도, 스미토모의 난은 무사계급을 세상에 내보낸 산파역을 한 것이라 할 수 있다.

* 타이라노 마사카도의 난에 대해서는 여러 가지 해석이 있는데, 이 책의 견해와는 달리 일본 최초의 역성혁명으로 단순한 반란이 아니라 일본의 율령국가 쇠퇴와 무사의 발흥을 상징하는 사건이라고 보는 견해도 있다. 이러한 견해에 따르자면 타이라노 마사카도는 단순한 역적이 아니라 부패에 맞서 혁명을 꿈꾸었던 인물로 평가되기도 한다. 실제로 그는 신황[新皇]을 칭하기도 했다. (역자 주)

3. 하치만 타로 요시이에

예로부터 무장으로 국사에 빛나는 이름을 남긴 영걸은 그 숫자가 적지 않다. 상무의 나라인 일본에서 훌륭한 대장이 여럿 나온 것은 당연한 일일 테지만, 그 가운데서도 특히 뛰어난 일류 무장은 그렇게 많지 않으리라. 그러한 일류 무장들 중에서도 그 누구나 뛰어난 무장임을 부인할 수 없는 자가 바로 하치만 타로 요시이에(미나모토노 요시이에)일 것이다. 어느 방면에서 바라봐도 헤이안 시대의 쌍벽이라 할 수 있는 대장군은 사카노우에노 타무라마로(坂上 田村麻呂)와 요시이에인데, 요시이에 쪽이 훨씬 더 후대의 인물이기에 무사도적인 정신이 한층 더 현저하게 발휘되어 있는 듯 여겨진다.

어쨌든 겐지(미나모토 씨)는 쓰네모토가 스미토모의 난을 평정하는 공을 세웠기에 이후 급속하게 명성을 얻게 되었다. 쓰네모토의 아들인 미쓰나카(滿仲)도 무략에 상당히 뛰어나서 후지와라 씨와 손을 잡고 도적이 늘 횡행하던 도읍을 수호하게 되어 무인이 반드시 필요해진 시대임을 나타내기에 이르렀다.

미쓰나카의 아들인 요리미쓰·요리노부 형제도 역시 무용으로 세상에 이름을 떨쳤는데, 특히 요리미쓰는 오오에야마의 산적인 슈텐도지를 퇴치하여 도읍 사람들로부터 커다란 칭찬과 감사를 받았다. 요리노부는 고이치조(後一条) 천황(1016~1036) 시절에 카즈사노쿠니에서 난을 일으킨 타이라노 타다쓰네(平 忠常)를 정벌하여 공을 세웠고, 그로 인해 친주후의 쇼군(장관)에 임명되었다. 요리노부의 아들인 요리요시 (賴義)도 역시 할아버지와 아버지에 뒤지지 않을 만큼 용맹스러운 무장이었다. 산조(三条) 천황 시절인 초와(長和) 3년(1014) 5월에 당시의 칸파쿠로 영화의 절정을 달리던 후지와라노 미치나가(藤原 道長)가 참으로 드물게도 자신의 집에서 경마 및 활쏘기 모임을 열었는데 천황이 친히 가서 관람을 했다. 그때 요리요시는 겨우 12세의 소년이었는데 숙부인 요리미쓰를 따라가서 함께 구경을 하고 있었다. 미치나가가 당상을 지나다 문득 요리요시의 모습을 보고 즉흥적으로,

"너는 미쓰나카의 손자 아니냐. 대대로 무기를 쥐는 집안에서 태어났으니 이러한 때에 화살 하나라도 쏘아 자신의 체면은 물론 집안의 명예까지도 높여야 하지 않겠느냐. 어떻게 생각하느냐, 요리요시야. 활을 한번 쏘아보겠느냐?"라고 반은 농담처럼 말했다. 그러자 요리요시가 조금도 두려워하는 기색 없이 그 자리에서,

"그렇다면 황송하지만 활을 한번 쏘아보겠습니다."라며 벌떡 일어섰기에 큰아버지인 요리미쓰가 근심이 되어 요리요시의 소매를 여며 어깨에 걸쳐주며,

"마음만 앞서서 실수를 해서는 안 된다. 또 겁을 먹어 힘을 쓰지 못해서도 안 된다."라고 간곡하게 말했다. 그러자 요리요시는 빙그레 웃으며,

"마음 놓으시기 바랍니다. 주먹은 아직 단단히 굳지 않았으나 평소 단련해온 솜씨, 이러한 때가 아니면 수련의 정도를 보일 기회가 없을 것입니다. 만약 맞히지 못한다면 그때는 그대로 할복하여 무사의

본보기를 후세에 오래도록 남기겠습니다."라고 말한 뒤, 함께 온 로도인 카토 카게미치(加藤 景通)에게 활과 화살을 가져오게 해서 그것을 좌우의 손에 들고 조용히 나섰다.

남쪽에 마련한 관람석에는 주상, 동궁을 비롯하여 수많은 여관과 궁녀들이 고운 발 속에 앉아 있었고, 동서의 차양에 장막을 두른 곳에는 수백의 공경과 텐조비토가 숨을 죽인 채 모여 있었으며, 그 아래를 보니 백관이 어깨를 나란히 하고 입추의 여지도 없이 모여 눈을 반짝이고 있었다.

'저 어린 아이가 무엇을 하려는 걸까?'

모두가 지켜보는 가운데 겨우 12세의 소년인 요리요시가 조금도 주눅 든 기색 없이 활에 화살을 메겨 시위 소리 높게 쏘아올리자 한 치의 어긋남도 없이 과녁의 정중앙에 가서 꽂혔다. 장내가 일제히 술렁였으며 요리요시를 칭찬하는 소리가 한동안 그치지 않았다고 한다.

이처럼 겐지에서는 신기하다 싶을 만큼 대대로 효용[驍勇]한 무인들이 나와서 일찍부터 쿄토로 들어갔고 후지와라 씨와 손을 잡았기에 출세가 빨랐다. 이에 반해서 헤이케는 지방에만 나가 있었고 일족 가운데서 난을 일으키는 자가 수시로 나왔기에 겐지만큼은 이름을 떨치지 못했다.

이 요리요시의 아들이 요시이에인데, 선조인 쓰네모토로부터는 5대째에 해당한다. 이 요시이에는 조상들이 그 동안 쌓아온 무용이 그에 이르러 훌륭하게 완성되었다고 해야 할지, 겐지 가운데서도 제1위를 차지하는 무장이 되었다. 요시이에에 대한 당시의 기록을

보면,

　〈효용하고 빼어나서 말에 오른 채 쏘는 화살은 신기에 가까웠다. 번뜩이는 칼날을 무릅쓰고 포위를 뚫은 뒤 적의 좌우로 나서서는 커다란 촉의 화살을 쉴 새 없이 쏘아댔는데 헛되이 날아가는 것 없이 겨냥한 자를 반드시 쓰러뜨렸다. 마치 신명의 조화인 듯, 범인의 경지가 아니었다.〉

라고 되어 있다. 이는 무쓰의 호족인 키요하라노 타케노리(淸原 武則)가 화살 1발로 갑옷 3벌을 뚫은 요시이에의 활을 보고 놀라 적은 글이다.

　또한 우다이진40) 후지와라노 무네타다(藤原 宗忠)의 일기인 『추유키(中右記)』에는,

　〈요시이에 아손41)은 천하제일의 무용을 가진 인사다. 쇼덴42)을 허락받았다.〉

라고 기재되어 있다.

　요시이에는 어렸을 때 이름이 겐타(源太)였는데, 그가 7세가 되었을 때 아버지 요리요시가 이와시미즈(石淸水) 하치만구(八幡宮)의 신 앞에서 그의 관례를 치러주었기에 세상에서는 그를 하치만 타로라고 불렀다. 요시이에의 동생인 요시쓰나(義綱)는 카모(賀茂) 신사에서

---

40) 右大臣. 다이조다이진(太政大臣), 사다이진(左大臣)에 버금가는 태정관의 장관. 우의정.

41) 朝臣. 텐무(天武) 천황(673~686) 때 정한 8계급의 성 가운데 제2위. 후에는 5품 이상 귀족의 경칭으로 쓰였는데 3품 이상인 자는 성 아래에 붙이고 이름을 부르지 않았으며, 4품인 자는 이름 아래에 붙이고 성을 부르지 않았다. 5품인 자는 성명 아래에 붙였다.

42) 昇殿. 궁중의 정전에 드는 일. 이를 허락받은 자를 텐조비토라고 불렀다.

관례식을 치렀기에 카모 지로(二郎)라고 불렸으며, 그 다음 동생인 요시미쓰(義光)는 시라기묘진(新羅明神) 앞에서 관례식을 치렀기에 신라 사부로(新羅 三郎)라고 불렸다. 이 가운데서도 하치만구에 대한 겐지의 숭경은 매우 두터운 것이어서 요리요시가 카마쿠라에 쓰루가오카(鶴岡) 하치만구를 조영했으며, 이후 겐지의 수호신으로 여겨지게 되었다.

요시이에가 겨우 10세가 되었을 때 멀리 무쓰에서 젠쿠넨노에키(前九年の役)라고 불리는 전란이 일어나, 요시이에는 아버지를 따라 전장으로 가서 실전 경험을 쌓게 되었다. 이 전란이 일어난 원인은, 무쓰 지방은 예로부터 에조(원주민)가 살던 땅이었으나 타무라마로의 정벌 이후 일본에 편입되었기에 조정에서는 그 가운데 강성한 자를 후슈(俘囚에조)의 장으로 삼아 에조 인민을 다스리게 했다. 이 무렵, 즉 고레이제이(後冷泉) 천황(1045~1068) 시절에는 아베노 요리토키(安倍 賴時)가 후슈의 장이었는데, 무쓰의 6개 군(지금의 이와테 현)을 영유하고 있어서 세력이 매우 강성했기에 마침내는 관명을 어기고 조세를 내지 않기에 이르렀으며, 무쓰의 코쿠시인 후지와라노 나리토우(藤原 登任)와 다투어 그를 물리치는 등의 횡포를 부렸다. 이에 조정에서도 그냥 내버려둘 수 없었기에 당대 최고의 무사라 일컬어지던 미나모토노 요리요시를 무쓰의 카미(장관) 겸 친주후의 쇼군에 임명하여 병사들을 이끌고 가서 아베노 요리토키를 추토[追討]케 했다. 당시 요리요시의 무명[武名]은 굉장한 것이어서 조정에서도 요리요시 외에는 무쓰 정벌을 위해 보낼 만한 장수가 없었던 것이다. 이에 요리요시는 아들 요시이에를 비롯하여 수천의 부하들을 데리고 무쓰로 향했다. 아베노

미나모토노 요시이에

요리토키도 진작부터 요리요시의 이름을 듣고 있었기에,

"요리요시 장군과는 도저히 맞설 수 없다. 지금은 잠시 항복할 수밖에 없다."라며 바로 무기를 거두고 관군에게 항복했다. 그러나 이는 표면적인 것이었을 뿐, 그 후 얼마 지나지 않아서 요리토키가 아들 사다토우(貞任)와 일족의 병사들을 모아 공공연히 관군에 저항했기에 화가 난 요리요시는 마침내 무력으로의 정벌을 결행했으며 요리토키는 화살에 맞아 목숨을 잃고 말았다.

이처럼 모반을 일으킨 요리토키는 쓰러뜨렸으나, 그의 아들인 사다토우 역시 매우 용맹한 자였으며 키가 6척(180cm), 허리둘레가 7척 4촌(225cm)이나 되는 거한이었다고 한다. 그가 정병 4천을 데리고 관군과 끝까지 자웅을 겨룰 각오를 하고 있었다. 이에 텐기(天喜) 5년(1057) 11월에 요리요시가 1천 8백의 병사들을 이끌고 가서 카와사키노사쿠(河崎柵)에 있던 사다토우 군을 공격했으나, 마침 눈보라가 심해서 길을 알아볼 수 없었으며 식량이 떨어져 병마 모두 지쳤기에 대패하여 관군은 뿔뿔이 흩어지고 말았다. 요리요시도 좌우에 겨우 6기만을 데리고 간신히 달아났으며, 그때 요시이에는 17세의 나이였는데 쉴 새 없이 강궁[强弓]으로 적을 쏘아 쓰러뜨려 마침내는 무사히 위기의 땅에서 벗어날 수 있었다.

그러는 사이에 요리요시의 임기인 4년이 지나 타카시나 쓰네시게(高陛 経重)라는 자가 대신 무쓰의 카미가 되었으나 평범한 관리로는 무쓰 지방을 도저히 다스릴 수가 없었으며 백성들도 모두 요리요시를 따르는 듯했기에 어려움을 겪던 쓰네시게는 결국 달아나버리고 말았다. 이 일만 봐도 요리요시가 백성들의 마음을 얼마나 사로잡고 있었는지를 알 수 있다. 이에 요리요시가 코쿠시를 재임하게 되었으며, 마침내는 사다토우를 토벌하기 위해 당시 데와(出羽ᵒᵏᵃᵏᵃᵗᵃ·ᵃᵏᶦᵗᵃ 현 우슈,상국,원국) 후슈의 장이었던 키요하라노 타케노리에게 원병을 요청했다. 당시에는 관군이라는 것이 제대로 갖추어져 있지 않아서 요리요시는 자신의 부하들만으로 싸웠기에 병력이 부족하여 고심하고 있었으며 마음껏 싸울 수도 없었던 것이다. 그런데 이번에는 타케노리가 데와에서 대군을 이끌고 도우러 와주었기에 그 세력과 합쳐 코로모가와노사쿠(衣川柵)에서 사다토우에게 대승을 거두었다.

이후 사다토우는 점차 세력을 잃어 결국에는 그의 본거지인 쿠리야가와노사쿠(厨川柵모리오카 시)에 성을 견고하게 쌓고 해자를 깊이 파서 방어에 힘을 썼으나 요리요시 군이 성을 포위하고 해자에 풀을 던져넣은 뒤 하치만구에게 기도하고 불을 붙이자 마침 불어온 커다란 바람에 성이 한꺼번에 불타올라 적군은 갈팡질팡, 사다토우도 혼란스러운 중에 목숨을 잃고 말았다. 이렇게 해서 전후 9년이라는 오랜 기간에 걸친 무쓰의 난도 완전히 평정되었다. 사다토우의 동생 가운데 무네토우(宗任)라는 자가 있었는데 역시 강용하기로 이름이 높아 요리요시 군을 괴롭혔으나 쿠리야가와노사쿠가 떨어질 때 사로잡히고 말았다. 요시이에가 그의 무용을 아껴 죽음을 면해주고 가까이서 자신을 섬기게 하자 무네토우는 그 은혜에 감복하여 요시이에에게 충성을 다했다. 그는 훗날 쓰쿠시(筑紫)로 내려가서 마쓰라토우43)의 선조가 되었다.

---

43) 松浦党. 마쓰우라 지방에서 조직되었던 마쓰라 씨 무사단의 연합. '토우(党)'란 이러한 무사 집단을 가리키는 말이다.

4. 고산넨노에키와 겐지의 세력

 젠쿠넨의 대란도 다행히 겐지의 무력에 의해서 진정되었고 그 후 2년쯤은 무쓰 지방도 평온했으나 호리카와(堀河) 천황(1087~1107) 시절에 다시 고산넨노에키(後三年の役)라는 대란이 일어났다. 이 난은 젠쿠넨노에키 때 요리요시를 도와 공을 세운 키요하라노 타케노리가 아베 씨를 대신하여 무쓰 6개 군을 영유하고 친주후의 쇼군에도 임명되어 크게 출세하게 되었는데 타케노리의 손자인 사네히라(真衡) 때 키요하라 씨 일족인 키미코노 히데타케(吉彦 秀武)와 후지와라노 키요히라(藤原 清衡) 등의 사이에서 다툼이 일어났고, 그것이 마침내는 병력을 동원한 전쟁으로 번진 사건이었다. 젠쿠넨노에키 때 아베노 요리토키가 조정에 등을 돌린 것과는 달리, 단지 일족 사이의 분쟁이 크게 번진 것이었으나 어쨌든 오우 지방은 병란에 휩싸이게 되었으며, 이를 그냥 내버려둘 수는 없는 상태에까지 이르게 되었다.

 이 무렵, 즉 에이호(永保) 3년(1083)에는 마침 요시이에가 무쓰의 카미(장관) 겸 친주후의 쇼군으로 있었기에 이 쟁난을 진정시켜야 했는데, 사네히라가 병으로 세상을 떠났기에 한때는 분쟁이 가라앉을 듯 보였다. 그러나 그로부터 얼마 뒤, 키요하라노 타케히라(清原 武衡)와 키요하라노 이에히라(清原 家衡) 등이 카네자와노사쿠(金沢柵)에 자리를 잡고 군대를 일으켰기에 요시이에는 마침내 무력으로 그들을

고산넨노에키

토벌하기로 하고 오토쿠(応徳) 3년(1086) 겨울에 병사들을 이끌고
가서 카네자와노사쿠를 공격했다. 카네자와노사쿠는 지금의 아키타
(秋田) 현 요코테마치(横手町) 부근으로 오모노가와(御物川)라는
강을 끼고 있는 요충지다.

　이 싸움에 관해서는 유명한 이야기들이 몇몇 세상에 전해진다.
그 가운데 하나는, 기러기들이 갑자기 대열을 흐트리며 날고 있는
것을 본 요시이에가,

　"얘들아, 서둘러 저 숲 속을 살펴보아라. 반드시 적의 복병이 있을
것이다."라고 명령하여 숨어 있던 적병을 발견, 적의 모략에서 벗어나
위기를 넘겼다는 이야기다. 이는 요시이에가 도읍에서 오오에노 마사
후사(大江 匡房)로부터 병법을 배웠기 때문이라고 한다.

　이 싸움에서는 적병이 견고하게 방어전을 펼쳤기에 요시이에도
크게 애를 먹었는데, 아군 장사들을 격려하기 위해서 매일 고오쿠노

자44)라는 것을 마련하고 그날의 전공을 살펴 공을 세운 자에게는,

"너는 오늘 크게 분투했으니 명예를 위해 강용한 자의 자리에서 식사하도록 하라."라며 그 공을 치하했고, 그와 반대로 비겁한 행동을 한 자는 겁쟁이의 자리에 앉게 했기에 모두가 용맹하게 싸울 것을 다짐했다고 한다.

그리고 요시이에의 동생인 요시미쓰가, 형이 고전을 면치 못하고 있다는 소식을 듣자 사효에(左兵衛)의 조(尉삼등관)라는 관직을 버리고 멀리 도읍에서 데와까지 도우러 갔다는 이야기도 있다. 또한 요시미쓰를 흠모하여 진군 중에 사가미노쿠니(相模国카나가와 현.소슈.상국.원국)의 아시가라야마(足柄山)까지 따라온 토요하라노 토키아키(豊原 時秋)에게 악곡을 전수하고 그대로 돌려보냈다는 이야기도 있다45).

거기에 카마쿠라 곤고로 카게마사(鎌倉 権五郎 景政)의 이야기도 있다. 카게마사는 당시 아직 16세의 어린 나이였으나 매우 뛰어난 용사여서 늘 남들보다 앞장서서 싸움에 임했다. 어느 날, 이때도 역시 앞장서서 나아가다가 적의 화살에 눈을 맞고 말았다. 용맹한 카게마사는 스스로 그 화살을 부러뜨린 뒤 자신을 쏜 적을 쫓아가 그를 쏘아 죽여 원수를 갚고 나서야 투구를 벗고 쓰러졌다. 미우라 타메쓰구(三浦 為継)라는 자가 그 모습을 보고 달려와 눈의 화살을 뽑아주기 위해 발을 카게마사의 얼굴에 대려 하자, 카게마사는 격노하여 쓰러진

---

44) 剛臆の座. 강용한 자와 겁쟁이의 자리라는 뜻.
45) 토키아키 집안은 대대로 생황에 정통한 악인의 집안이었는데 요시미쓰는 토키아키의 아버지인 토키모토의 제자였다고 한다. 그런데 토키아키가 어렸을 때 토키모토가 세상을 떠났기에 요시미쓰는 전수받았으나 토키아키는 전수받지 못한 곡을 아시가라야마에서 전수해주고 곡의 보존을 위해 토키아키는 그대로 쿄토로 돌려보냈다고 한다.

채로 칼을 뽑아 타메쓰구를 찌르려 했다. 타메쓰구가 크게 놀라,

"왜 그러는 겐가. 자네 눈의 화살을 뽑아주려는 걸세."라고 말하자 카게마사는,

"적의 손에 걸려서 죽는 것은 무사에게 늘 있는 일이오. 그러나 살아 있으면서 발에 얼굴을 밟힌다는 것은 커다란 치욕이오. 따라서 그대를 적으로 보아 찔러 죽이고 나도 죽을 생각이오."라고 말했다. 미안한 마음이 든 타메쓰구는 무릎을 꿇고 몸을 구부려 얼굴을 손으로 잡은 채 화살을 뽑아주었다고 한다.

한편 커다란 어려움을 겪던 카네자와노사쿠 공략도 요시이에의 무략에 의해 마침내 성공을 거두어 오우 지방의 어지러움도 다행히 평정되었으나, 이에 대해서 조정은,

"이번 사변은 전부 키요하라 집안의 사사로운 다툼이다. 따라서 전공에 대한 상을 줄 필요는 없다."라고 말했다. 실제 사정에 밝지 못한 공경들의 의견에 따라서 요시이에의 군병들에게 아무런 은상도 내리지 않았기에 요시이에는 매우 난처한 상황이 되었고, 자신의 재산을 털어서 전공이 있는 장사들에게 나누어주었다. 그 이후부터 반도(칸토)의 무사들 모두,

"무슨 일이 있어도 겐지를 배반해서는 안 된다."며 요시이에의 은혜에 크게 감사하고 이후부터는 진심으로 겐지에게 충성을 다하게 되었다. 이렇게 해서 겐지의 명성은 더욱 높아졌고 훗날 그의 자손이 마침내 천하의 병권을 쥐는 기초를 닦았다. 이는 요리요시, 요시이에 등 겐지 일족의 은위[恩威]가 토고구에 널리 전해진 결과이지만, 한편으로는 조정의 후지와라 씨 등 공경이 우유부단하고 세상 이치에

밝지 못해 국가 백년지계를 세우지 못했기 때문이라는 점도 간과할 수 없을 것이다.

어쨌든 젠쿠넨노에키와 고산넨노에키의 결과 겐지의 세력이 토고쿠와 오우 지방에 견고하게 자리를 잡게 된 것은 주로 요시이에 덕분이었으며, 또한 그로 인해서 무사의 정신이 크게 발달하는 기회를 맞이하게 된 셈이었다.

5. 주종의 길

무사의 도리라 여겨지는 여러 가지 도덕 중에서도 가장 중요한 것은 누가 뭐래도 주군에 대한 충성이었다. 원래 충의라는 것은 임금, 즉 천황에 대해 모든 백성이 품어야 할 으뜸가는 의무였다.

그런데 무사사회가 발생하고 무가라는 것이 일어난 뒤부터는 이 충성에 대한 개념이 조금 바뀌기 시작했다. 충성을 바쳐야 할 대상이 예전 그대로 천황임은 말할 것도 없으나, 경우에 따라서는 그보다 자신이 직접 소속되어 있는 주인을 위해서 일신을 바친다는, 즉 주종관계에 따라서 주군에게 충성을 다하는 것이 무사의 도리라고 여겨지기 시작한 것이다. 앞서도 이야기한 것처럼 겐지의 은혜에 감격한 토고쿠 무사들은 일제히,

"설령 조정에 등을 돌리는 한이 있더라도 겐지에게는 등을 돌려서는 안 된다."고 말했다. 여기서 말하는 조정이란 물론 후지와라 씨 및 공가(귀족)를 말하는 것이겠지만, 어쨌든 자신이 주인으로 직접 섬기는 무장에게 성심을 다하는 것이 충의 길이라고 믿게 된 것이다. 이러한 사실을 잘 알아두어야 훗날의 사건들을 보다 쉽게 이해할 수 있을 것이다.

이와 같은 주군과 가신, 즉 주종관계가 어떻게 해서 생겨났고 어떤 식으로 행해졌는지를 간략하게 살펴보기로 하겠다. 우선은 영웅이나

위인을 숭배하고 그들을 따르려 한 당시 사람들의 마음에서 일어난 것이라 여겨진다. 일세에 뛰어난 인물이 출현하면 세상 사람들은 일제히 위인을 찬양하고 그 아래로 모여들며, 그를 위해서는 일신을 희생해도 아깝지 않다는 생각이 일어나게 된다. 겐지의 대장, 특히 요시이에에 관한 기록을 살펴보면,

〈반도의 무사, 그에게 속하기를 흔쾌히 여기는 자가 많았다.〉

〈많은 백성이 그를 따랐다.〉

〈하인처럼 그를 섬겼다.〉

라는 등의 내용이 남아 있어서 겐지의 위엄과 덕망이 매우 높았을 뿐만 아니라, 위인을 숭경하는 사람들이 그 휘하로 모여들어 흔쾌히 가신이 되기를 소망했다는 사실도 엿볼 수 있다. 거기에 헤이안 시대 말기처럼 세상이 어지러워 백성들이 안심하고 살 수 없는 비상시에는, 아무래도 영웅의 힘에 의지하여 각자의 생명과 재산을 지키려 하는 마음이 일기 마련인데, 이와 같은 특별한 사정 역시 주종관계를 맺는 계기가 된 것이라 여겨진다.

그리고 은혜에 보답하겠다는 마음에서 충성을 다했다는 점도 중요한 이유 가운데 하나라고 할 수 있다. 자신이 어려움에 처했을 때 도움을 얻었다거나, 자기 집안 소유의 땅을 그 도움으로 안전하게 지킬 수 있었다거나, 그 외에도 여러 가지 경우가 있었을 테지만, 어쨌든 은혜를 입었다는 마음이 근원이 되어 훗날 긴한 일이 일어나면 자신의 일신을 바쳐 충성을 다하겠다는 정신을 품게 된 것이다. 그와 동시에 주인의 입장에 있는 자도 부하를 잘 보호하고 은의를 베풀고 재물을 아끼지 않고 부하를 신임하여 일심동체처럼 은정으로 부하를 대했기에 시간이

흐름에 따라서 군신주종의 관계는 자연스럽게 매우 두터운 정의가 되었다. 그렇게 해서 생사를 함께하고 영고의 운명을 함께 나누게 되었기에 충성심은 공허한 이론이 아니라 굳은 신념이 된 것이다. 만약 충성을 다하지 않는 자가 있으면 그를 '이누자무라이[46]'라는 더러운 이름으로 부르며 사람 취급도 하지 않았다.

젠쿠넨노에키에서 미나모토노 요리요시의 은정에 감격한 무사들은,

〈몸은 은혜를 위해서 써야하며, 목숨은 의 앞에서 가볍다. 지금 장군을 위해서 목숨을 잃는다 해도 아까울 것 없다. 만 번의 죽음으로 일생을 잊는다.〉

라고 『무쓰와키(陸奥話記)』라는 당시의 책에 기록되어 있는 것처럼 실제로 주군을 위해서 목숨을 바쳐 분투했다. 같은 책에 다음과 같은 이야기가 실려 있다.

〈이때 관군 가운데 사에키 쓰네노리(佐伯 経範)라는 자가 있었다. 사가미노쿠니 사람으로 장군이 그를 매우 두텁게 대우했다. 싸움에서 패해 간신히 포위를 뚫고 나왔으나 장군이 있는 곳을 알지 못했다. 사람들에게 물어도 아는 자가 없었다. 이에 장군은 목숨을 잃은 것이라 생각했다. 분개한 쓰네노리는, '장군을 섬긴 지도 벌써 30년. 지금 장군과 함께 목숨을 같이하여 지하까지 따르는 것은 내가 원하던 바다.'라며 되돌아가 적군 속으로 뛰어들었다. 쓰네노리를 따르던 병사들 역시, '공이 이미 장군과 목숨을 함께 하여 충절에 목숨을 바치셨다. 우리 역시 충절을 흠모하는 것은 마찬가지다.'라며 함께

---

46) 犬侍. 개보다도 못한 사무라이라는 뜻.

적군 속으로 뛰어들어 싸워 적을 쓰러뜨리기를 10여 명, 모두가 진중에서 목숨을 잃었다.〉

이는 물론 일례에 지나지 않으며 역사 속에서 이러한 예는 얼마든지 찾아볼 수 있다.

무사에게 있어서 충성이란 가장 중요한 덕이자 으뜸으로 행해야 할 도리였다고 할 수 있다. 그러나 무사가 걸어야 할 충성의 길은 일반 백성의 의무라 여겨졌던 임금에 대한 충성과는 조금 다른 면이 있었다. 임금에 대한 충성은 말하자면 절대적으로 지켜야 할 도리였으나, 무사들의 충성은 상대적으로 일어난 것이다. 훗날에는 이것도 절대적인 것처럼 되어갔으나, 처음에는 틀림없이 상대적인 것이었다. 다시 말해서 주군이 자신의 부하를 잘 보호해주고 또 과분한 은정을 베풀었기에, 그 은의에 감격한 결과 일신까지도 희생하겠다는 충성심이 생겨난 것이다. 요리요시나 요시이에처럼 세상에 이름이 알려진 대장들은 실제로 부하를 아끼고 자신의 몸처럼 그들을 걱정했기에, 헌신을 맹세하는 무사를 다수 얻을 수 있었던 것이며 그 힘으로 공명을 이룬 것이었다.

요컨대 무가 사회, 무사의 존재는 주인의 은애와 부하의 충성, 이 2가지에 의해 유지되어온 것이다. 무문, 무가라는 것이 시작됨과 동시에 이처럼 특수한 개념이 생겨나게 되었다.

(1) 예로부터 일본의 병권은 조정에 있었다.

(2) 몇 번인가의 제도개혁을 거쳐 무사라는 특별한 계급이 형성되었다.

(3) 중앙정부가 문란해지자 무사계급이 대두했는데 그 가운데서도 겐지[미

나모토 씨)와 헤이시(타이라 씨)가 유명하다.

(4) 지방에서의 난을 수습한 무사계급이 중앙의 정계까지 진출하여 실력으로 실권을 쥐게 되었다.

(5) 무사도에서 가장 중요한 정신은 충의이며, 주인 역시 부하를 자신의 몸처럼 아꼈다.

제2장 헤이시의 발흥

1. 신사 안의 괴이한 빛

겐지(미나모토 씨)와 헤이케(타이라 가)는 서로 대립하는 무문의 2대 세력으로, 집안 내력도 그렇고 공적도 그렇고 출세도 그렇고 대체로 비슷한 길을 걸어왔으나, 묘한 인연이라고 해야 할지 이 두 집안은 늘 세력을 다투어 서로 번갈아가며 그 권력을 쥐었다. 앞서도 이야기한 것처럼 처음에는 헤이케 일문이 각자 지방에서 이름을 알렸으나 일족 가운데서 마사카도나 타다쓰네처럼 반란을 꾀하는 자들이 일어났기에 아무래도 한때는 침체되어 있을 수밖에 없었다. 반대로 겐지에서는 요리노부·요리요시·요시이에 등과 같은 무사들이 나타나 커다란 전공을 세웠으며, 또 후지와라 씨와 결탁하여 쿄토에서도 세력을 확장했기에 적어도 헤이케에 앞서 기선을 제압한 형국으로 한동안 무가의 대표는 겐지 일문이었다.

그러나 시세는 돌고 도는 법이어서 한동안 숨을 죽이고 있던 헤이케에게도 역시 세상에 나올 기회가 주어졌다. 타이라노 사다모리는 마사카도를 제압한 공으로 무쓰의 카미(장관) 겸 친주후의 쇼군이되었다. 세상 사람들은 사다모리를 헤이쇼군(平将軍)이라고 불렀다.

　사다모리의 5대손 가운데 타다모리(忠盛)라는 자가 있었다. 처음에는 이세노쿠니(伊勢国미에·아이치·기후 현에 걸친 지방.세이슈,대국,근국)에 있었는데, 그때까지 헤이시(타이라 씨)는 세력을 떨치지 못했다. 그런데 다이지(大治 1126~1131) 시절에 추고쿠와 시코쿠47) 지방을 휩쓸고 다니던 해적을 사로잡았기에 마침내 그 이름이 세상에 알려지게 되었다. 그 이후 고토바(後鳥羽) 상황48)이 지금도 쿄토에 남아 있는 산주산겐도(三十三間堂절)를 지을 때 그 공사를 타다모리에게 명령했다. 타다모리는 그 공로를 인정받아 천황의 어전에 오르는 것을 허락받았다.

　당시 무사는 조정의 공경들에 비하자면 신분도 낮았고 위계도 낮았기에 어전에 오른다는 것은 있을 수 없는 일이었다. 따라서 타다모리가 쇼덴을 허락받았다는 것은 무사로서 더할 나위 없이 명예로운 일이었으나, 한편으로는 그런 만큼 공경들에게 업신여김을 당했다. 공경들은,

　"그 이세의 시골 무사가 어전에 오른다는 건 과분한 일 아닌가."

　"그런 자가 어전에 오른다는 건 우리들의 수치일세."라며 화를 냈다. 심지어는,

　"그런 녀석, 죽여버리기로 하세."라는 무시무시한 말까지 나왔다.

　그리고 11월의 어느 날, 호메이덴(豊明殿)에서 축하 의식이 열렸다. 타다모리도 그 의식에 참석하지 않을 수 없었다. 공경들은 그날 밤

---

47) 추고쿠(中国)는 혼슈의 서쪽 지방으로 오카야마·히로시마·야마구치·톳토리·시마네 현. 시코쿠(四国)는 일본 열도 남서부의 섬 및 그 부속 도서 지방으로 토쿠시마·카가와·에히메·코치 현.
48) 上皇 임금의 자리를 물려준 자를 일컫는 말. 상황 가운데 불문에 든 자를 법황(法皇)이라고 했다.

타다모리를 죽이기로 약속했다. 그 이야기를 들은 타다모리는,

"자리에 참석하면 목숨을 잃게 된다. 가지 않으면 겁쟁이라고 비웃을 것이다. 이를 어찌해야 좋을지."라며 고민에 빠졌다. 그러다 좋은 방법을 생각해냈다. 대나무로 만든 커다란 칼을 은박지로 감싸 그것을 허리에 차고 어전에 들었다. 그리고 일부러 어두운 방 안에서 그 칼을 뽑았다. 섬뜩한 빛이 번쩍번쩍 멀리까지 번뜩였다. 타다모리를 죽이려 했던 공경들은 그 빛에 겁을 먹어서 누구 하나 타다모리를 베려 하는 자가 없었다. 이렇게 해서 공경들을 겁먹게 만든 뒤 타다모리는 의식에 참석했다. 그리고 돌아오는 길에 어전의 숙직을 맡은 자에게 그 칼을 그대로 맡겼다.

타다모리가 집으로 돌아가자, 더는 무서울 것이 없어진 겁쟁이들이 떠들어대기 시작했다.

"어전에서 칼을 뽑다니, 무례하기 짝이 없는 짓이다."

"그런 녀석에게는 벌을 내려야 한다."

"당장 잡아들여라."라며 화를 냈다. 이에 상황이 타다모리를 불러 경위에 대해서 물었다. 타다모리는,

"모쪼록 그 칼을 살펴봐주시기 바랍니다. 숙직하던 자에게 맡겨두었으니."라고 말했다. 상황이 그 칼을 가져오게 하여 살펴보았더니 죽도였기에 아무런 책망도 하지 않았으며 오히려 그의 지혜를 칭찬했다.

이처럼 타다모리는 지혜롭고 매우 침착한 용기를 가지고 있었다. 어느 날 밤, 시라카와(白河) 법황(1073~1087)을 수행하여 기온(祇園)의 신사 근처를 지났다. 그날 밤에는 비가 내리고 있었다. 오가는 사람이 적은 신사의 숲 주위는 안 그래도 한적한데 비 때문에 새카만 어둠에

타이라노 타다모리

잠겨 있었다. 그때 그 숲 속으로 귀신 같은 것이 지나갔다. 머리는 은바늘을 묶어놓은 것처럼 보였으며 몸 전체가 반짝이고 있었다. 게다가 그 모습이 불쑥 나타났나 싶으면 슥 사라져버리고 말았다. 사라졌나 싶으면 다시 불쑥 모습을 드러냈다. 법황이,

"저것을 쏘아라."라고 명령했다. 타다모리는 가만히 생각해보았다.

'귀신일까? 하지만 여우나 너구리의 장난일지도 몰라. 어디 한번 사로잡아 살펴보기로 하자.'라며 그대로 달려들었다. 요물을 잡고보니 그는 신사의 나이 든 신관이었다. 그 신관은 비가 내리기에 머리에 밀짚을 묶은 것을 쓰고 한 손에는 기름통을 들고 다른 손에는 불씨를 들고 돌아다니며 등롱에 불을 붙이고 있었던 것이다. 귀신처럼 보였던 것은, 불씨가 꺼지지 않도록 수시로 불어가며 돌아다녔기에 불빛이 일어났다가는 잦아들고 했기 때문이었다. 타다모리가 이러한 사실을 보고하자 법황은 그의 용기를 크게 칭찬했다고 한다.

이 타다모리의 아들이 키요모리다. 헤이시는 사다모리에 의해서 이름이 알려지기 시작했으며, 타다모리의 출세를 시작으로 이 키요모리에 이르러 후지와라 씨마저도 능가할 정도의 커다란 세력을 얻게 되었다.

2. 호겐의 난

싸움은 한순간에 일어나는 것이 아니다. 싸움이 일어나기 전까지 여러 가지 일들이 얽혀 있기 마련이다.

시라카와, 호리카와, 토바(鳥羽) 천황에 이어서 토바 천황의 아들인 스토쿠(崇德) 천황이 임금의 자리에 올랐다. 전례에 따라서 토바 상황이 인[49] 안에서 정치를 행했다. 그러던 중에 상황에게서 아들이 태어났다. 그 아들의 어머니는 스토쿠 천황의 어머니와는 달라서 비후쿠몬인(美福門院)이라 불리는 사람이었다. 상황이 그 아들을 매우 아끼어 스토쿠 천황을 위에서 내리고 그 아들을 임금의 자리에 앉혔다. 이를 코노에(近衛) 천황이라고 한다. 천황의 자리에 올랐을 때 그는 겨우 3세였다. 그리고 스토쿠 천황은 아직 23세라는 젊은 나이였다.

그런데 얼마 지나지 않아서 코노에 천황이 병으로 세상을 떠나고 말았다. 그때 스토쿠 상황은 자신이 다시 한 번 임금의 자리에 오르거나, 그게 아니라면 자신의 아들인 시게히토(重仁) 친왕을 임금의 자리에 앉혀야겠다고 생각했다.

그런데 코노에 천황의 어머니인 비후쿠몬인은,

---

49) 院. 상황이나 법황이 머무는 곳을 인이라고 불렸으며, 상황이나 법황이 행하는 정치를 인세이(院政)라고 불렸다.

'코노에 천황이 요절한 것은 틀림없이 스토쿠 상황이 신에게 목숨을 빼앗아달라고 빌었기 때문일 것이다. 그런 자나 그런 자의 아들을 임금으로 삼아서는 안 된다.'라고 생각했기에 이러한 말을 토바 상황에게 해서 스토쿠 상황의 동생인 고시라카와(後白河) 천황을 임금의 자리에 앉혔다. 이것이 첫 번째 엇갈림이었다.

다음으로 두 번째 엇갈림이 있었다. 그것은 코노에 천황 시절에 후지와라노 타다미치(藤原 忠通)가 칸파쿠의 자리에 있었다. 그의 동생 가운데 요리나가(賴長)라는 사람이 있었다. 재지[才智]도 있었으며 학문에도 뛰어났기에 아버지인 타다자네(忠実)가 그를 크게 아꼈고 자연스럽게 요리나가도 언제부턴가 오만해져서 형을 형이라 여기지 않게 되었다. 그러나 코노에 천황도 토바 법황도 이 요리나가를 좋게 보지 않았기에 요리나가는 조금도 승진을 하지 못했다. 요리나가는 그것이 불만이었다. 이것도 그 엇갈림 가운데 하나였다.

호겐(保元) 원년(1156), 토바 법황이 54세로 세상을 떠났다. 스토쿠 상황이 깜짝 놀라 법황의 어소로 갔는데 누가 그런 말을 한 것인지,

"법황의 유언이 있었기에 상황께서는 어전에 드실 수 없습니다."라며 안으로 들어가지 못하게 했다. 상황은 하는 수 없이 그대로 돌아갔으나,

"아버지가 돌아가셨는데 아들이 그 자리에 들어가지 못하다니 참으로 유감스러운 일이다."라고 탄식하면서도 크게 화가 났다.

그로부터 얼마 지나지 않은 어느 날 밤, 요리나가가 상황의 어전에 들자 상황은 자신의 뜻대로 되지 않는 일들을 여러 가지로 늘어놓았다. 그러자 요리나가가,

"시게히토 친왕을 임금의 자리에 앉히시면 됩니다. 허나 그러려면 싸움을 하지 않으면 안 될 것입니다. 부족하나마 저도 가세하도록 하겠습니다."라고 권했다. 요리나가는 내심, 상황이 딱하기도 하고, 한편으로는 만약 시게히토 친왕이 임금의 자리에 오르면 자신도 틀림없이 전부터 소망하던 칸파쿠의 자리에도 오르고 다이조다이진(太政大臣태정관의 최고 위)도 될 수 있으리라 생각했던 것이다.

상황도 마침 화가 나던 차였기에 그 권유에 따라서 바로 병사들을 모으기 시작했다.

이 계획을 들은 고시라카와 천황은 크게 놀라 칸파쿠인 타다미치와도 상의한 결과 서둘러 싸울 준비를 했다. 그때 부름을 받은 대장으로는 미나모토노 요시토모(源 義朝), 미나모토노 요리마사 등이 있었으며, 그 외에도 수많은 사람들이 모여들었다. 그때, "타이라노 키요모리의 세력도 상당히 강하니 우리 편으로 불러들이자."는 의견이 나왔다. 그러나 개중에는,

"키요모리의 아버지인 타다모리가 시게히토 친왕의 양육을 담당했었으니 키요모리는 스토쿠 상황 편에 설 것이다. 부르지 않는 편이 좋을 것이다."라고 말하는 사람도 있었으나 비후쿠몬인이,

"이러한 때에 그게 누구든 무슨 상관이오. 세력이 큰 자라면 모두 부르도록 하시오."라고 말했기에 키요모리도 부르기로 했다. 그러자 키요모리도 기꺼이 달려왔다.

상황 쪽은 어땠는가 하면, 키요모리의 숙부인 타이라노 타다마사(平忠正)와 미나모토노 요리노리(源 賴憲) 등이 가세하기는 했으나 세력이 아직은 그렇게 크다고 할 수 없었기에 미나모토노 타메요시(源

為義)에게로 사람을 보내서 상황 쪽에 가담해달라고 청했다. 타메요시는 요시토모의 아버지였다. 그러자 타메요시가 말하기를,

"저는 14세 때 숙부인 요시쓰나(義綱)가 모반을 일으킨 것을 치러 간 것과, 18세 때 토다이지50)의 승병들 5, 6만이 몰려온 것을 내몬 것 외에는 싸움이라 할 수 있을 정도의 싸움도 해보지 못했습니다. 게다가 올해로 벌써 일흔 살이 되었습니다. 이래서는 군의 대장을 맡을 수는 없을 듯합니다. 그리고 얼마 전에, 겐지에 대대로 내려오는 갑옷 8벌(하치료)이 바람에 날려 뿔뿔이 흩어지는 꿈을 꾸었습니다. 잠에서 깨어난 뒤 지금까지도 불길한 느낌이 듭니다. 모쪼록 이번의 대장은 다른 사람에게 명하시기 바랍니다."라고 말했다. 이에 사자가,

"꿈 따위를 너무 마음에 두셔서는 안 됩니다. 그런 일로 오시지 않으려 하신다면 저의 임무도 수행을 할 수 없으며, 상황께도 드릴 말씀이 없어지고 맙니다."라며 간곡히 청했다. 타메요시가 다시,

"저는 결코 상황 쪽에 가담하기 싫어서 이러는 것이 아닙니다. 할 수만 있다면 도움을 드리고 싶어서 요시토모라면 조금은 힘이 되어드릴 수 있지 않을까 생각했으나, 그 아이는 천황의 명에 따라서 어전으로 가버렸고 더는 도움이 되겠다 싶은 사람도 없습니다. 단, 요시토모의 동생인 하치로 타메토모(八郎 為朝)는 힘이 세니 조금은 도움이 될지도 모르겠습니다. 그러니 그라도 데려가시기 바랍니다."라고 말했으나 사자가,

"그렇다면 직접 가셔서 상황께 말씀 올리시는 것이 옳을 듯합니다."

---

50) 東大寺. 나라 시에 있는 화엄종의 대본산. 한때는 커다란 세력을 형성하여 정치에도 관여했다.

라고 말했기에 타메요시도,

"그렇군요. 거기까지는 생각이 미치지 못했습니다."라고 말하고 요리카타(賴賢), 요리나카(賴仲), 타메무네(為宗), 타메나리(為成), 타메토모, 타메나카(為仲) 등의 아들들을 데리고 스토쿠 상황이 있는 시라카와덴(白河殿)으로 갔다.

타메요시가 아들들을 데리고 상황의 어전으로 가자 상황은 크게 기뻐하며 바로 우노마루(鵜の丸)라는 훌륭한 검을 내리고, 꼭 좀 대장이 되어달라고 청했다. 타메요시도 더 이상은 거절하기 어려웠기에 상황의 편에 서기로 결심했다.

이에 가보로 내려오던 갑옷인 하치료(八領)를 아들들에게 한 벌씩 나누어주어 입게 했다. 그 가운데 우부기(産衣)라는 갑옷과 히자마루(膝丸)라는 갑옷은 겐지 대대로 장자가 입게 되어 있었기에, 비록 적과 아군으로 갈리기는 했으나 자신의 아들임에는 틀림이 없는 요시토모에게 보내서 그 2벌을 입게 했다. 이 이야기를 들은 사람들 가운데,

"부모의 마음은 고마운 것이다."라며 감탄하지 않는 자가 없었다. 오직 한 사람, 타메토모만은 몸이 너무 커서 어느 갑옷을 입혀도 맞지 않았다. 별 수 없이 따로 갑옷을 만들어서 입혔다.

마침내 전략에 관한 회의가 열렸다. 그때 타메토모가 앞으로 나서서,

"저는 오래도록 큐슈에 머물며 몇 번이나 전장에 나섰는지 헤아릴 수 없을 정도입니다. 그 가운데서도 스무 번 남짓의 커다란 싸움 중, 어떨 때는 강한 적의 포위를 뚫기도 하고 또 어떨 때는 성을 공격하여 그것을 떨어뜨리기도 했는데 거기에는 야습이 가장 좋은 방법이라 여겨집니다. 그러니 지금부터 타카마쓰덴(高松殿)으로 밀고

들어가 3면에 불을 붙이고 나머지 1면을 지켜야 합니다. 그리고 불길을 피해 도망쳐 나오는 자 전부를 활로 쏘아 잡으면 됩니다. 천황 쪽에 두려워해야 할 정도의 인물은 1명도 없습니다. 단, 형님 요시토모가 가장 먼저 뛰어나올지도 모르겠으나 형님이라 할지라도 한 발의 화살로 쏘아 쓰러뜨리겠습니다. 키요모리 같은 자의 힘없는 화살 따위는 몇 발이 날아와도 갑옷의 소매에조차 닿지 않을 것입니다. 만약 뛰쳐나 온다면 발로 차서 흩어버리겠습니다. 그리고 천황이 나오신다면 수행 하는 자 몇 명만 쏘아도 틀림없이 가마를 버리고 달아날 것입니다. 그때 제가 달려가서 천황을 이쪽 전으로 모시고 온다면 친왕을 위에 세우시는 것은 손바닥 뒤집기보다 쉬운 일이 될 것입니다. 이러한 일들을 날이 밝기 전까지 전부 해내겠습니다."라고 호기롭게 말했다. 그러자 요리나가가 말했다.

"충동적으로 말해서는 안 된다. 너는 아직 나이가 어려 그처럼 생각 없는 소리를 하는 게다. 너희가 지금까지 해온 싸움에서는 야습도 상관없었을지 모르겠으나, 천황과 상황이 나라를 두고 다투는 대전에 그와 같은 것은 아무런 도움도 되지 않는다. 게다가 내일이면 나라(奈良)의 승병들이 대군을 이끌고 오기로 되어 있다. 그들이 오기를 기다렸다가 한바탕 전투를 치르는 것이 좋을 것이다."라고 했기에 타메토모는 하는 수 없이 그 자리에서 물러났으나,

"싸움의 방법은 무사에게 맡겨두면 될 일이다. 싸움은 일각을 다투는 일이다. 형 요시토모는 틀림없이 오늘 밤에 이곳으로 밀고 들어올 것이다. 밀고 들어와서 불이라도 붙인다면 그때는 어찌 이길 수 있단 말인가. 안타깝지만 하는 수 없다."라고 혼잣말을 했다.

천황 쪽에서도 전투를 위한 회의가 시작되었다. 요시토모가 천황 앞으로 나아가,

"싸움에는 여러 가지 방법이 있지만 적을 빠르게 쳐부수는 데에는 야습만 한 것이 없습니다. 특히 나라의 승병들이 내일 토쓰가와(十津 川)의 병사들과 함께 상황 편에 가담할 것이라고 들었습니다. 그 병사들이 도착하기 전에 공격한다면 반드시 이기리라 생각합니다. 어소는 키요모리로 하여금 지키게 하십시오. 제가 오늘 밤에 나가서 승부를 결정짓고 오겠습니다."라고 타메토모와 같은 말을 했다. 그러자 이쪽에서는,

"그거 좋은 생각인 듯하오. 싸움은 무사에게 맡겨야 하는 법이오. 얼른 나서도록 하시오. 요시토모뿐만 아니라 키요모리도 함께 가도록 하시오. 이번 싸움에서 이기면 반드시 쇼덴을 허락하도록 하겠소."라고 말했다. 그러자 혈기왕성한 요시토모는,

"싸움에 나서면 목숨은 이미 없는 것이라 생각합니다. 그러니 지금 쇼덴을 허락해주시기 바랍니다."라며 성큼성큼 전 위로 올라갔다. 이를 본 공경들이,

"이 무슨 무엄한 짓이냐."라며 말렸지만, 천황은 오히려 웃으며 그 모습을 바라보았다.

호겐 원년(1156) 7월 11일 오전 4시 무렵, 요시토모 등은 병사를 이끌고 상황의 어소를 공격하기 위해 나섰다. 산으로 넘어가기 시작한 달이 이 무사들을 아름답게 비추고 있었다. 달빛 아래서 움직이는 겐지의 백기를 따라 카마타 지로(鎌田 次郎)를 비롯하여 토고쿠의 목숨을 아끼지 않는 무사들이 300여 명쯤 전진하고 있었다. 키요모리를

대장으로 하는 붉은 기 주위에서는 동생인 요리모리(賴盛), 노리모리(教盛), 쓰네모리(経盛), 아들인 시게모리(重盛) 등의 600여 명이 전진하고 있었다. 미나모토노 요리마사도 200여 명의 병사들을 이끌고 뒤를 따르고 있었다. 그 외에도 천황 쪽에는 총 1천 7백여의 병사들이 있었다.

이때 상황 쪽의 시라카와덴에서는 요리나가가 제 혼자 대장인 양하며 어소 쪽으로 척후병을 보냈다. 그런데 이 척후가 도중에 전진해오는 요시토모 등과 맞닥뜨리고 말았다.

"이거 큰일이다."라며 얼른 되돌아가 이 사실을 고하자 요리나가는 새파랗게 질려버리고 말았다. 적이 몰려온다는 소식을 들은 타메토모는,

"그래서 내가 말했던 거 아니야, 바로 이렇기에 우리가 먼저 야습에 나서야 한다고, 이렇게 될 줄 알고."라며 화를 냈다. 이를 들은 요리나가도 후회하지 않을 수 없었다. 하지만 이제 와서 달리 방법이 있는 것도 아니었다. 우선은 타메토모의 화부터 가라앉히고 싸우게 할 수밖에 없겠다고 생각하여 타메토모를 쿠로우도51)에 임명할 테니 싸워달라고 부탁했다. 타메토모는,

"쿠로우도가 다 뭐란 말이냐. 나는 친제이 하치로52)면 충분하다."라며 벼슬 따위는 돌아보지도 않고 자신이 지키는 문을 굳건히 하여

---

51) 蔵人. 원래는 황실의 문서와 집기류를 관리하는 자리였으나 이후 조정의 기밀문서를 관리하고 궁중의 행사·사무 전반을 관리하게 되었다. 헤이안 후기에는 인(상황이나 법황의 거처), 셋칸케(摂関家셋쇼와 칸파쿠의 집안) 등에도 쿠로우도를 두었다.

52) 鎮西 八郎. 타고난 성품이 거칠어서 큐슈 지방으로 추방당했는데 그 일대를 제패하여 친제이 하치로라는 별명을 얻었다. 친제이는 큐슈의 다른 이름.

적이 오기를 기다렸다.

상황의 어전 남쪽에 2개의 문이 있었는데 그 가운데 동쪽에 있는 문은 타이라노 타다마사가 200명쯤을 데리고 지켰으며, 서쪽의 문은 미나모토노 타메요시가 네 아들과 함께 100명쯤의 병사를 데리고 지켰다. 원래 타메요시에게는 수많은 병사들이 있었으나 그 대부분이 아들인 요시토모를 따라갔기에 이번에는 병사들의 숫자가 이것밖에 되지 않았던 것이다. 타메토모는,

"나는 아버지와도, 형님과도 함께 가지 않겠다. 어디든 상관없으니 적이 가장 많이 밀려드는 곳으로 가겠다. 적이 천 명이든 만 명이든 나 혼자서 맞서주겠다."라며 니시가와라오모테몬(西河原表門)이라는 문을 지켰다.

천황 쪽에서는 미나모토노 요시토모가 선두에 서서 아버지 타메요시가 지키고 있는 방향으로 갔다. 그 뒤를 따라서 키요모리도 나아갔다. 상황 쪽에서는 시로 요리카타가 달려나왔으며 동시에 타메토모도 달려나와 둘이 엉켜버리고 말았다. 그러자 형인 요리카타가,

"내가 형이니, 내가 선봉에 서겠다."라고 말했다. 하치로 타메토모 역시,

"형이 됐든 누가 됐든 강한 자가 선봉에서는 거야. 내가 선봉에 서겠어."라고 말해서 형제간에 싸움이 시작되었다. 그러다 타메토모는,

'나는 어렸을 때부터 형의 말을 듣지 않아 아버지께 야단을 맞고 큐슈로 쫓겨났었어. 이제 간신히 용서를 받아 돌아왔는데 여기서 또 싸움을 해서는 안 되지.'라는 생각이 들었기에,

"그럼 형님이 가시도록 하십시오. 저는 다른 곳으로 가겠습니다."라며 선봉을 형에게 양보했다. 요리카타는 타메토모의 말 따위 신경도쓰지 않고 카모가와(鴨河) 강변을 향해 달려나갔다. 감색 히타타레[53]에 쓰키카즈(月数)라는 갈색 갑옷을 입고, 화살 24개를 꽂은 전통을메고, 등나무 활의 한가운데를 쥐고, 분홍빛 말에 오른 모습은 참으로늠름하게 보였다. 서쪽으로 향해 나아가다가 적이 가까워지자,

"거기에 밀고 들어오는 자는 겐지인가, 헤이시인가? 나는 로쿠조호간 타메요시의 넷째 아들인 요리카타다. 이름을 밝혀라. 내가 들어주도록 하겠다."라고 커다란 목소리로 외쳤다. 적 쪽에서는,

"요시토모 나리의 가신으로 사가미노쿠니 사람인 타키구치 토시쓰나(滝口 俊綱)가 선봉에 섰다."라고 대답했다. 요리카타가,

"뭐야, 가신이란 말이냐? 너 따위는 안중에도 없다. 나는 네놈의대장을 쏘겠다."라며 화살을 2발 쏘자 누구인지는 모르겠으나 상대편병사 둘이 말에서 떨어진 듯했다. 그러나 요리카타도 역시 화살에맞아 뒤로 물러나고 말았다. 가신 둘을 잃은 요시토모가, "이놈."하며달려나가려 했으나 카마타 마사키요(正淸)가 말의 부리망에 매달리며,

"대장이 나설 때가 아닙니다. 여봐라, 누구든 상관없으니 얼른와서 대장을 지켜라."라고 말하고 자신이 가장 먼저 달려나갔다.이때 키요모리는 불운하게도 타메토모가 지키고 있는 곳으로 향했

---

53) 直垂. 원래는 평민들의 옷이었으나 훗날 무가에서 예복으로 입었으며, 공경들도일상복으로 입게 되었다. 갑옷 안쪽에 입는 히타타레는 '요로이(갑옷)히타타레'라고 불렸다.

다. 그런 줄도 모르고 키요모리의 가신인 이토 카게쓰나(伊藤 景綱), 고로(五郎), 로쿠로(六郎) 3형제는,

"이곳을 지키시는 분은 누구시오? 이름을 밝히시오."라고 외쳤다. 타메토모가,

"무슨 소리를 지껄이는 게냐. 너희의 주인인 키요모리조차 내 상대로는 부족하다. 그런데 그 가신들이 설치다니. 나는 타메토모다. 당장 물렀거라."라고 우레와 같은 목소리로 소리를 질렀다. 이토 형제는 크게 놀랐으나 그렇다고 해서 달아날 수도 없는 일이었다.

"비록 가신이라고는 하나 스즈카야마(鈴鹿山)의 강도를 퇴치한 공적이 있는 이토 형제다. 우리의 화살을 받아보아라."라며 활을 쏘았으나 그런 화살에 놀랄 타메토모가 아니었다.

"참으로 깜찍한 소리를 하는구나. 그에 대한 보답으로 화살 하나를 보내주겠다."라며 커다란 화살 하나를 쏘았는데 그 화살이 똑바로 날아와 이토 로쿠로의 가슴을 관통하더니 뒤에 있던 이토 고로의 갑옷 소매에 꽂혔다. 간담이 서늘해진 고로는 화살이 꽂힌 채 키요모리가 있는 곳으로 달아나,

"하치로의 화살입니다. 동생은 이 화살에 맞아 이미 목숨을 잃었습니다."라고 고했다. 이에 키요모리가 몸을 떨며,

"나는 이 문으로 가라는 명령을 받은 것이 아니다. 얼른 달아나자."라고 달아나려 하자 아들인 시게모리가,

"적이 강하다고 해서 달아날 수는 없다. 나를 따르라."라며 달려나가려 했기에 키요모리는,

"안 된다, 안 돼. 얼른 시게모리를 막아라."라며 억지로 시게모리를

붙들어 옆쪽으로 달아나버리고 말았다.

그런데 다른 사람 하나가 다시 앞으로 나섰다. 그도 역시 키요모리의 가신으로 야마다 코자부로(山田 小三郎)라는 자였는데 고집이 세서 남의 말을 듣지 않았으며, 힘이 세기로 유명한 자였다. 그가 달아나는 대장 키요모리를 곁눈질하며,

"뭐야, 화살 하나에 놀라서 달아나다니, 참으로 한심하구나. 상대가 하치로든 쿠로든 그 화살도 나의 갑옷을 뚫지는 못할 것이다. 조상 대대로 내려온 이 갑옷은 지금까지 15번이나 전장에 나섰으나 아직 한 번도 뚫린 적이 없었다. 잘 보아라, 하치로의 화살을 받아낼 테니"라고 말하고는 달려나가려 했다. 그의 동료들이,

"그런 쓸데없는 짓은 그만두도록 하게. 자네는 용감하네, 그 갑옷은 튼튼하네."라며 말렸으나 그런 말 듣기를 싫어하는 성격이었기에 그들을 뿌리치고 달려나갔다. 그리고 커다란 목소리로,

"이가노쿠니(伊賀国미에 현 서부.이슈.하국.근국) 사람인 야마다 코자부로 코레유키(伊行), 당년 28세. 조상도 유명하지만 나 역시 산적과 강도를 여럿 소탕하여 늘 공을 세워왔다. 내 눈으로 하치로 나리를 한번 뵙고 싶다."라고 이름을 밝혔다. 이를 들은 타메토모는,

'저놈은 활시위를 당긴 채 저런 말을 지껄이고 있는 것이다. 그렇다면 그 화살을 쏘게 한 뒤 두 번째 화살을 메길 때 쏘기로 하자.'라고 생각하며 말에 올라,

"하치로가 여기에 있다."

이 소리를 들은 코자부로는 보름달처럼 한껏 당기고 있던 활시위를 퉁 놓았다. 화살이 날아와 타메토모가 입은 갑옷의 허벅지 가리개에

맞았다. 화살이 빗나갔기에 두 번째 화살을 메기고 있던 그를 향해 타메토모가 기다리고 있었다는 듯 화살을 날렸다. 화살은 코자부로가 앉아 있는 안장 앞쪽의 둥근 부분에서부터 갑옷과 몸을 뚫고나가 안장의 뒤쪽 둥근 부분까지 3치(9cm)나 뚫고 들어갔다. 코자부로는 말에서 떨어지지도 못한 채 말 위에서 한동안 몸을 부들부들 떨다, 마침내는 고꾸라지듯 떨어져버리고 말았다. 화살은 안장에 꽂힌 그대로였으며, 주인을 잃은 말은 강변 쪽으로 달리기 시작했다. 그 모습을 본 천황 쪽의 병사들 그 누구도 타메토모를 향해 달려 나가려는 자가 없었다.

그러는 사이에 날이 점차 밝기 시작했다. 그 아침 안개를 뚫고 코자부로의 말이 겐지 쪽으로 달려갔다. 카마타 마사키요가 그 말을 붙들어 살펴보니, 안장 위에 피가 잔뜩 묻어 있었으며 앞의 둥근 부분은 떨어져나갔고, 뒤쪽의 둥근 부분에 끌처럼 커다란 화살촉이 박혀 있었다. 마사키요가 그 말을 요시토모 앞으로 끌고 가,

"이건 필시 하치로 나리가 한 일인 듯합니다. 무시무시한 힘입니다." 라고 말하자 요시토모가,

"하치로는 올해로 18세 아닌가. 이 정도의 힘이 있을 리 없네. 아마도 우리를 놀라게 하려고 이런 일을 꾸민 듯하네. 그대가 하치로를 한번 공격해보도록 하게."라고 말했기에 카마타는 병사 100여 명쯤을 데리고 타메토모를 향해 나아갔다. 그리고,

"요시토모 나리의 가신인 카마타 지로 마사키요다."라고 이름을 밝히자 타메토모는,

"가신 주제에 무엄하구나. 당장 물러나라."라고 꾸짖었다. 카마타는

그래도,

"설령 예전에는 주인이었다 할지라도 지금은 천황의 적인 악당54). 애들아, 쏘아라!"라고 말하며 화살을 쏘았다. 화살이 타메토모의 투구 쪽으로 날아가더니 투구의 목가리개 부분에 박혔다. 화가 난 타메토모가 그 화살을 뜯어내고는,

"너 같은 놈에게 하치로의 화살을 줄 수는 없다. 생포하겠다."라며 달려들었다.

그러자 타메토모가 소중히 여기는 가신 28명도 한꺼번에 달려나갔다. 카마타는,

"이래서는 당해낼 수가 없겠구나."라며 100여 명의 병사들을 모아 그대로 달아나기 시작했다. 타메토모는 활을 옆구리에 낀 채 한참을 따라가다가 곧 가신들을 향해,

"너무 깊이 쫓아서는 안 된다. 아버지가 걱정이다. 아버지는 벌써 나이를 드셨고 곁에 있는 자들이라고는 입만 살았지 그렇게 강한 자가 없다. 다른 데 정신이 팔려서 문이 뚫리게 두어서는 안 된다. 그만 돌아가기로 하자."라며 아버지를 근심하는 마음에 발걸음을 돌렸다.

요시토모가 있는 곳까지 돌아온 카마타가 숨을 헐떡이며,

"도망쳐 왔습니다. 저는 토고쿠에서 수많은 적과 맞섰지만 그처럼 맹렬한 적은 처음 보았습니다. 벼락이 떨어진 것보다 더 무시무시합니다."라고 말하자 요시토모는 웃으며,

---

54) 여기서 '악'이란 일반적인 선악의 개념이 아니라 조정에 맞서는 자를 말한다.

"그럴 리가 있겠느냐. 그대가 처음부터 겁을 먹고 갔기에 그런 꼴을 당한 것이다. 이번에는 내가 가겠다. 말을 하치로 옆까지 몰고 가서 엉겨붙어 떨어뜨려라."라고 가신들에게 말하고 타메토모의 뒤를 쫓았다. 물러나는 중에 요시토모의 병사들이 뒤따라오는 것을 본 타메토모는 호쇼곤인(宝荘厳院) 서쪽에서 기다렸으며, 양쪽 모두 불꽃이 튈 정도로 치열하게 싸웠다.

이때 요시토모는 빨간 비단으로 지은 히타타레에 검은 갑옷을 입고, 사슴뿔 모양의 뿔이 달린 투구를 쓰고, 검은 말에 검은 안장을 얹어 타고 있었는데 등자를 힘껏 밟고 일어나 커다란 목소리로,

"세이와 천황 9대손인 시모쓰케의 카미(장관) 미나모토노 요시토모가 천황의 칙명을 받들고 달려온 것이다. 만약 일가 사람이라면 얼른 길을 비켜라."라고 말했으나, 타메토모는 끝까지 들으려고도 하지 않고,

"아버지 호간 나리께서는 인(院)의 명령을 받아 우리의 대장군이 되셨습니다. 하치로 타메토모가 그 대리로 이곳을 지키고 있는 것입니다."라고 대답하자 요시토모는,

"그렇게 말하는 것은 나의 막내 동생이었더냐? 너는 형에게 활을 겨눌 셈이냐? 천벌을 받을 것이다. 게다가 나는 천황의 명령으로 온 것이다. 예의라는 것을 안다면 항복해라."

타메토모도 지지 않고,

"형님에게 활을 겨누면 천벌을 받을지도 모릅니다. 그렇다면 아버지께 활을 겨누는 아들은 천벌을 받지 않는다는 말씀이십니까?"라고 말했기에 요시토모는 대답할 말을 찾지 못했다. 그리고 서로가 뒤엉켜

서 싸웠다. 잠시 후, 타메토모는 생각했다.

'여기서 이러고 있는 사이에 수많은 적 가운데 아버지가 계신 곳까지 밀고 들어가는 자가 있을지도 모른다. 여기서 싸우기보다는 아버지 곁까지 물러나 그곳에서 싸우기로 하자.'

타메토모가 문이 있는 곳까지 조금씩 물러나자 요시토모 쪽에서는 타메토모가 싸움에 져서 달아나는 것이라고 생각하여 문 근처까지 공격해 들어갔다.

그때 문 안으로 들어간 타메토모가 밖을 바라보니 커다란 말에 오른 커다란 몸집의 요시토모가 공격군들 사이에 섞여 있는 것이 아주 잘 보였다. 게다가 지금 막 호령을 하기 위해 안장 위에 서 있었기에 투구 안쪽의 얼굴까지 잘 보였다. 지금 활을 쏘면 틀림없이 맞힐 수 있을 것이라 생각한 타메토모는 시위를 있는 힘껏 당겨 커다란 화살을 쏘려 하다가,

'잠깐만, 아버지와 형님 사이에 어떤 약속이 되어 있을지도 몰라. 천황 쪽이 지면 형님은 아버지께 도움을 받고, 상황 쪽이 지면 아버지가 형님의 도움을 받으려 하고 있는 걸지도 몰라. 그렇다면 화살을 거두기로 하자.'라는 생각에 그 화살을 쏘지 않았다.

싸움이 한창 진행되어 양쪽에서 쏘는 화살이 어지럽게 오가고 있었다. 그때 타메토모가 가신 가운데 한 명에게 말했다.

"오오, 적은 대군이로구나. 지금은 활을 쏘아 맞서고 있다만, 양쪽의 화살이 떨어지면 백병전이 시작될 것이다. 그러면 토고쿠 병사들은, 아버지는 자식의 시체를 넘고 자식은 아버지의 시체를 넘어 전진해올 것이다. 형님의 병사들은 모두 토고쿠 무사들 아니더냐. 그때가 되어서

미나모토노 타메토모

는 우리가 위험하다. 지금 형님을 위협하여 달아나게 하지 않으면
안 되겠다."라고 말하자 가신은,

"그야 옳으신 말씀이십니다만, 그러려면 어찌해야 좋겠습니까?"

"형님의 투구 근처로 화살을 하나 쏠 것이다."

"뜻대로 되겠습니까?"

"전에도 이런 적이 있었다. 지켜보고 있어라."라며 예의 커다란
화살을 하나 활에 메겨 퉁 쏘자 화살은 어김없이 요시토모가 쓴 투구의
장식을 벗겨냈으며 그러고도 힘이 남은 채 날아가 호쇼곤인의 문기둥에
절반쯤이나 푹 박혀버렸다. 요시토모가,

"너는 소문과는 달리 실력이 형편없구나. 투구 따위를 쏘는 자가
어디 있느냐?"라고 말하자 타메토모는,

"형님이기에 생각을 해드린 것입니다. 시험해보실 생각이라면 어디
든 말씀해보십시오. 멋지게 맞혀 보일 테니."라며 두 번째 화살을
슬금슬금 당기기 시작했다.

거기에는 요시토모보다 그의 가신들이 놀라고 말았다. 이에 가신 하나가 얼른 요시토모 앞을 가로막고 섰기에 그는 딱하게도 타메토모의 화살을 정면으로 맞아 맥없이 말에서 떨어져 목숨이 끊어지고 말았다. 그러자 요시토모의 가신 둘이 다시 그곳으로 달려나와,

"하치만 나리(요시이에)께서 16세의 나이로 고산넨노에키에서 선봉에 서셨을 때, 왼쪽 눈과 투구에 화살을 맞았으면서도 그에 답하여 화살을 마주 쏜 카마쿠라 곤고로의 후예인 오오바 헤이타 카게요시(大庭 平太 景義)와 오오바 사부로 카게치카(景親)가 여기에 있다."라고 커다란 목소리로 이름을 외치며 적을 향해 나아갔다. 이에,

'사이코쿠의 무사들에게는 나의 솜씨를 보여주었으나, 토고쿠의 무사들에게는 아직 보여주지 못했다. 마침 좋은 기회로구나. 깜짝 놀라게 해주어야겠다.'라고 생각한 타메토모는 굉장히 커다란 우는살을 하나 뽑아 시위를 힘껏 당겨 쏘았다. 전장에 화살 우는 소리가 높다랗게 울리더니 그 화살이 100간(182m)이나 떨어진 곳에 있던 형 헤이타의 왼쪽 무릎을 뚫고 나가 말의 배에 박혀버렸다. 말은 병풍처럼 쓰러졌으며 헤이타는 말 앞으로 데굴데굴 굴러떨어지고 말았다. 형의 목을 베게 할 수는 없다며 동생 사부로가 서둘러 형을 들쳐업고 4, 5정(500m)이나 달아났다.

타메토모가 있는 곳만 싸움이 치열한 것은 아니었다. 아버지 타메요시가 있는 곳에서도 격전이 펼쳐졌다. 타이라노 타다마사도 잘 싸웠다. 그랬기에 공격군도 애를 먹었다. 승부조차 알 수 없는 상황이었다. 이에 요시토모는 천황에게 사람을 보내어,

"밤사이에 승부를 결정지으려 했으나 적의 기세가 격렬해서 아직

승부를 내지 못했습니다. 이렇게 된 이상 불을 지를 수밖에 없을 듯합니다. 어찌하면 좋겠습니까?"라고 물었다. 천황이,

"불을 질러 화공을 가하게."라고 명령을 내렸다. 이에 요시토모는 곧 바람이 불어오는 쪽에 불을 붙였다. 바람이 맹렬하게 불어와 시라카와덴은 삽시간에 불길에 휩싸이고 말았다.

어전 안의 혼란은 비할 데가 없을 정도였다. 남녀노소 모두 추풍낙엽처럼 흩어져버리고 말았다. 싸움도 그것으로 끝이 났다. 상황 쪽은 힘없이 패배하고 말았다.

상황은 그저 허둥지둥할 뿐이었다. 요리나가는 방향마저 잃고,

"살려주게, 살려줘."라고 미친 듯이 외치고만 있었다. 참으로 허망하기 짝이 없는 일이었다.

잠시 후, 상황을 말에 태워 달아나려 했으나 말에조차 태울 수가 없었다. 하는 수 없이 사람 하나가 말의 엉덩이 쪽에 앉아 상황을 꼭 끌어안았다. 요리나가 역시 말을 타지 못했다. 억지로 태워 누군가가 뒤에서 단단히 끌어안았다. 그 말들은 동쪽의 문으로 빠져나가 정처도 없이 일단은 키타시라카와(北白河) 쪽으로 달아나기 시작했다. 그러나 불행은 혼자서 찾아오지 않는 법이다. 그 도중에 어디에서 날아온 것인지 화살 하나가 요리나가의 목뼈에 푹 박혀버리고 말았다. 곁에 있던 자가 그 화살을 바로 뽑아내기는 했으나 피가 분수처럼 뿜어져나왔으며 요리나가는 그대로 말에서 떨어져버리고 말았다.

타메요시 등이 상황을 지키며 뇨이산(如意山)으로 들어갔으나 산이 험해서 말로는 오를 수가 없었다. 어쩔 수 없이 걷게 되었는데, 상황은 그런 곳을 걸어본 적이 없었기에 주위 사람들이 손을 내밀기도 하고

허리를 밀기도 했으나 조금도 앞으로 나아갈 수가 없었다. 상황이,

"나는 더 이상 어찌해볼 수도 없게 되었네. 그대들은 얼른 이곳을 빠져나가도록 하게."라고 말했으나 상황을 위해서 모인 사람들이었으니 어찌 상황을 버리고 갈 수 있었겠는가?

"어디까지고 모시고 가겠습니다."라며 달아나려는 자는 한 명도 없었다. 상황이,

"아닐세. 여기에 이렇게 여럿이 모여 있으면 오히려 적에게 들키고 말 걸세. 얼른 달아나도록 하게."라고 강경하게 말했기에 무사들도 더는 어쩌지 못하고 눈물을 흘리며 뿔뿔이 흩어져버렸다.

상황은 그 후 난나지(仁和寺)로 들어가 머리를 깎고 용서를 빌었으나 천황은 그를 용서하지 않고 마침내는 사누키노쿠니(讃岐国카가와 현,산슈,상국,중국)로 유배를 보내버렸다. 상황은 거기서 세상을 떠났다.

요리나가는 아버지가 있는 나라로 가려고 배로 카쓰라가와(桂川)를 내려왔으나 결국은 키쓰(木津)라는 곳에서 목숨을 잃고 말았다.

무사들 가운데 타메요시는 오우미(近江시가 현고슈,대국,근국)까지 달아났으나 거기서 병에 걸렸기에 아들인 요시토모를 의지하여 항복했다. 타이라노 타다마사도 항복했는데, 키요모리는 자신의 숙부임에도 불구하고 그를 바로 처형했다. 그리고 요시토모에게,

"나도 숙부를 베었으니, 그대도 아버지를 베도록 하시오."라고 말했다. 요시토모는 어떻게든 아버지를 구하고 싶다는 마음에서,

"저는 이번 싸움에 대한 은상은 조금도 받고 싶지 않습니다. 다만, 아버지의 목숨만은 살려주시기 바랍니다."라고 천황에게 청했으나 받아들여지지 않았기에 울며 울며 아버지의 목을 베어 천황에게 바쳤

다.

한편 타메토모는 아버지와 형들과도 헤어져 오우미에 숨어 있었는데, 전쟁에서 입은 상처를 치유하기 위해 온천에 잠겨 있다가 관군에게 발각되어 욕조 안에서 사로잡히고 말았다. 그러나 비할 데 없이 훌륭한 용사였기에 죽이기는 아깝다며 팔의 인대를 끊어 강궁을 쏘지 못하게 한 뒤 이즈(伊豆이즈 반도 및 이즈 제도,즈슈,한국,중국)의 오오시마(大島)로 유배를 보냈다.

타메토모는,

"나는 천자께 이 오오시마를 받았다."고 큰소리를 치며 관인들의 말도 듣지 않고 거침없이 행동했을 뿐만 아니라, 오오시마만으로는 너무 좁다며 멀리 류큐(琉球오키나와)까지 가서 활개를 치고 다녔다. 그 이후부터의 류큐의 왕은 타메토모의 자손이라는 말까지 떠돌았을 정도였다.

후에 다시 오오시마로 돌아왔는데 그 소식을 들은 조정에서 그냥은 내버려둘 수 없겠다 싶었기에, 이즈의 관인에게 명령하여 커다란 배 몇 척에 병사들을 태워가지고 가서 타메토모를 정벌케 했다. 그 배를 본 타메토모는,

"언제까지고 천황을 번거롭게 할 수는 없다. 깨끗하게 죽기로 하자. 그러나 용사가 마지막에 화살 하나 쏘지 못하고 죽는다는 건 명예롭지 못한 일이다."라며 호겐의 난 때 썼던 것보다 훨씬 더 커서 거의 창만 한 화살을 시위에 메긴 뒤 있는 힘껏 당겼다가 바다 위에 있는 병선을 향해서 쏘았다. 그러자 커다란 배가 타메토모의 화살에 맞아 그대로 가라앉고 말았다. 그 모습을 본 타메토모는 빙그레 웃으며

집의 기둥에 기대어 선 채로 할복하여 목숨을 끊고 말았다. 타메토모가 죽은 뒤에도 그 서 있는 모습을 보고 아직 살아 있는 것이라 생각하여 누구도 가까이 다가가려 하지 않았다고 한다.

이 싸움에서 천황 편에 섰던 요시토모, 키요모리는 물론 다른 자들까지 모두 은상을 받았다.

이것을 호겐의 난이라고 한다.

호겐의 난 이후, 요시토모는 사마[55]의 카미(頭장관)가 되었으나, 그 세력은 헤이시에 미치지 못했다. 요시토모의 공에 의해서 싸움에 이긴 것이나 다를 바 없었는데 그 겁쟁이 키요모리의 세력에도 미치지 못한다는 것은 더없이 불쾌한 일이었다.

당시 신제이(信西)라는 학자가 있었다. 그의 아내는 고시라카와 천황의 유모로 천황이 성장한 뒤에도 어소에 드나들었으며, 고시라카와 천황이 니조(二条) 천황(1158~1165)에게 자리를 물려준 뒤에도 인(상황의 거처)에 드나들며 상황이 행하는 정치에 참견했기에 여러 가지 일들이 신제이의 뜻에 따라 결정되었다.

요시토모는 자신의 딸을 신제이의 아들과 결혼시키려 했으나 신제이가,

"나는 학자이니 무사의 딸은 싫다."라며 거절했다. 그런데 그로부터 얼마 지나지 않아서 신제이는 키요모리의 딸을 며느리로 맞아들였다. 키요모리도 역시 무사였다. 이 소식을 들은 요시토모는 화가 나서 견딜 수가 없었다. 그러나 화를 낼 수도 없는 일이었기에 그대로 참고 있었다. 이것이 요시토모를 불쾌하게 만든 두 번째 원인이었다.

---

55) 左馬. 관마를 관리하고 각 지방의 말을 관리하던 관청을 메료(馬寮)라고 했는데, 메료는 사마료(左馬寮)와 우마료(右馬寮)로 나뉘어 있었다.

한편 고시라카와 상황의 총애를 얻어 늘 인에 출입하던 자 가운데 후지와라노 노부요리(藤原 信頼)라는 자가 있었다. 그는 신제이와 세력을 다투고 있었는데 어느 날 상황에게,

"저를 코노에56)의 대장으로 삼아주십시오."라고 청했다. 상황도 이 청을 들어주려 했으나 이를 들은 신제이가,

"노부요리는 대장이 될 만한 인물이 못 됩니다."라며 반대했다. 이에 노부요리는 자신의 소망이 이루어지지 않은 것에 대한 불만을 품게 되었으며, 동시에 신제이를 원망하기 시작했다.

그렇게 되자 신제이에게 불만을 품고 있는 요시토모와 노부요리가 언제부턴가 하나가 되어 신제이를 제거하기 위한 상의를 시작했다. 그러나 신제이의 배후에는 키요모리라는 세력가가 있었기에 섣불리 손을 내밀 수는 없었다. 언젠가 좋은 기회가 오기만을 기다렸다.

그러던 중에 좋은 기회가 찾아왔다. 헤이지(平治) 원년(1159) 12월에 키요모리와 시게모리가 소수의 사람들만 데리고 키이(紀伊와카야마 현과 미에 현의 남부.키슈,상국,근국)의 쿠마노곤겐(熊野権現신사)으로 참배를 갔다. 요시토모와 노부요리는 그 사이에 병사들을 움직여 산조덴(三条殿)을 포위하고 상황과 천황을 어소에 가두어버렸다. 그리고 신제이의 저택에도 불을 질렀다. 신제이는 4명쯤의 사무라이들을 데리고 야마토(大和나라 현.와슈,대국,키나이)로 달아났으나 추격의 손길이 점점 다가와 더는 달아날 수도 없었기에 땅을 파게 해서 대나무 대롱을 입에 물고 그 안으로 들어가 숨만 간신히 쉴 수 있게 한 뒤 흙으로 덮게 했으나,

---

56) 近衛. 궁중을 경호하고 행행 시에 경비를 담당했다.

결국에는 발각되어 목숨을 잃고 말았다. 이 신제이는 학자였으나 평판은 그리 좋지 못했던 듯,

"벌을 받은 거야. 호겐의 난 때 타메요시를 죽이기도 하고 요리나가의 무덤을 파헤치기도 했기에 벌을 받은 거야."라고 사람들은 그에 대해서 험담을 했다.

요시토모의 셋째 아들로 요리토모라는 자가 있었다. 헤이지의 난 때 13세였는데 요시토모에게,

"아버지, 키요모리는 이 소식을 들으면 반드시 돌아올 것입니다. 어찌해서 도중에 기다렸다가 치려 하시지 않으시는 것입니까?"라고 말했다. 또한 첫째 아들의 이름은 요시히라(義平)였는데 15세 때 숙부인 요시카타(義賢)와 싸워서 그를 베어버렸기에 세상 사람들은 그 난폭함에 그를 아쿠겐타(悪源太) 요시히라라고 불렀다. 이때의 나이는 19세로 카마쿠라에 있었는데 이 소식을 듣고는 서둘러 쿄토로 와 있었다. 노부요리가 요시히라에게 관위를 주겠다고 말하자 요시히라는 고개를 저으며,

"숙부이신 하치로(타메토모)는 호겐의 난 때 쿠로우도라는 벼슬보다 친제이 하치로면 충분하다고 하셨습니다. 저 역시 이런 소란 중에는 관직도 관위도 필요치 않습니다. 저는 아쿠겐타라는 이름만으로도 충분합니다. 그보다는 제게 병사를 조금 빌려주십시오. 아베노(阿倍野)에서 키요모리가 돌아오기를 기다렸다가 베어버릴 테니."라고 말했다. 그러나 노부요리는,

"아베노까지 가봐야 말의 다리만 피곤하게 할 뿐일세. 그보다는 키요모리가 돌아오기를 기다렸다가 그가 지쳤을 때 치는 것이 상책일

타이라노 키요모리

세."라고 그다지 상책도 아닌 것을 주장하며 말을 들어주지 않았다.
이 말을 들은 요시히라는,

"싸움에 관해서는 무사에게 맡겨두면 될 것을."이라며 화를 냈는데,
역시 이것이 요시토모가 패한 원인이 되었다. 세상에서 세력을 얻은
자가 자기 혼자만의 생각으로 일을 결정하여, 다른 사람의 좋은 생각을
쓰지 않는 것은 참으로 좋지 않은 일이다.

그러는 사이에 키요모리의 저택이 있는 로쿠하라(六波羅)에서는
사람을 뽑아 키슈(紀州)로 곧장 달려가게 했다. 신사로 가던 중에
이 사람을 만난 키요모리는,

"어찌 하면 좋겠느냐. 기껏 여기까지 왔으니 곤겐57) 님께 참배하여
싸움의 승리를 비는 것이 좋지 않겠느냐."라고 말했으나 시게모리가,

"지금 이미 신께 참배를 하고 있지 않습니까? 얼른 도읍으로 돌아가 적을 쳐야 합니다. 우물쭈물하고 있다가는 돌이킬 수 없게 되어버리고 맙니다."라고 말했다. 그러자 키요모리는,

"허나 갑옷과 궁시[弓矢]도 없이 돌아갈 수는 없는 일이다."라고 말했다. 이 말을 듣고 이에사다(家貞)라는 가신이,

"이런 비상 상황이 있을지도 모르겠다고 생각하여 전부 준비를 해왔습니다."라며 갑옷 50벌과 활과 화살을 모두 갖추어 내놓았기에 사람들 모두 이에사다의 준비성에 감탄하며 서둘러 무장을 하고 도읍으로 되돌아왔다.

키요모리가 도읍으로 돌아오자 천황과 상황도 밤을 틈타 어소에서 빠져나와 로쿠하라에 있는 헤이시의 집으로 갔다.

이튿날 아침, 이 사실을 안 노부요리는 완전히 의욕을 잃고 말았다.

이 소식을 들은 요시히라가 서둘러 요시토모를 찾아가,

"아버지, 어찌 하시겠습니까?"라고 묻자 요시토모가,

"안타깝지만 어쩔 수 없는 일이다. 공경들도, 모였던 병사들도 대부분 로쿠하라(타이라의 집)로 가버린 듯하다. 그러나 겐지 가운데 변심한 자는 없을 것이다. 병사들을 한번 살펴보기로 하자."라고 말했기에 요시히라가 남아 있는 병사들을 살펴보니 과연 겐지의 병사들은 어떤 소동이 있든 대장의 명령 없이는 단 한 사람도 움직이지 않아서 2천여 명이 모여 있었다. 그러한 때에 로쿠하라 쪽의 헤이시가 공격해 올 것이라는 보고가 있었다. 남아 있는 자 모두 어서 오라는 듯 싸울

---

57) 權現 부처나 보살이 중생을 구하기 위해 일본에 신으로 나타난 것을 말한다.

준비를 했다.

　그날 노부요리는 붉은색 비단 히타타레에 자줏빛 갑옷을 입고 국화 문양이 들어간 황금 칼을 차고 사슴뿔 모양이 달린 투구를 쓰고 시신덴 (紫宸殿) 안에 앉아 있었다. 그 모습은 더 없이 씩씩하고 훌륭한 대장처럼 보였다.

　무사의 대장인 요시토모를 비롯하여 아들인 요시히라, 요리토모 등과 그 외의 무사들이 말머리를 나란히 하고,

　"적이 오면 단번에 차서 흩어놓겠다."며 씩씩하게 기다렸다.

　헤이시(타이라 씨)의 군세 3천여 명이 시게모리를 대장으로 하여 어소로 공격해 들어왔다. 시게모리가 말 위에서 커다란 목소리로,

　"연호는 헤이지, 이곳은 헤이안, 우리는 헤이시다. 싸움에서 승리를 거둘 것은 정해진 이치, 모두 진격하라."라며 사기를 북돋았기에 3천여 의 병사가 한꺼번에 함성을 올리며 다가왔다. 그 소리가 어소 안까지 울려퍼지자 지금까지 씩씩한 대장의 모습이었던 노부요리의 얼굴이 단번에 배춧잎처럼 변해버리고 말았다. 괜찮을까 싶었는데 계단을 내려와 말에 오르려 했으나 다리와 몸이 부들부들 떨려서 말에도 오를 수가 없었다. 곁에 있던 사무라이 둘이 초조해서 노부요리의 엉덩이를 힘껏 밀었는데 이번에는 말의 등을 넘어 반대편으로 떨어져 고꾸라지고 말았다.

　이 모습을 본 요시토모는 너무나도 한심해서,

　"저 노부요리 놈, 겁을 집어먹었구나."라며 뒤도 돌아보지 않고 그대로 헤이시를 향해 나아갔다.

　노부요리가 코피를 닦으며 간신히 말에 올라 타이켄몬(大賢門)이라

는 문까지 갔는데 마침 그곳으로 헤이케의 대장인 시게모리가 다가와,

"이 문의 대장은 노부요리 나리 아니십니까? 이렇게 말씀드리는 자는 키요모리의 적자[嫡子]인 시게모리, 23세."라고 이름을 밝혔다. 노부요리는 두 번째로 놀라,

"드디어 왔구나. 모두 서둘러 이곳을 막아라."라고 말한 채 어딘가로 달아나버리고 말았다. 대장이 이랬기에 따르던 병사들도 모두 겁을 먹고 뿔뿔이 흩어져 달아나버렸다.

시게모리는 기세를 몰아 어소 안까지 공격해 들어갔다. 멀리서 이 모습을 지켜보고 있던 요시토모가 커다란 목소리로,

"요시히라, 어디에 있느냐. 겁쟁이 노부요리가 지키던 타이켄몬이 뚫렸다. 저 적을 내쫓아라."라고 외치자 요시히라가 바로,

"알겠습니다."라며 달려나갔다. 그 뒤를 따라서 카마타 효에, 고토(後藤) 효에, 사사키 겐조(佐々木 源三), 구마가이 지로(熊谷 次郎) 등의 용사 17명이 말머리를 나란히 하고 달려나갔다. 요시히라가 커다란 목소리로,

"대장은 어디에 있소? 이렇게 말하는 나는 세이와 천황의 후예, 미나모토노 요시토모의 적남[嫡男] 카마쿠라의 아쿠겐타 요시히라. 15세 때부터의 거듭된 싸움에서 아직 한 번도 진 적이 없는 자로 올해 19세. 내가 상대해드리겠소."라며 겨우 17명만을 데리고 시게모리가 이끌고 온 500명 속으로 뛰어들어 종횡무진으로 날뛰다가,

"모두 저기에 있는 시게모리를 생포하라. 조무래기 무사들은 신경 쓸 것 없다."라며 무시무시한 기세로 시게모리를 뒤쫓았다. 헤이시의 병사 500명이,

"대장을 지켜라, 대장을 지켜라."라며 앞을 가로막았으나 요시히라 이하 17명의 용사들은 시게모리의 뒤를 쫓고, 쫓고, 또 쫓았다. 시게모리도 달아나고, 달아나고, 또 달아나며 시신덴 앞에 있는 사콘의 벚나무 (동쪽)와 우콘의 귤나무(서쪽) 사이를 7번이나 오갔으나 도저히 당해낼 수 없었기에 문 밖으로 나와 오오미야오모테(大宮表)라는 곳까지 물러나고 말았다.

시게모리가 오오미야오모테까지 물러나자 거기에 있던 이에사다가,

"선조이신 사다모리58)께서 환생하신 듯 늠름한 모습이십니다."라고 칭찬했다. 이에 시게모리는 씩씩한 모습을 이에사다에게 한 번 더 보여주고 싶다고 생각한 것인지 앞서 데리고 갔던 500명은 그 자리에서 쉬게 하고, 다른 500명을 데리고 다시 어소 안으로 공격해 들어갔다. 기다리고 있던 요시히라가,

"다시 왔구나. 병사들은 새로운 자들인 듯하나 대장은 이번에도 시게모리다. 이번에야말로 놓쳐서는 안 된다."라며 다시 17명을 데리고 그 500기 속으로 뛰어들어가 시게모리를 사로잡으려 뒤얽혀 싸웠으나 헤이시의 사무라이들도 필사적으로 시게모리를 지켰다. 성격이 급한 요시히라는, "번거롭구나."하며 활을 옆구리에 끼고 등자 위에 서서 팔을 크게 벌려 시게모리 곁으로 다가가,

"나는 겐지의 장남, 그대는 헤이케의 장남. 상대로 삼기에 부족함이 없으리라. 자, 이리와서 나와 겨루자."라고 외치며 뒤쫓았으나 시게모리는 함부로 맞붙을 수 없다며 이번에도 벚나무와 귤나무 사이를

---

58) 타이라노 사다모리(平 貞盛. ?~?)를 말한다. 무사로서는 최고위인 종4위하에까지 올랐으며 쿄토에서의 타이라 씨의 발전을 위한 기초를 쌓았다.

대여섯 번이나 오가다 역시 오오미야오모테 쪽으로 달아나고 말았다. 이를 본 요시토모가,

"어설프게 막기만 하기에 2번이나 적에게 공격을 당한 것이다. 뒤쫓아서 흩어버려라."라고 말하자 요시히라도 곧,

"뒤를 쫓아라."라며 다시 17명을 데리고 오오미야오모테로 달려나가 시게모리의 진 속으로 뛰어들었다. 헤이시의 병사들은 지금 막 도망쳐 왔는데 그들이 다시 달려들었기에 잠시도 버티지 못하고 달아나 버렸다. 요시히라가 니조(二条)라는 곳까지 뒤쫓아가니 멀리로 시게모리가 단 2명의 병사만을 데리고 도망가는 모습이 보였다. 요시히라는,

"이봐, 카마타. 건너편에 시게모리가 가고 있어. 얼른 와."라고 카마타를 불러세워 호리카와(堀河)라는 강까지 뒤쫓았는데 거기에는 수많은 목재들이 쌓여 있었다. 그런데 요시히라의 말이 그것에 놀랐는지 갑자기 날뛰다가 무릎이 부러져 거기에 쓰러져버리고 말았다. 그러는 사이에 카마타가 활시위를 당겨 시게모리를 쏘았으나 화살은 튕겨져 나올 뿐, 갑옷을 뚫지는 못했다. 두 번째 화살을 쏘았으나 그것도 역시 마찬가지였다. 그러자 요시히라가,

"카마타, 저 갑옷은 헤이케의 이름 높은 카라카와(唐皮)라는 것일세. 말을 쏘게."라고 말했기에 카마타는 시게모리가 탄 말의 엉덩이를 쏘아 맞혔다. 말은 병풍처럼 그 자리에서 쓰러졌고 시게모리는 말에서 떨어진 충격으로 소중한 투구를 떨어뜨리고 말았다. 이를 본 카마타가 호리카와를 건너가 시게모리와 엉겨붙으려 했으나 시게모리가 활로 카마타의 투구를 있는 힘껏 밀었기에 카마타는 비틀거리고 말았다.

헤이지의 난

그 사이에 시게모리는 투구를 주워 다시 머리에 썼다.

이때 시게모리의 가신 가운데 한 명이 주인 대신 카마타와 맞섰다. 뒤이어 요시히라도 시게모리와 맞설 생각으로 달려왔으나 마침 카마타와 시게모리의 가신이 격투를 벌이고 있었기에,

"그래, 시게모리와는 다시 만날 기회가 있을 것이다. 우선은 카마타를 돕기로 하자."라며 카마타를 도와 시게모리의 가신을 찔렀다. 이를 본 시게모리가,

"우리 가신의 적!"이라며 요시히라와 맞서려 했으나 다른 가신 하나가,

"대장이 나설 때가 아닙니다."라며 시게모리 대신 요시히라에게 맹렬히 달려들었다. 이번에는 카마타가 시게모리와 맞서려 했으나 요시히라가 시게모리의 가신과 격투를 벌이고 있었기에 요시히라를 도와서 그 가신을 찔렀다. 그러는 사이에 시게모리는 간신히 목숨을

건져 로쿠하라를 향해 달아났다.

헤이케에서는 처음부터 겐지를 어소 밖으로 유인해내 그곳을 빼앗아야겠다고 생각하고 있었다. 겐지는 그런 줄도 모르고 기세를 몰아 로쿠하라 쪽으로 공격해 들어갔기에 어소를 지키는 자는 인원이 얼마 되지 않았다. 그 사실을 안 헤이케 사람들이 어소로 급히 달려가 그곳을 점령해버렸다.

겐지 사람들이 헤이케를 로쿠하라로 내몰았다고 생각하며 어소로 돌아와보니, 자신들의 백기는 하나도 보이지 않았으며 어소에는 헤이케의 붉은 기만이 불이 붙은 것처럼 세워져 있었다. 뿐만 아니라 겐지 편에 섰던 자 가운데, 싸움 도중에 헤이케 편으로 돌아선 자들이 있었기에 승리는 도저히 바랄 수 없다는 사실을 알게 되었다.

겐지는 대대로 토고쿠에서 세력을 떨치고 있었기에 요시토모는,

"이 형세를 뒤엎기 위해서는 안타깝지만 우선은 여기서 물러나, 홀로 토고쿠로 가서 재기를 꾀할 수밖에 없을 듯하다."라며 가신들은 각자 길을 가게 하고 장남인 요시히라, 차남인 토모나가(朝長), 삼남인 요리토모와 카마타 마사이에, 콘노마루(金王丸) 등 8명의 가신만을 데리고 눈 속을 토고쿠로 향해 달아났다.

요시토모는 우선 오와리(尾張아이치 현 서부,비슈,상국,근국)까지 가서 오사다 타다무네(長田 忠致)라는 가신의 집에 몸을 의지하려 했는데, 싸움에 지쳐버린 요리토모가 거기까지 가는 도중에 일행을 놓쳐버리고 말았다. 미노(美濃기후 현 남부,노슈,상국,근국)까지 간 요시토모는 아들들에게,

"요시히라, 너는 토산도59)의 병사들을 모아 공격해오도록 해라. 토모나가는 신슈로 가서 카이(甲斐야마나시 현코슈,상국,중국)·시나노의 병사

들을 모아오도록 해라. 나는 토카이도60)의 병사들을 모아 공격하기로 하겠다."라고 말하고 각자 헤어진 뒤, 카마타와 콘노마루를 데리고 오사다의 집으로 갔다.

그런데 오와리의 오사다 타다무네는 대대로 겐지의 은혜를 입었음에도 불구하고 헤이케로부터 상을 받고 싶은 마음에 요시토모를 욕실에서 살해한 뒤 그 목을 로쿠하라에 바쳤다.

사람들은 오사다의 불의를 미워했으나, 아무리 그래도 요시토모의 불운은 어쩔 수 없는 일이었다. 그 소식을 들은 요시히라는,

"하다못해 키요모리의 목이라도 베자."라며 가만히 도읍으로 들어가려 했으나 그것도 뜻대로 되지 않아 이리저리 돌아다니다 결국에는 이시야마(石山) 부근에서 헤이시에게 사로잡혔고, 도읍에서 처형당하고 말았다.

토모나가는 일단 신슈를 향해 출발하기는 했으나 전투에서 입은 상처 때문에 미노로 되돌아갔다가 거기서 목숨을 잃었으며, 도중에 일행을 잃은 요리토모도 헤이시에게 사로잡혀 이즈로 유배를 가게 되었다.

대장 노부요리도 로쿠조가와라(六条河原)에서 처형당했으며, 이렇게 해서 소동은 완전히 가라앉았다. 이를 헤이지의 난이라고 한다. 이때부터 헤이시의 기세는 날이 갈수록 높아지기만 했다.

---

59) 東山道. 예전의 7도 가운데 하나로 혼슈 중부 내륙부터 동쪽으로 아오모리 현에 이르는 지역.
60) 東海道. 예전의 7도 가운데 하나로 혼슈 중부의 태평양 연안.

(1) 헤이시는 칸무 천황의 후손.

(2) 호겐의 난

　　원인 – 후지와라노 요리나가가 칸파쿠의 자리에 오르고 싶어 스토쿠
　　　　　상황의 아들인 시게히토 친왕을 천황의 자리에 앉히기 위해
　　　　　상황에게 권하여 병사를 일으켰다.

　　싸움의 양상 – 천황 쪽으로는 미나모토노 요시토모와 타이라노 키요모
　　　　　리 등이 가담했으며, 상황 쪽으로는 미나모토노 타메요시와
　　　　　그의 아들인 타메토모, 타이라노 타다마사 등이 모여들었다.
　　　　　싸움은 요시토모 등이 상황의 어전에 야습을 가하여 천황 쪽의
　　　　　승리로 끝났다.

　　결과 – 싸움 이후 상황은 사누키로 가게 되었으며, 타메요시와
　　　　　타다마사는 처형당했고, 요리나가는 화살에 맞아 죽었다.

(3) 헤이지의 난

　　원인 – 호겐의 난 이후 타이라노 키요모리의 세력이 왕성해졌기에
　　　　　미나모토노 요시토모가 불만을 품었다. 후지와라노 노부요리도
　　　　　높은 관직을 얻지 못해 불만을 품었다. 이 두 사람이 상의하여
　　　　　군사를 일으켰다.

　　싸움의 양상 – 요시토모·노부요리는 상황의 어소에 불을 지르고
　　　　　천황과 상황을 어소에 가두었다. 키요모리가 아들 시게모리와
　　　　　함께 요시토모·노부요리를 쳐서 승리를 거두었다.

　　결과 – 요시토모는 오와리로 달아났으나 그곳에서 살해당했으며,
　　　　　노부요리도 사로잡혀 목숨을 잃었다. 이렇게 해서 헤이시가
　　　　　더욱 세력을 키웠다.

제3장 타이라노 시게모리

1. 충과 효

　호겐과 헤이지 두 번의 난으로 겐지는 완전히 세력을 잃고 말았다. 미나모토노 요리마사가 헤이지의 난 때 헤이시 편에 섰기에 살아남기는 했으나 아무런 세력도 형성하지 못했다.

　단지 요리토모가 살아남아 이즈로 유배를 가 있었다. 처음 요리토모가 잡혀왔을 때 키요모리는 그도 죽일 생각이었으나 키요모리의 양어머니가 거듭 살려달라고 청해왔기에 어쩔 수 없이 이즈의 히루가시마(蛭ヶ島)로 유배를 보낸 것이었다. 이때 요리토모는 13세였는데 비록 말 위에서 졸다 뒤처져 아버지를 잃었다 할지라도 그 도중에 두 무사가 요리토모를 사로잡기 위해 말의 재갈을 잡자 단칼에 그 두 사람을 베었을 정도로 강단이 있는 사람이었기에 당시 사람들은,

　"그런 자를 살려두는 것은 호랑이를 들판에 풀어놓는 것이나 다를 바 없는 일이다. 언제 나와서 사람을 물지 알 수 없는 일이다."라며 훗날을 근심했다고 하는데, 아직은 일을 도모할 정도의 힘은 없었기에 헤이시는 누구의 눈치도 보지 않고 자신들의 권세를 마음껏 누렸다.

그로부터 10년 후인 닌안(仁安) 원년(1166)에 키요모리는 정2위 나이다이진(内大臣)이라는 위에 올랐으며, 2년(1167)에는 종1위 다이조다이진(太政大臣)이 되었고, 시게모리는 종2위 곤다이나곤(権大納言)이 되었으며, 둘째 아들인 무네모리(宗盛)는 종3위 산기(参議)가 되었다. 그 외에도 헤이시 가운데 조정의 벼슬에 오른 자가 60여 명, 그들의 영지는 30여 개 쿠니, 조정의 정치가 모두 키요모리의 손에 의해서 행해졌다[61]. 당시 어떤 자는,

"헤이시가 아니면 사람도 아니다."라고까지 말했다. 이후 키요모리는 머리를 깎고 조카이(淨海)라고 이름을 바꾸었으나, 점점 세력을 더해감에 따라서 방자한 행동도 늘었기에 헤이시를 좋지 않게 보는 자들도 나타나기 시작했다. 이에 키요모리는 만약 헤이시를 좋지 않게 말하는 자가 있으면 잡아들이라며, 붉은 옷을 입힌 아이들 300여 명으로 하여금 쿄토 안팎을 돌아다니며 사람들이 하는 말을 듣게 했다. 이 때문에 사람들은 헤이시에 대해서 함부로 말을 할 수도 없었으며 서로의 눈을 바라보며 조심을 할 수밖에 없었다.

고시라카와 상황조차 키요모리의 방자한 행동을 막을 수 없었다. 상황은 머리를 깎고 법황이 되었다.

이때 법황 옆에 후지와라노 나리치카(藤原 成親)라는 자가 있었다. 그의 아들인 나리쓰네(成経)라는 자가 코노에의 대장이 되고 싶어 했으나 소망을 이루지 못했기에 헤이케를 멸망시켜야겠다고 생각했다[62]. 또한 법황 곁을 지키는 사무라이 중에 사이코(西光)라는 자가

---

61) 이 시기부터 일본에서 무가정치가 행해졌다고 보는 견해도 있다. 이를 헤이시 정권이라고 부른다.

있었다. 이 사람도 헤이시의 방자함에 분노하여 법황에게 늘 헤이시를 제거해야 한다고 권했다.

어느 날, 나리쓰네와 사이코가 함께 쿠로우도인 미나모토노 유키쓰나(源 行綱)에게,

"그대는 겐지 아니신가? 그 겐지는 헤이시의 요즘 행동을 어떻게 보시는지. 우리의 대장이 되시어 헤이시를 한번 치지 않겠는가?"라고 권하자 유키쓰나는 이를 승낙했다. 이에 나리쓰네는 타이라노 야스요리(平 康頼), 후지와라노 아키쓰나(藤原 章綱), 미나모토노 나리마사(源 成雅), 승려인 슌칸(俊寬) 등도 가담시켜 마침내 헤이케 토벌을 위한 상의를 시작했다.

어느 날, 쿄토의 동쪽에 있는 시시가타니(鹿ヶ谷)라는 곳에서 헤이케 정벌을 위한 회의가 열렸다. 그 자리에서 모두가 축배를 들고 있었는데, 그때 갑자기 산에서 바람이 불어와 부근에 펼쳐 말리고 있던 우산이 데굴데굴 구르기 시작했다. 여기에 놀란 말들이 곳곳에서 뛰어오르기도 하고 달리기도 했기에 한바탕 소동이 벌어졌다. 술을 마시던 사람들이 날뛰는 말을 보고 모두 뛰쳐나가 말을 진정시키려 했다. 그러던 중에 술병(瓶子헤이시)이 소매에 걸려 쓰러지기도 하고 발에 차여 넘어지기도 했는데 그 가운데 하나의 목이 톡 부러져버리고 말았다. 이를 본 나리치카가,

"아아, 헤이시(술병)가 쓰러졌다. 오오, 목이 떨어졌다."라고 농을

---

62) 『헤이케 이야기(平家物語)』 등에는 나리치카 자신이 코노에의 대장을 소망한 것으로 되어 있다. 그러나 대장에 오를 수 있는 가문은 한정되어 있었기에 이 이야기 자체를 의심하는 의견도 있다.

모반을 꾀하는 나리치카

던졌다. 사이코가 역시,

"그 목을 옥문에 걸기로 합시다."라고 말하자 야스요리가,

"그래, 목을 효수하는 건 케비이시의 역할이지."라며 헤이시의
목을 방의 기둥에 있는 못에 걸었다.

"참으로 흥겹군. 헤이시(타이라 씨) 정벌을 논의하는 자리에서 헤이시(술
병)가 쓰러지다니 경사스러운 일일세. 축배를 드세, 축배를 들어."라고
모두가 손뼉을 치며 기뻐했다. 그런 다음 헤이시를 멸망시킬 방법에
대해서 상의하기 시작했다.

"기온의 제삿날(마쓰리)은 도읍 전체가 혼잡하니 그 혼잡한 틈을
타서 헤이시의 집에 불을 붙입시다. 화재로 정신이 없을 때 공격하면
틀림없이 뜻을 이룰 수 있을 것입니다."

상의를 전부 마치고 기온의 제삿날이 오기를 기다렸다.

그런데 병사들의 대장이 되어야 할 미나모토노 유키쓰나가,

'이 정도로 헤이시를 쓰러뜨릴 수는 없을 것이다. 하지만 상의를 한 이상, 그 사실이 만약 헤이시 사람에게 흘러들어간다면 나도 틀림없이 키요모리에 의해 처형당하고 말 것이다. 그렇다면 내가 먼저 헤이시에게 그 사실을 고해 나의 목숨만이라도 건지도록 해야겠다.'라고 두려운 마음을 품기 시작했다. 그리고 자신이 직접 키요모리의 저택으로 가서 그 사실을 전부 털어놓고 말았다. 이를 듣고 놀란 키요모리는 자신의 병사들을 모아 자신의 저택을 지키게 했으며 가장 먼저 법황에게로 사자를 보내서,

"악한들이 일어나 저희 헤이케를 멸망시키려 하고 있습니다. 저는 지금부터 악한들을 사로잡으려 합니다. 하지만 악한들에게도 뭔가 할 말은 있을 터이니 우선은 그 사실을 먼저 말씀드리겠습니다."라고 말하게 했다. 이번 헤이시 정벌에는 법황도 가담을 한 터였기에 이런 말을 듣자 뭐라고 대답해야 좋을지 알 수 없었다.

키요모리는 우선 법황을 놀라게 해둔 뒤, 한편으로는 사이코를 잡아들였다. 키요모리는 사이코를 보자마자 지금까지 참고 있던 화를 단번에 폭발시켜,

"발칙한 놈. 법황의 총애를 등에 업고 당치도 않은 일을 꾸몄겠다. 무엇 때문에 헤이케를 쓰러뜨리려 한 것이냐!"라고 호통을 쳤다. 사이코가 빙그레 웃으며,

"무엇이 당치도 않단 말이냐. 너희 아버지가 전에 오르는 것을 간신히 허락받았을 때는, 조정의 어느 누구도 상대를 하려 들지 않았다. 너는 그러한 자의 아들이다. 그런 자가 지금은 다이조다이진이라며 제멋대로 날뛰고 있지 않느냐. 당치도 않은 일이란 그런 것을 두고

하는 말이다."라고 말했기에 키요모리는 자리에서 벌떡 일어나 사이코의 얼굴을 걷어차고 말았다. 그리고 상의한 내용을 전부 자백케 한 뒤 사이코의 입을 찢어버렸다.

그런 다음 나리치카와 야스요리도 모두 잡아들여 죽이려 했다. 그러한 때에 시게모리가 왔다. 사람들이 모두,

"큰일 났습니다. 어찌 이리 늦으셨습니까?"라고 말하자 시게모리는,

"무엇이 큰일이란 말이냐? 자기 집안의 일로 어찌 소란을 피운단 말이냐."라고 말하며 키요모리가 있는 곳으로 갔다. 시게모리는,

"아버지, 나리치카와 그 외의 사람들을 죽이려 한다고 들었습니다만, 생각을 바꾸시는 것이 어떻겠습니까? 나리치카는 신분이 높은 자이기도 하고 법황의 총애를 얻고 있는 자이기도 합니다. 사사로운 원한으로 함부로 대해서는 안 됩니다. 신제이는 호겐의 난 때 요리나가의 무덤을 파헤쳤기에, 훗날 그의 무덤도 역시 노부요리에 의해서 파헤쳐졌습니다. 선악에 대한 보상은 언젠가 반드시 그 행한 자에게로 돌아가는 법입니다. 모쪼록 마음을 가라앉히시고 깊이 생각해보시기 바랍니다."라고 간언한 뒤 자신의 집으로 돌아갔다. 그래도 키요모리의 노여움은 좀처럼 풀리지 않았다. 몸에 갑옷을 입고 허리에는 칼을 차고,

"병사들을 모아라. 조정의 놈들은 모두 나를 미워하고 있다. 나의 관위가 분수에 넘치다니, 그건 또 무슨 말이냐? 비천한 신분에서 출세한 자가 나 하나뿐이더냐? 게다가 내가 없었다면 호겐의 난이 어찌 되었겠느냐. 헤이지의 난 때 요시토모와 노부요리를 누가 없앨 수 있었겠느냐. 전부 나의 공이 아니더냐. 높은 지위에 오른 것도 당연한 일이다. 더구나 법황까지 나를 미워하다니 이대로 내버려둘

수는 없다. 사이코 같은 놈이 또 나타나서 헤이케를 정벌하라는 칙명을 내려달라고 청하면 당장에 그렇게 할지도 모를 일이다. 그러면 헤이시는 적[63]이 되어버리고 말지 않느냐. 지금부터 나는 법황을 토바(鳥羽)에 있는 어전으로 옮기게 할 생각이다. 그게 싫다면 나의 저택으로 오시도록 할 것이다. 호쿠멘[64]의 놈들이 방해를 할지도 모르니 당장 병사들을 모아라."라고 명령했다. 가신 가운데 한 명이 법황을 가두어서는 큰일이라고 생각했기에 가만히 시게모리의 집으로 달려가 이 사실을 알렸다. 그러는 사이에도 키요모리는 물론 무네모리를 비롯하여 헤이케 일가 사람들은 갑옷과 투구를 두르고 준비에 여념이 없었다. 그러한 때에 시게모리가 평상복 차림으로 들어왔다. 그러자 무네모리가 그의 소매를 잡아끌며,

"형님, 어째서 갑옷을 입지 않으신 것입니까?"라고 물었다. 시게모리는 무네모리를 노려보며,

"너는 어째서 갑옷을 입은 것이냐? 적이 어디에 있단 말이냐? 나는 다이진에 타이쇼다. 만약 적이 천황이나 법황의 어소를 침범하려 한다면 가장 먼저 갑옷을 입을 테지만, 그 외에는 갑옷을 입지 않을 것이다."라고 꾸짖은 뒤 안으로 들어가려 했다. 그 모습을 안쪽에서 지켜보고 있던 키요모리는, 일이 난처하게 되었구나 싶어 얼른 자리에서 일어나 갑옷 위에 승복을 걸친 모습으로 시게모리를 만났다. 몇

---

63) [賊] 여기서는 역적, 반역자를 뜻하는데, 일본의 경우 조정(혹은 인)에서 토벌 명령을 내리면 그 토벌 대상은 곧 역적, 반역자가 되어 조적[朝賊, 조정의 적]이라 불렸다. 이는 조정에 반기를 든 경우가 아니라도 마찬가지인데, 그렇기에 조정이나 인에 압박을 가해 토벌 명령을 내려달라고 강요한 경우도 흔히 있었다.

64) 北面. 상황이나 법황이 거처하는 인을 지키던 무사들을 호쿠멘의 무사라고 했다.

번이고 앞섶을 여미었으나 그래도 자꾸만 앞섶 사이로 갑옷이 보였다. 키요모리가 멋쩍다는 듯 옷깃을 여미며,

"네가 한 말은 잘 알겠다만, 요즘 하찮은 무리들이 같잖은 생각을 품고 법황 주위로 모여들고 있다. 법황은 또 그러한 자들의 말을 하나하나 들어주고 있다. 참으로 위험천만한 일이다. 사태가 진정될 때까지 법황을 잠시 어딘가로 옮기시게 할 생각이다."라고 말했다. 그 말을 들은 시게모리는 아버지의 방자함이 한심하기도 하고 슬프기도 했다. 자신도 모르는 사이에 눈물이 흘러내리기 시작했다.

"제가 아버지의 모습을 뵙자하니 헤이시의 운도 그리 오래 가지는 않을 듯합니다. 헤이시는 칸무 천황의 후손이라고는 하나 아무런 세력도 없었습니다. 그런데 오늘의 이러한 세력을 얻게 된 것은 전부 폐하의 은혜 덕입니다. 그 은혜도 잊고 법황을 다른 곳으로 옮기시게 하겠다니 이 무슨 말씀이십니까? 그래도 아버지는 병사들을 이끌고 법황의 어소로 들어가시겠다는 말씀이십니까? 아버지, 저는 역적이 어소에 맞서려 하면 병사들을 이끌고 그 어소를 지켜야 하는 자리에 있습니다. 그런데 지금은 그 적이 아버지이십니다. 저는 충의를 지키려면 아버지와 싸워야 하는 불효자가 되어버리고 맙니다. 아버지를 따른다면 법황께 더할 나위 없는 불충을 저지르게 됩니다. 저는 어찌하면 좋겠단 말입니까? 아버지, 무슨 일이 있어도 법황의 어소로 들어가셔야겠다면 여기서 이 시게모리의 목을 베고 가시도록 하십시오."라고 울며 충고했다. 키요모리도 어쩔 수 없이,

"아니, 나는 단지 나를 위해서 그러려는 것이 아니다. 집안을 위해서, 너희 후손들을 위해서 그렇게 생각했던 것이다. 하지만 네가 옳지

타이라노 시게모리

않다고 한다면 그것을 억지로 행할 마음은 없다. 무슨 말인지 잘 알았다."라며 그냥 안쪽으로 들어가버리고 말았다. 시게모리는 자신의 집으로 돌아갈 때 동생들에게,

"너희도 아버지를 따라서 법황의 어소로 들어가고 싶다면 내 목이 떨어진 뒤에 들어가도록 하라."라고 말했다. 그러나 그날 밤이 되어서도 시게모리는 아버지가 걱정되어 견딜 수가 없었다. 이에,

"커다란 변이 일어났으니 병사들에게 모이라고 전하라."라고 명령했다. 그러자 헤이시의 사무라이들은,

"그분이 병사를 모으시다니, 틀림없이 커다란 변이 일어난 것이다." 라며 2만여 명이나 시게모리 밑으로 모여들었다. 그랬기에 키요모리의 저택에는 병사 하나 남지 않게 되었다. 이에 시게모리는 가신 둘에게

키요모리에게로 가서 키요모리를 지키라고 명령했다. 키요모리가 그 2명의 가신에게,

"코마쓰(小松)의 저택(시계모리의 집)에서는 무엇 때문에 병사를 모은 것이냐?"라고 묻자 그들은,

"법황께서 시계모리 나리께, '너희 아버지가 은혜도 잊고 나라를 어지럽히려 하고 있으니 그를 정벌토록 하라.'라고 명령하셨다고 합니다. 그래도 시계모리 나리는 다이조다이진 나리가 걱정되어 저희를 보내신 것입니다. 그리고 '저는 아버지 대신 저의 몸으로 용서를 빌려하고 있습니다.'라는 말을 전해달라고 했습니다."라고 대답했다. 이에 키요모리는 몸을 떨며,

"얼른 가서 시계모리에게 전하도록 하라. 나는 더 이상 아무런 일도 하지 않을 것이며, 앞으로는 모든 일을 네게 맡기겠다고. 자, 얼른 가서 이 말을 전하도록 하라."라고 계획을 완전히 포기하고 말았다. 두 가신이 그 말을 전하자 시계모리는,

"아아, 아버지께서 그렇게까지 말씀하셨단 말이냐. 그렇다면 오히려 아버지께 심려를 끼친 셈이로구나."라고 눈물을 흘리며 기뻐했다. 그리고 병사들에게,

"잘도 모여주었다. 오늘은 그만 돌아가도록 하라. 모두 수고 많았다. 앞으로도 언제, 무슨 일이 벌어지든 또 와주기 바란다."라며 병사들을 그대로 돌려보냈다. 이 말을 들은 법황은,

"시계모리는 원수를 은혜로 갚는 자로구나. 아버지와는 달리 참으로 훌륭한 인물이다."라고 칭찬했다.

(1) 헤이지의 난 이후 헤이시는 매우 커다란 세력을 형성하게 되었다.

(2) 그 무렵 헤이시 일문의 영지는 30여 개 쿠니에 이르렀으며, 일족 모두가 고위고관에 올랐다.

(3) 고시라카와 법황이 키요모리의 방자함을 막으려 했다.

(4) 법황 주변의 사람들이 시시가타니에 모여 헤이케를 멸망시키기 위한 회의를 열었다.

(5) 그 사실을 들은 키요모리는 법황을 가두고 회의에 가담했던 자들을 죽이려 했다.

(6) 그때 아들인 시게모리가 키요모리에게 간언을 했다.

(7) 그래도 키요모리는 병사들을 모아 법황을 가두려 했다.

(8) 시게모리가 눈물로 아버지를 말렸다.

제4장 무가정권의 시작

1. 뵤도인 잔디 위의 부채

　지쇼(治承) 3년(1179) 시게모리는 42세로 세상을 떠났다. 시게모리가 살아 있는 동안에는 키요모리의 방자함도 그렇게 심하다고는 할 수 없었으나, 시게모리가 세상을 떠난 이후부터는 아무도 말리는 사람이 없었기에 키요모리는 마음껏 횡포를 부렸다.

　시게모리가 세상을 떠나자 고시라카와 법황은 시게모리의 영지를 거두어들였다. 이것이 키요모리를 화나게 한 하나의 원인이 되었다. 거기에 키요모리의 사위인 후지와라노 모토미치(藤原 基通)가 추나곤65)이라는 벼슬을 청했으나 법황은 그 벼슬을 다른 사람에게 주었다. 이것 역시 키요모리를 화나게 만든 일이었다.

　그해 11월에 대지진이 일어났다. 그때 키요모리는 셋쓰의 후쿠하라(福原)라는 곳에 있었는데 쿄토 사람들은,

　"곧 다이조 뉴도(키요모리)가 올 것이다."라며 수군거렸다. 그런데 그것이 사실이 되어 후쿠하라에 있던 다이조 뉴도 키요모리가 수천의

---

65) 다이조칸(太政官)의 차관.

병사들을 이끌고 쿄토로 들어왔다. 그리고 법황에게,

"시게모리가 죽었다고는 하나 그 영지를 거두어들인 것은 어찌해서 입니까? 또한 모토미치가 추나곤의 자리를 청했는데 그것을 다른 자에게 주시다니 참으로 안타까운 일입니다."라며 전 다이조다이진을 유배보냈으며, 그 외에도 조정의 신하 43명의 벼슬을 박탈했을 뿐만 아니라, 무네모리에게 명령하여 법황을 토바의 어전에 가두게 했다. 세상 사람들은,

"형 시게모리는 참으로 훌륭했으나, 동생인 무네모리는 틀린 듯하다. 이래서는 헤이케도 위험해질 것이다."라고 말했다.

그 이듬해 5월에 쿠마노곤겐(신사)의 벳토66)로부터 놀라운 소식이 키요모리에게 전달되었다.

"고시라카와 법황의 아드님이신 모치히토(以仁) 왕께서 각지의 겐지에게 헤이시를 쳐서 멸하라는 명령을 내렸습니다. 이쪽의 나치, 신구67)의 승려들도 모두 그 편에 가담했습니다."

이 말을 들은 키요모리는 바로 쿄토로 들어가 어떻게 하면 좋을지 일족과 상의했다.

그리고 케비이시인 미나모토노 카네쓰나(源 兼綱)에게 명령하여 모치히토 왕의 어전을 포위하게 했다. 그런데 우습게도 이 카네쓰나의 아버지인 미나모토노 요리마사야말로 모치히토 왕에게 권하여 왕의 명령을 각지의 겐지에게 전달케 한 사람이었다.

이전에 요리마사의 큰아들인 나카쓰나(仲綱)는 한 마리 좋은 말을

---

66) 別当. 친왕, 셋쇼, 대신의 집이나 절, 신사 등의 특별기관에 두었던 장관.
67) 쿠마노 신사는 혼구(本宮)·신구(新宮)·나치(那智)로 나뉘어 있다.

가지고 있었다. 토고쿠 제일의 명마라는 말을 들었기에 타이라노 무네모리는 그 말을 갖고 싶어서 견딜 수가 없었다.

어느 날 사람을 나카쓰나에게 보내서,

"좋은 말을 잠깐 보여주십시오."라고 청했으나 나카쓰나는 빌려주면 돌려받지 못할 것이라 생각했기에,

"말은 시골에 맡겨두었습니다."라고 말했으나 나중에 거짓이라는 사실이 발각되어 결국은 어쩔 수 없이 빌려주자, 아니나 다를까 무네모리는 돌려주지 않았다. 그리고 무사와 공경들을 불러와,

"이봐라, 그 나카쓰나를 끌고 오너라."

"자, 나카쓰나에게 안장을 얹어라."

"자, 나카쓰나를 달리게 해라."라고 말의 이름을 나카쓰나라고 붙였다. 그 사실을 안 나카쓰나가 아버지 요리마사에게,

"아버지, 무네모리를 그냥 내버려둔다는 것은 집안의 수치입니다."라고 눈물을 흘리며 분하다는 듯 말했다. 요리마사도,

"내가 살아 있는데도 자식들이 헤이시에게 치욕을 당하는구나. 내가 죽은 뒤에는 어떤 꼴을 당할지 알 수 없는 일이다. 지금 헤이시를 멸망시켜버리고 말자."라며 그날 밤 모치히토 왕의 어전으로 찾아가,

"전하, 전하께서는 지금의 상제(안토쿠 천황)의 형님이심에도 불구하고 친왕조차 되지 못하신 것은 전부 키요모리의 방자함 때문입니다. 뿐만 아니라 키요모리의 무도함은 아버님이신 법황까지도 가두어버렸을 정도입니다. 그들을 저대로 내버려두셨다가는 앞으로 어떤 짓을 저지를지 알 수 없는 일입니다. 모쪼록 헤이시를 토벌하라는 영지를 내려주시기 바랍니다. 지금 각지에서 4천여 명의 겐지가 때가 오기만을

미나모토노 요리마사

기다리고 있습니다. 일단 전하께서 영지를 내리신다면 그들이 일시에 일어날 것입니다. 헤이시가 멸망해버리고 나면 전하도 평안하실 것이고, 법황께서도 얼마나 기뻐하시겠습니까? 그것은 곧 일본 전체의 기쁨입니다."라고 말했다. 모치히토 왕도 그 말을 옳게 여겨 헤이시를 토벌하라는 영지를 내렸다.

한편 카네쓰나는 모치히토 왕의 어전을 포위하러 갔으나, 사실은 아버지 요리마사에게 얼른 왕을 데리고 어디로든 달아나라고 말하고 온 참이었다. 아버지 요리마사가 아들보다 먼저 왕의 어전으로 들어가,

"얼른 미이데라(三井寺절)로 가시기 바랍니다. 저도 뒤를 따르도록 하겠습니다."라고 말했다. 왕은 헤이시 사람들에게 들키지 않기 위해 여장을 하고 어전에서 나와 미이데라로 서둘러 갔다. 요리마사도 나카쓰나와 카네쓰나 이하 50여 명을 데리고 자신의 집에 불을 지른

뒤 미이데라로 갔다.

미이데라로 간 요리마사는 우선 엔랴쿠지(延曆寺)와 나라의 토다이지, 코후쿠지(興福寺)의 승병들에게 사람을 보내서 이쪽 편에 가담해 달라고 청했다. 히에이잔(엔랴쿠지)과 나라 모두 바로 따르기로 했다. 이 소식을 들은 헤이시는 큰일이다 싶었기에 히에이잔을 구슬러 자기 편으로 만들어버렸다. 이에 요리마사는,

"히에이잔이 가담하지 않는다면 이대로 여기에 머물 수는 없다. 지금부터 당장 로쿠하라(헤이시의 집)로 공격해 들어가자."라며 바로 그 준비에 들어갔으나, 이때 미이데라의 승려 가운데 헤이케 편을 드는 자가 생겨났기에 요리마사는 왕을 데리고 얼마 되지 않는 병사들과 함께 나라로 가기로 했다. 그러나 말을 타는 것에 익숙하지 않은 모치히토 왕이 대여섯 번이나 말에서 떨어졌기에 우지의 뵤도인(平等院)까지 가서, 우선은 잠시 쉬기로 했다. 쉬는 동안 헤이시가 공격해오면 안 되겠기에 우지에 있는 다리의 판자를 뜯어내 적에 대비해두었다.

헤이시가 2만 8천의 군세로 그 뒤를 쫓아왔다. 바라보니 뵤도인에서 비단 깃발과 백기가 아침 바람에 펄럭이고 있었다. 헤이시는, '적이 저기에 있다.'며 앞 다투어 다리를 건너려 했으나, 다리 가운데의 판자를 완전히 뜯어냈기에 물에 빠져 죽은 자가 200명이나 되었다.

"아뿔싸."하며 헤이케가 놀라고 있을 때 미이데라의 묘슌(明春)이라는 사나운 법사가 달려나왔다. 커다란 왜장도를 들고 곡예사처럼 다리의 살 위를 마음대로 뛰어다니며 곧 헤이시의 병사를 28명이나 베어버렸다. 헤이시 쪽에서,

"얄미운 중놈이다만 가까이 가서는 위험하다. 활로 쏘아라."라며

묘순을 향해 소낙비처럼 화살을 퍼부었으나 묘순은 '이쯤이야.' 하고 싸우다 왜장도가 부러지자 장검을 빼들었고, 장검이 부러지자 단도를 빼들어 분전했다. 그때 이치라이(一来)라는 승려가 다시 뒤에서부터 달려나왔다. 이치라이는 아직 17세, 원래대로 하자면 동자승일 테지만, 그는 아무리 봐도 동자승이 아니었다. 칼이 부러져 묘순이 난처해하고 있을 때 뒤에서,

"훌륭합니다, 훌륭해. 이제는 제가 대신하겠습니다."

아래는 일본에서 가장 큰 호수가 바다로 발걸음을 재촉하는 우지의 거센 물살, 거기에 걸려 있는 무지개처럼 긴 다리, 그것도 살만 남아 있는 다리 위에 묘순이 서 있는데 어떻게 자리를 바꿀 수 있겠는가? 게다가 묘순 주위로는 화살이 빗발처럼 쏟아지고 있었다.

그런데 이치라이는 묘순의 어깨 위를 훌쩍 뛰어넘더니,

"자, 내가 왔다."라며 곧 수십 명의 적을 베어 쓰러뜨렸다. 하지만 승려들만 활약한 것은 아니었다. 요리마사의 가신 중에는 와타나베 키오우(渡辺 競)와 그 동생인 토나우(唱) 등, 쿄토 제일의 사무라이들이 있었기에 2만의 헤이시도 좀처럼 앞으로 나아갈 수가 없었다. 헤이케의 대장인 토모모리(知盛)가 화를 내며,

"나아가라, 나아가. 상대는 중놈이다."라고 말했으나 그 중이 헤이시의 병사보다 강하니 아무 소용도 없는 일이었다. 이때 헤이케 쪽의 아시카가 타다쓰나(足利 忠綱)라는 자가 300명 쯤의 병사들을 데리고 강가에 모습을 드러냈다. 그는 시모쓰케 사람으로 반도타로(板東太郎)라고도 불리는 토네가와(利根川강)를 건넌 경험이 있었다. 타다쓰나가 무리들에게,

뵤도인

"강한 말은 상류 쪽에 세워라. 약한 말은, 다리가 닿는 곳까지는 걷게 하고 다리가 닿지 않으면 헤엄치게 하라. 병사들은 어깨를 나란히 하고 나아가라. 떠내려가는 자에게는 활을 내밀어 그것을 잡게 하라." 는 등의 주의를 주고 강 속으로 텀벙 뛰어들었다. 그것을 보고 헤이케의 병사들 모두가 그를 따라서 강 속으로 들어가 뵤도인을 향해 건너갔다. 이렇게 되자 요리마사 쪽은 소수이기에 버텨낼 수가 없었다.

"얼른 나라로!"라며 모치히토 왕을 앞세우고 요리마사와 나카쓰나가 그 뒤를 이어 달리기 시작했다. 카네쓰나만은 홀로 남아 있었으나 부상을 당해 생각한 대로 싸울 수가 없었기에 그도 어쩔 수 없이 아버지의 뒤를 따라갔다.

아시카가 타다쓰나가 놓치지 않겠다는 듯 그 뒤를 쫓아갔다. 카네쓰나는,

"그래, 죽음을 각오로 여기서 싸워 왕이 나라까지 무사히 들어가게 하자."라며 말머리를 돌려 종횡무진으로 싸웠으나 타다쓰나의 화살에

이마를 맞아 말에서 떨어져 죽고 말았다. 카네쓰나의 가신이 적에게 주인의 목을 넘겨줄 수 없다며 주인의 목을 강 속에 가라앉혔다.

요리마사도 이때 화살에 맞았다. 그러나 카네쓰나가 죽은 것을 보았기에 도저히 그대로 달아날 수는 없었다.

"전하. 카네쓰나는 전하를 위해서, 또 이 아비를 위해서 목숨을 잃었습니다. 아비로서 아들의 전사를 보고 살아 있을 수는 없습니다. 전하께서는 부디 서둘러 무사히 나라로 들어가시기 바랍니다. 설령 요리마사는 여기서 죽는다 할지라도 곧 각지의 겐지가 전하 아래로 달려올 것입니다."라며 발걸음을 돌렸다. 그때 요리마사의 나이는 벌써 여든이나 되었으나 활의 명수라는 말을 들었던 만큼, 한 발도 헛된 것이 없었다. 화살이 떨어진 요리마사는 뵤도인 정원의 잔디 위에 부채를 펼치고 그 앞에 앉아,

〈매목[埋木]처럼 꽃도 피우지 못하고 이 몸도 끝나는구나〉
라고 노래 한 수를 읊은 뒤 배를 갈라 세상을 떠났다.

모치히토 왕도 이데(井手)라는 곳까지 갔으나 어디선가 날아온 화살에 배를 맞아 안타깝게도 세상을 떠나고 말았다.

모치히토 왕을 비롯하여 요리마사 등은 여기서 이렇게 최후를 맞이했으나, 곧 왕의 영지에 따라 각지의 겐지가 들불처럼 일어났다.

2. 이시바시야마에서의 거병

이즈로 유배를 간 요리토모는 호조 토키마사(北条 時政)와 이토 스케치카(伊東 祐親) 두 사람의 감호 아래에 있었다. 13세 때부터 30세가 되었으나 겐지의 운은 조금도 열리지 않았다. 지쇼 4년(1180) 여름의 일이었다. 요리토모는 미시마묘진(三島明神신사)에게 겐지를 위해서 백일기도를 올렸다. 비가 오나 눈이 오나 매일 밤 사람들이 잠들고 난 뒤면 기도를 올리러 갔다. 그 백 일째 기도를 올리는 날, 한 수도자 차림의 사내가 사람들의 눈을 피하듯 하며 요리토모를 찾아왔다. 그것은 뜻밖에도 숙부인 유키이에(行家)가 모치히토 왕의 영지를 전하러 온 것이었다.

요리토모의 기쁨은 더할 나위 없는 것이었다. 땅에 엎드려 있던 호랑이가 이제는 달려나갈 때가 온 것이었다. 그 사이에 요리토모는 호조 토키마사의 딸인 마사코(政子)를 아내로 맞은 상태였다. 그랬기에 그 일을 바로 토키마사와 상의했다. 토키마사도 크게 찬성하고 마침내 8월 17일에 병사를 일으키기로 결정했다. 누가 뭐래도 토고쿠는 예로부터 겐지의 은혜를 입은 자들이 많은 곳이었기에 요리토모의 이 소식을 듣자마자 은밀하게 많은 무사들이 모여들었다. 이때 오우미의 사사키 시로 타카쓰나(佐々木 四郎 高綱)는 쿄토에 가 있었는데 요리토모가 병사를 일으킬 것이라는 말을 듣자 홀로 요리토모가 있는 곳을 향해 달려갔다. 그러자 형인 타로 사다쓰나(定綱)도 시모쓰케에서 왔다. 사다쓰나의 동생인 지로 쓰네타카(経高), 사부로 모리쓰나(盛綱)는 사가미노쿠니에서 모여들었다. 형제 넷이 얼굴을 마주하고, "형님도 오셨습니까?", "너도 왔구나.", "잘 왔다.", "형제의 힘을 모아."라며 기뻐하는 모습을 본 요리토모는 눈물이 나올 만큼 기뻤다. 단, 사사키 형제 가운데 고로 요시키요(五郎 義清)만은 헤이케의 사무라이인 오오바 카게치카의 동생을 아내로 맞았기에 역시 사가미에 있었으나 함께 오지는 않았다.

드디어 17일이 되었다. 요리토모가 사다쓰나를 불러,

"오늘 밤, 이즈의 모쿠다이(目代지방관)인 타이라노 카네타카(平兼隆)를 공격하려 하네. 그를 위해서는 자네 형제들의 힘이 무엇보다 필요하네. 모쪼록 한바탕 일을 해주셨으면 하네."라고 부탁했다. 사다쓰나는 눈물을 흘리며,

"말씀하실 필요도 없이 목숨이 있는 한은 싸워서 반드시 세상에 나가시게 할 각오입니다."라고 말하고 세 형제들과 함께 해가 지기를 기다렸다. 밤이 되자 호조 토키마사가 사사키 형제와 함께 85명의 병사들을 이끌고 가서 카네타카가 있는 야마키(八牧) 요새를 포위했다.

토키마사는 요새의 정면에서부터, 사사키 형제는 뒤에서부터 공격해 들어갔다. 워낙 불의의 습격이었기에 카네타카는 마침내 목숨을 잃고 말았다.

이렇게 해서 요리토모는 단 하룻밤 만에 이즈를 자신의 것으로 만들어버렸다. 이 소식이 곳곳에 전해지자 다시 무사들이 모여들었다.

미나모토노 요리토모

닛타 타다쓰네(仁田 忠常), 도이 사네히라(土肥 実平), 오카자키 요시
자네(岡崎 義実) 등 하나같이 유명한 용사들뿐이었다. 이에 요리토모
는 이즈에서 나와 사가미의 도이까지 갔다. 거기서 군사회의를 열었다.
그때 도이 사네히라가,

"싸움은 실력도 중요하지만 누가 뭐래도 병사가 적은 것은 가장
커다란 약점입니다. 우선 모치히토 왕의 영지를 칸토 8개 쿠니의
겐지들에게 알려 사람을 모으시는 것이 어떻겠습니까?"라고 말했다.
그러는 것이 좋겠다고 생각한 요리토모는 바로 사람을 보내 병사들을
모았다. 그러나 단시간에 병사들이 모이지는 않는 법이다.

요리토모는 22일에 300명의 병사들을 이끌고 이시바시야마(石橋山)로 가서 진을 쳤으며 한동안 세상에 나오지 않았던 겐지의 백기를 치켜올렸다.

그러자 사가미의 오오바 카게치카가 총 3천여 명의 병사들을 이끌고 요리토모를 정벌하기 위해서 왔다. 23일 밤, 어두운 산속에서 맹렬한 전투가 벌어져 날이 밝을 때까지 이어졌다. 그러나 불행하게도 겐지는 단 한 번의 싸움에서 지고 말았다.

요리토모는 분해서 견딜 수가 없었으나 이렇게 된 이상 재기를 노릴 수밖에 없었기에 약간의 병사들만을 데리고 도이의 스기야마(杉山)를 이리저리 숨어다녔다. 오오바 카게치카는 어디까지고 어디까지고 그 뒤를 쫓았다. 지난 밤부터의 싸움으로 요리토모는 완전히 지쳐버리고 말았다. 문득 옆을 보니 커다란 삼나무가 쓰러져 있었다. 요리토모는 그 위에 걸터앉아 잠시 쉬었다. 그리고 따라온 사무라이들에게,

"오오바는 온 산을 뒤져서라도 찾으러 올 것이다. 모두 흩어져 달아나기로 하자."라고 말했으나 사람들은,

"어차피 이렇게 된 이상 일본 가운데 숨을 곳은 어디에도 없습니다. 죽든 살든 함께 하고 싶습니다."라며 무슨 일이 있어도 요리토모 곁에서 떠나려 하지 않았다. 그러나 요리토모가,

"적을 쫓고 적에게 쫓기는 것은 전장에서 늘 있는 일일세. 싸움에서 한 번 졌다고 하여 그리 가볍게 목숨을 버리려 해서는 안 되네. 위험한 곳에서 벗어나 뜻을 이루는 것이 대장부가 취해야 할 길일세. 이 사명을 다하기 위해 여기서 흩어지는 것이 우리들이 취해야 할 가장 좋은 방법인 듯하네. 나는 여기서 아와(安房치바 현 남부.보슈.중국.원국) 쪽으로

건너가려 하네. 내가 아와나 카즈사로 무사히 건너갔다는 소식을 들으면, 모두 모여주시기 바라네. 그때까지는 서로가 몸을 함부로 다루어서는 안 되네."라고 이치를 밝혀 말했기에 사무라이들도 어쩔 수 없이 거기서 뿔뿔이 흩어져버리고 말았다. 거기에는 도이 사네히라 등 7명밖에 남지 않았다.

이러는 사이에도 오오바 등이 점차 다가왔기에 그 쓰러진 나무 안에 빈 공간이 있는 것을 보고,

"자, 이곳으로."라며 모두가 그 안으로 들어갔다. 그때 아다치 모리나가(安達 盛長)가,

"조상이신 이요의 카미(요리요시) 나리도 무쓰의 사다토우에게 져서 달아날 때 7명이었다고 들었습니다. 오늘도 역시 7명, 이것은 틀림없이 겐지의 운이 열릴 징조입니다."라고 말했다. 하지만 적의 발소리가 가까이서 들려오기 시작했으니 제아무리 좋은 예가 있다 할지라도 마냥 기뻐할 수만도 없는 일이었다. 요리토모는 그저 일심으로 하치만 다이보사쓰[68]에게 기도할 뿐이었다. 잠시 후, 아나나 다를까 그곳으로 수많은 발소리가 다가오더니 쓰러진 나무 옆에서 딱 멈췄다.

"요리토모가 이 나무 위에서 쉬고 있는 모습이 분명히 보였었는데 어느 틈엔가 어딘가로 가버렸구나. 그런데 이 나무 안의 빈 공간이 수상하다."라고 적의 대장인 카게치카가 말했다. 요리토모 이하 나무 속에 있던 사람들은 이제 끝이로구나 싶었다. 그런데 밖에서,

"그럼 제가 살펴보고 오겠습니다."라고 말하는 카지와라 카게토키

---

68) 八幡大菩薩. 하치만 신의 칭호인데, 하치만 신을 보살의 현현으로 본 것이다. 이러한 이름은 신교와 불교를 동일시한 데서 일어났다.

(梶原 景時)의 목소리가 들려왔다. 카게토키가 나무 안으로 들어왔다. 그리고 요리토모와 눈이 맞았다. 요리토모가 이렇게 된 이상 자결할 수밖에 없겠다고 생각하여 칼 위로 손을 가져가자, 무슨 생각을 한 것인지 카게토키가 손짓으로 그만두라고 말렸다. 요리토모의 얼굴에 '이 은혜는 잊지 않겠네.'라는 기색이 드러나 있었다. 카게토키는 곧 그 주변에 있는 거미줄을 활과 투구에 묻히고 밖으로 나갔다. 안에서 듣고 있자니 카게토키가,

"안에는 아무도 없습니다."라고 말하는 소리가 들려왔다. 그리고,

"아아, 저기 마나즈루(真鶴) 쪽으로 예닐곱 명이 달아나고 있습니다만, 아무래도 요리토모인 듯합니다. 얼른 쫓아야 합니다."라고 이어서 말했다. 그러자,

"아니, 아무래도 이 나무 안이 의심스럽다. 내가 한번 보고 오겠다." 라는 대장 카게치카의 목소리가 들려왔다. 요리토모의 얼굴에는 갑자기 불안의 빛이 다시 감돌기 시작했다. 그때 카게토키가,

"그렇다면 저를 믿지 못하시겠다는 말씀이십니까? 보십시오, 저의 활과 투구에 이렇게 거미줄이 걸려 있지 않습니까."라고 커다란 목소리로 화를 내기 시작했다. 그러자 오오바의 목소리는 들리지 않고 나무 안으로 활 끝이 불쑥 들어왔다. 그것은 카게치카의 활이었다. 활이 나무 안을 두어 번 휘집었는데 그 활 끝이 요리토모의 갑옷에 거의 닿을 듯했다. 요리토모는 몸을 한껏 움츠렸다. 그런데 신기하게도 그때 나무 속에서 산비둘기 2마리가 나와 날아올랐다. 그것을 본 카게치카는,

"하하……. 역시 아무도 없는 듯하구나."라고 말한 뒤, 가신들을

데리고 다른 곳으로 가버렸다. 요리토모 등은 그 사이에 서둘러 나무에서 나와 마나즈루 쪽으로 달아났다. 그 도중에 뒤에서 다시 사람들의 이야기소리와 발소리가 들려왔다. 사네히라가 야트막한 언덕으로 올라가 살펴보니 역시 카게치카가 따라오고 있었다. 큰일이구나 싶어 주위를 둘러보니 맞은편으로 불당인 듯한 것이 보였다. 요리토모 일행은 서둘러 그 당으로 달려갔다. 당 안으로 들어가자 스님 한 명이 부처님 앞에서 좌선을 하고 있었다. 사카키바라가 다급히,

"스님, 이분은 겐지의 대장이십니다. 어디 몸을 숨길 만한 곳 없겠습니까? 지금 적이 뒤에서 쫓아오고 있습니다."라고 말하자 스님이 고개를 끄덕이며,

"그거 참으로 딱하게 되셨습니다. 제 목숨과 바꿔서라도 숨겨드리겠습니다."라고 말하고 불단 아래의 뚜껑을 열자, 거기에 일고여덟 명은 넉넉히 들어갈 만한 커다란 공간이 있었다. 요리토모 일행은 서둘러 그 안으로 들어갔다. 스님은 뚜껑을 닫고 그 위에 여러 가지 물건을 놓은 뒤 모르는 척 불단 앞에서 좌선을 했다. 그때 카게치카 등이 몰려왔다. 거친 목소리로,

"스님, 이 절로 패잔병들이 왔지요?"라고 입구에서 외쳤다. 그러나 스님은 대답도 하지 않은 채 말없이 앉아 있었다. 그러자 오오바가 다시,

"어째서 대답을 하지 않는 게요."

스님이,

"참으로 시끄러운 자들이로구나. 나는 지금 좌선 중이오. 그런 패잔병들이 어디를 지났는지조차 알지 못하오."라고 대답했다.

그러자 오오바의 사무라이들이,

"고문을 하겠다."며 마구 차고 때리고 폭력을 휘둘렀다. 그 소동은 한동안 계속되었다. 요리토모 일행은 숨을 죽인 채 구멍에서 그 소란을 듣고 있었다. 꽤나 시간이 흘렀다. 밖에서는 각 마을에서 치는 만종의 소리가 희미하게 들려오고 있었다. 그러나 이 절의 종소리만은 언제까지고 들려오지 않았다. 구멍 안에서,

"이거, 스님이 살해당한 거 아닐까?"라며 가만히 구멍의 뚜껑을 열어 밖을 내다보니 딱하게도 스님은 밧줄에 묶여 상인방에 매달려 있었다.

"참으로 못할 짓을 했구나."라며 모두가 달려가 살펴보니 스님은 맞고 차이고 해서 온 몸이 자줏빛으로 멍들었으며 기절을 한 상태였다. 요리토모는,

"감사합니다, 스님. 덕분에 저희는 목숨을 건졌으나, 그로 인해서 못할 짓을 하고 말았습니다. 언젠가 세상에 나가면 반드시 인사를 올리도록 하겠습니다."라고 말하면서도 너무 오래 머물 수만도 없는 일이었기에 가신들을 데리고 어딘가로 달아났다.

요리토모 주종은 밤의 어둠을 틈타 마나즈루사키(真鶴崎)의 동굴로 들어가 몸을 숨겼다. 오오바의 병사들이 스기야마를 감싸고 오륙일이나 숲 속과 바위틈까지 찾았으나 요리토모의 행방은 조금도 찾을 수가 없었다.

"어디로 간 걸까?"

그 사실을 알고 있던 것은 도이 사네히라의 아내 한 사람뿐이었다. 사네히라의 아내는 가신 하나에게 스님처럼 변장하게 한 뒤, 바닥에

음식물을 넣고 그 위에 꽃 등을 얹은 통을 하인에게 짊어지게 하여 성묘를 가는 것처럼 꾸며서 은밀히 그 동굴로 가져가게 했다. 그러는 사이에 오오바 병사들의 포위망도 얼마간 느슨해졌다. 그 부근은 도이 사네히라의 영지였는데, 어느 날 사네히라가 은밀하게 밖으로 나가 근방의 어부에게서 작은 배를 빌려왔다. 주종 7명은 거기에 올랐고 마침내 위험한 땅에서 벗어나 아와로 건너갔다.

요리토모는 아와에서 시모우사노쿠니로 들어갔다. 치바 쓰네타네(千葉 常胤)가 3천의 병사들을 이끌고 와서 요리토모를 맞이했다. 치바의 저택으로 들어간 요리토모는 육칠십 개의 백기를 만들어 저택 사방에 세웠다. 그것을 본 사방의 무사들이 앞다투어 달려와 요리토모 편에 가담했다. 카즈사의 다이묘[69]인 타이라노 히로쓰네(平 広常)도 1만 명의 병사들을 데리고 왔다. 그러나 요리토모는 오는 것이 늦었다며 바로는 만나주지 않았다. 여기에는 히로쓰네도 감탄하여,

"병력이 얼마 안 되니 대군을 데리고 오면 틀림없이 기뻐할 줄 알았는데 오히려 꾸지람을 들었어. 그래, 이 정도의 기량을 가진 자가 아니라면 천하는 취할 수 없을 것이다."라며 진심으로 따르게 되었다.

마침내 요리토모는 총 1만 6천 명의 병력을 이끌고 서쪽으로 향했다. 무사시노쿠니까지 가자 거기서도 역시 수많은 자들이 달려와 가담했다. 요리토모는 거기서 잠시 머물며 코즈케와 시모쓰케의 병사들이 오기를 기다려야겠다고 생각했다. 그때 타이라노 히로쓰네가,

"쇼쇼[70]인 타이라노 코레모리(平 維盛)가 이끄는 부대가 이미

---

69) 大名. 넓은 영지를 가진 무사.
70) 少将. 우콘에 곤쇼쇼(右近衛 権少将).

후쿠하라를 출발하여 동쪽으로 내려오고 있다고 합니다. 그들에게 후지카와(富士川)를 건너게 해서는 안 됩니다. 얼른 후지카와까지 가셔야 합니다. 그렇게 하면 코즈케와 시모쓰케는 물론 후지카와 동쪽의 병사는 모두 저희 편에 서게 될 것입니다."라고 말했다. 요리토모도 옳은 말이라고 생각했기에 서쪽을 향해 그대로 전진했다. 스미다가와(隅田川)를 건널 무렵에는 총 병력이 10만 기에 이르러 있었다. 하타케야마 시게타다(畠山 重忠)도 백기를 들고 달려왔다. 사가미노쿠니로 들어가자 오오바 카게치카 등은,

"이래서는 당해낼 수가 없다."라며 급히 달아나버리고 말았다. 요리토모는 이즈까지 나아갔으며, 미시마묘진(신사)에서 전승을 기원했다. 그리고 마침내 후지카와에 도착했다. 들판에도 산에도 백기가 넘쳐나 천하는 이미 요리토모의 것이 되어버린 듯한 기세였다.

3. 물새의 날갯짓 소리

타이라노 키요모리는 셋쓰의 후쿠하라에 있었는데 요리토모가 토고쿠에서 깃발을 올렸다는 말을 듣자 화가 나서 견딜 수가 없었다. 지쇼 4년(1180) 9월 4일 밤에 서둘러 타카쿠라 상황의 궁으로 들어가,

"헤이지의 난 때 사로잡은 요리토모는 아직 나이 어리기에 측은하게 여겨 이즈로 유배를 보냈었는데 그 은혜도 잊고 병사를 일으켜 헤이케를 향해 활을 겨누었다고 합니다. 청하옵건대 요리토모를 토벌하라는 인젠71)을 내려주시기 바랍니다."라고 얼굴에 핏발을 세워가며 청했다. 말을 들어주지 않으면 무슨 짓을 할지 모를 키요모리였기에 상황도 어쩔 수 없이 요리토모를 토벌하라는 인젠을 내렸다.

대장군은 우콘에72)의 쇼쇼(차관)인 타이라노 코레모리, 부장은 사쓰마(薩摩카고시마 현 서부.삿슈.중국.원국)의 카미인 타다노리(忠度)와 미카와(三河아이치 현 중부와 동부.산슈.상국.근국)의 카미인 토모노리(知度). 5천의 병사를 이끌고 후쿠하라를 출발했다. 길을 안내한 것은 사이토 사네모리(斎藤 実盛)였다. 단번에 요리토모를 정벌하겠다는 듯 대단한 기세였다.

이 사네모리는 원래 요시토모의 가신이었으나 겐지가 다시 세상에

---

71) 院宣. 인세이(院政)를 행하던 상황이나 법황이 내리는 명령.
72) 右近衛. 궁중의 경비 및 행행 시의 수행 등을 맡던 관청.

나올 때까지는 헤이케를 따르며 때가 오기를 기다리고 있던 자였다. 그런데 지금 겐지 정벌을 위한 안내역을 맡게 되었다. 사네모리의 심중을 헤아려보자면 참으로 딱한 일이었다.

코레모리는 동쪽으로 나아가며 병사들을 모았다. 10월에 스루가(駿河시즈오카 현 중부 및 북동부.슨슈.상국.중국)에 도착했다. 총 병력은 5만여. 여기서 사네모리가,

"무사시, 사가미가 겐지 쪽에 붙어서는 큰일입니다. 얼른 아시가라야마(足柄山)를 넘어 사가미, 무사시의 병사들을 우리 편에 가담시켜야 합니다."라고 말했으나 헤이케 사람들은,

"이처럼 지친 병사들을 데리고 적지 깊이로 들어가는 것은 위험합니다."라고 말했다. 사네모리가 강하게,

"그리하지 않는다면 이번 싸움에서 승산은 없습니다."라고 주장했으나 아무도 찬성하는 자가 없었으며, 느슨한 마음으로 후지카와까지 가보니 요리토모의 병사들이 벌써 강의 동쪽에 구름떼처럼 모여 진을 치고 있었다. 사네모리는 그것보라며 불만으로 가득했다. 겐지와 헤이시는 강을 사이에 두고 진을 쳤으나 아직 싸움은 시작되지 않았다. 얼마 후 겐지 쪽에서,

"이쪽에서 공격하기를 원하느냐, 너희가 먼저 공격을 하겠느냐?"라며 싸움을 재촉했다. 헤이케는 어떻게 해야 좋을지 아직 결심이 서지 않았다. 어느 날 코레모리가 사네모리를 불러,

"그대는 토고쿠에 대해서 잘 알고 있다고 들었네만, 토고쿠의 무사 가운데는 그대만큼 강한 자들이 얼마나 있는가?"라고 물었다. 사네모리가 몸을 앞으로 당기며,

"저를 강한 자라고 생각하십니까? 토고쿠의 겐지 가운데는 3사람, 5사람이 시위를 걸어야 하는 강궁으로 5자(150㎝)가 넘는 기다란 화살을 쏘아 단번에 2사람, 3사람을 쓰러뜨리는 자가 부대에 20명이고 30명이고 있습니다. 게다가 산과 언덕도 평지를 달리듯 하며, 아버지가 죽어도 아들은 물러나지 않고 아들이 죽어도 아버지는 물러나지 않고 그 시체를 넘어 목숨을 아끼지 않고 싸움에 임합니다. 저 같은 사람은 그 축에 들지도 못합니다. 따라서 토고쿠 무사 1명에게 사이코쿠의 무사 20명, 30명이 덤벼들지 않으면 이길 수 없습니다. 그런데 아군은 겨우 5만, 겐지는 30만이나 모였습니다. 그렇기에 저는 이번 싸움에서 목숨을 버릴 각오입니다. 아시는 것처럼 저는 오랜 세월 무네모리 나리의 은혜를 입어왔으니 이번 생에서의 마지막 인사를 위해 잠깐이나마 한번 뵙고 싶습니다."라고 말한 뒤, 1천 명쯤 되는 자신의 병사들을 데리고 쿄토로 돌아갔다.

코레모리는 이 말을 들은 것만으로도 깜짝 놀랐는데 의지하고 있던 사네모리까지 돌아가버렸기에 어찌해야 좋을지 몰랐다. 강의 동쪽을 바라보니 백기가 하늘에까지 이어져 있었다. 코레모리를 비롯한 5만의 병사들은 완전히 겁을 먹고 말았다.

요리토모는 그달 24일에 헤이시를 공격하기로 하고 23일 밤에 그 준비를 위해 각 진영에 화톳불을 피웠다. 뱀의 혓바닥 같은 불길이 활활 타올라 하늘을 핥으며 구름까지 태워버릴 듯했다. 헤이시는 그 모습을 보고,

"드디어 겐지가 밀려오려나보다."라며 당황하기 시작했다. 그리고 자신들의 진영에도 화톳불을 피워놓고 기다렸다. 그러나 밤까지 기다

후지카와 전투

려도 공격해 들어올 기색이 전혀 보이지 않았기에 슬슬 졸음이 쏟아졌고 결국은 잠들어버리고 말았다. 그때 무엇에 놀란 것인지 후지누마(富士沼연못)에 앉아 있던 물새가 한꺼번에 퍼드득 소란을 피웠다. 그러자 그 근방에서 자고 있던 수천 마리의 새들이 전부 하늘로 날아올랐다. 푸드득 날아오르는 날개소리가 마치 병사들의 함성처럼 들려왔다. 잠결에 빠져 있던 헤이시의 병사들은 이 소리를 듣고,

"적이다. 모두 일어나라, 일어나."

"이 무례한 놈들."하며 갑옷도 입지 않고 달려나가기도 하고, 투구를 거꾸로 쓰기도 하고, 당황해서 같은 편을 찌르기도 했다. 같은 편과 싸우는 자들은 그나마 용감한 자들이었고 대부분은 아버지를 버린 채, 아들을 떠민 채,

"달아나라, 달아나."라며 서쪽을 향해 달리기 시작했다.

그런 줄도 모르고 겐지는 24일 아침이 되자 헤이케의 진으로 공격해

들어갔다. 그러나 진에는 붉은 깃발만 남아 있을 뿐 병사는 한 명도 보이지 않았다.

"이게 어찌된 일이지?"라며 그저 어리둥절할 뿐이었다.

"이거 달아나는 발걸음만은 빠른 헤이시로구나."라며 한꺼번에 웃기 시작했다. 그 달아나는 발걸음이 빠른 헤이시는 11월 15일에 쿄토로 돌아왔다. 키요모리가,

"싸움도 해보지 않고 도망쳐온 놈은 쿄토로 들어올 수 없다."라며 코레모리를 꾸짖었으나 그것은 아무런 도움도 되지 않았다. 어느 날 키요모리의 집 대문에 누가 쓴 것인지,

〈후지카와 여울의 바위 넘는 물보다 빨리 달아나는 이세 헤이시로구나〉

라는 낙서가 적혀 있었다. 오만한 헤이시도 이때부터 세력이 쇠하기 시작했다.

4. 쿠라마야마에서

요시토모에게는 우시와카마루(牛若丸)라는 아들이 있었다. 헤이지의 난 이후 헤이시에게 사로잡힌 우시와카마루는 쿠라마야마(鞍馬山)로 쫓겨나 거기서 중이 되어야만 했다. 그러나 우시와카마루는 그렇게 중이 되고 싶지는 않았다. 어떻게 해서든 집안의 원수인 헤이케를 멸망시키고 싶었기에 절에서 몰래 빠져나와 요시쓰네라고 이름을 바꾸고 무쓰로 내려가 후지와라노 히데히라(藤原 秀衡)의 집에 몸을 숨겼다.

그러나 헤이시를 멸망시킬 좋은 기회가 없었기에 오륙 년의 세월이 덧없이 흘러버리고 말았다. 그런데 이번에 형 요리토모가 병사를 일으켰다는 말을 들었기에 더는 가만히 있을 수가 없었다.

"얼른 가서 돕도록 하겠습니다."라고 히데히라와 그 일을 상의했다. 히데히라도,

"오랜 소망을 이룰 기회가 왔습니다. 얼른 가도록 하십시오. 허나 얼마간이라도 병사를 데려가지 않으면 일을 도울 수 없을 것입니다. 하다못해 2, 3만의 병사라도 데려가시기 바랍니다. 그 준비를 할 테니."라고 말했으나 요시쓰네는,

"병사를 데려가고 싶으나 싸움에 늦어서는 의미가 없습니다. 지금 바로 떠나겠습니다."라며 사토 쓰구노부(佐藤 嗣信)와 그의 동생인

미나모토노 요시쓰네

타다노부(忠信), 이세 사부로(伊勢 三郎) 등 겨우 20명 정도의 병사들
만 데리고 달리듯 길을 서둘러 서쪽으로 향했다. 그러나 스루가까지
갔을 때 이미 후지카와 전투가 끝나 요리토모는 키세가와(黃瀨川)라는
곳까지 물러나 있었다. 요리토모의 진 앞에 도착한 요시쓰네는 말에서
내려,

"여기에 계신 분이 사효에의 스케(차관) 나리이십니까? 뵙고 싶습니
다."라고 정중하게 말했다. 이 말을 들은 것은 도이 사네히라였다.
사네히라가 요리토모 앞으로 나아가,

"누구인지는 모르겠으나 뵙고 싶다며 한 젊은 무사가 오셨습니다.
어찌하시겠습니까?"라고 말했다. 요리토모는 고개를 갸웃거리며,

"나이는 몇 살쯤 되었는가? 생김새는 어떠한가?"라고 물었다. 사네
히라가 자신이 본 대로,

"글쎄요, 나이는 스무 살쯤 되었을지. 얼굴이 하얗고 그렇게 크지는 않으나 늠름한 분이셨습니다."라고 말하자 요리토모는 무릎을 치며,

"그렇다면 무쓰의 쿠로(九郎)가 온 모양이로구나. 얼른 데리고 와라."라고 기쁘다는 듯 말했다. 잠시 후, 요시쓰네가 사네히라의 안내를 받아 요리토모가 있는 곳으로 들어왔다.

십여 년 동안 만나지 못한 형제였으나 요리토모는 요시쓰네를 보자마자 첫눈에,

"오오, 쿠로 아니냐. 쿠로야."라며, 평소 기뻐하거나 슬퍼하는 모습을 잘 보이지 않던 그도 이때만은 펄쩍 뛰어오를 듯 기뻐했다. 요리토모 앞으로 나아가 공손하게 앉은 요시쓰네는 요리토모의 얼굴을 가만히 바라보았다. 그때 요리토모의 눈에는 눈물이 가득했다. 요시쓰네 역시 자신도 모르는 사이에 눈물이 줄줄 흘러내렸다. 그 모습에 주위에 있던 장사들도 모두 눈물을 흘렸다. 잠시 후 요리토모가,

"쿠로야, 무쓰에 있다고 들었다만 잘도 와주었구나. 병사를 일으켜 덕분에 많은 사람들을 모았으나 모두 타인뿐이다. 이번 싸움에서도 헤이시를 쫓자니 토고쿠를 지킬 사람이 없고, 토고쿠에 머물러 있자니 헤이시를 치러 갈 사람이 없어서 어찌해야 좋을지 혼자 고민하고 있었다. 잘도 와주었다. 마치 아버지를 뵌 것처럼 기쁘구나. 서로 힘을 합쳐 헤이시를 쳐서 아버지에게 효도를 다하기로 하자."라고 말하자 요시쓰네도,

"저 역시 아버지를 뵌 것 같은 기분이 듭니다. 지금부터는 어떤 어려움을 겪더라도 힘을 보태도록 하겠습니다."라며 서로 기뻐했다.

이후 요시쓰네는 형을 대신하여 헤이시를 치기 위해 나섰다.

후지카와 전투 이후, 요리토모는 요해지인 카마쿠라에 자신의 저택을 지었다. 이때부터 사람들은 요리토모를 카마쿠라도노(鎌倉殿)라고 불렀다.

그리고 카마쿠라에 장사들의 저택을 비롯하여 수많은 상점이 들어서 카마쿠라는 단번에 커다란 도시가 되었다.

5. 쿠리카라다니의 어둠

미나모토노 요시나카(源 義仲)는 타메요시의 손자로 아버지는 요시카타였다. 요시카타는 무사시에서 살고 있었는데 형의 아들인 아쿠겐타 요시히라에게 목숨을 잃고 말았다. 그때 요시나카는 아직 두 살로 어머니와 함께 무사시의 타코(多胡)라는 곳에 있었다. 요시히라는 이 요시나카까지 죽이기 위해 하타케야마 시게요시(畠山 重能)에게 명령하여 요시나카를 잡아들이려 했으나, 천진하게 어머니의 젖을 빨고 있는 나이 어린 요시나카를 보자 하타케야마는 차마 죽일 수가 없어서 같은 무사시노쿠니에 살고 있는 사이토 사네모리에게 요시나카를 맡겼다.

사네모리는 요시나카 모자를 7일 동안 맡고 있다가,

'토고쿠는 모두 겐지의 가신들뿐이다. 내가 맡는다는 것은 적의 손에 건네주는 것과 다를 바 없는 일이다. 산 깊은 키소(木曽)로 보내 숨기는 것이 좋으리라.' 라는 생각이 들었기에 키소의 추산곤노카미(中三権頭) 카네토오(兼遠)라는 사무라이에게 그들을 맡겼다. 요시나카를 맡은 카네토오는,

"지금이야 세상에서 몸을 숨겨야 하는 처지가 되셨으나 도련님은 장차 일본의 무사 가운데 으뜸이 되실 것입니다. 성심성의껏 돌보도록 하겠습니다."라며 소중하게 길렀다.

요시나카는 성장함에 따라서 씩씩하고 훌륭한 아이가 되어갔다. 일고여덟 살 무렵부터 이미 헤이시를 쓰러뜨려 겐지의 세상을 만들겠다고 생각했다. 마침내 열대여섯 살이 되었다. 어느 날 요시나카가 카네토오를 불러,

"당신 덕분에 이만큼 자랄 수 있었습니다. 허나 저는 하치만 나리(요시이에)의 자손이니 이대로 키소에서 일생을 보낼 수는 없습니다. 다시 한 번 겐지의 세상을 만들고 싶습니다만, 당신은 어떻게 생각하십니까?"라고 말했다. 카네토오도,

"잘 생각하셨습니다. 그래야 저도 보살핀 보람이 있을 것입니다. 그러나 싸움에는 임해야 할 때가 있는 법입니다. 좋은 때가 오기를 기다리셔야 합니다."라고 기뻐하며 격려를 해주었다. 그러는 사이에 지쇼 4년(1180)이 되었다. 그해에 모치히토 왕의 영지가 요시나카에게도 도착했다. 지금이 때라고 생각한 요시나카는 바로 카네토오와 상의하여 병사들을 모았다.

헤이시는 요리토모가 이즈에서 거병했으며, 요시나카가 시나노에서 거병했다는 소식을 듣고는 놀라면서도 바로 무쓰의 후지와라노 히데히라에게 명령하여 요리토모를 치게 했으며, 에치고(越後니가타현 엣슈, 상국, 원국)의 조 스케나가(城 資永)에게 명령하여 요시나카를 치게 했다. 무쓰의 히데히라는 그 명령을 듣지 않았으나, 스케나가는 그의 동생 나가모치(長茂)에게 4만의 병사를 이끌고 가서 시나노를 공격하게 했다. 요시나카는 겨우 3천의 병사로 나가모치를 요코타가와(横田川)에서 격파하고 달아나는 적을 쫓아 에치고로 들어가서 코쿠후73)를 점령해버렸다. 나가모치 등은 멀리 데와 쪽으로 달아났으며, 요시나카

는 홋코쿠74)에서 세력을 떨치게 되었다.

주에이(壽永) 2년(1183), 헤이시의 코레모리가 대장이 되어 10만의 병사들을 이끌고 요시나카를 치러 왔다. 코레모리는 지난번에 요리토모를 치기 위해 토고쿠로 갔다가 물새의 날갯짓 소리에 놀라 달아난 뒤로 어떻게 해서든 그때의 치욕을 씻고 싶었기에 스스로 청하여 대장이 되어 요시나카 정벌에 나선 것이었다. 코레모리는 우선 에치젠(越前후쿠이 현 북서부.옛슈,대국,중국)에 있는 요시나카의 병사를 격파하고 카가(加賀이시카와 현 남부.카슈,상국,중국)를 취했으며, 다시 전진하여 엣추(越中토야마 현 옛슈,상국,중국)로 들어갔다. 이때 요시나카는 에치고의 코쿠후에 있었다. 에치젠과 카가의 아군이 패했다는 소식을 듣고는,

"어디 두고보자."라며 이마이 카네히라(今井 兼平)를 바로 불러들였다. 카네히라는 카네토오의 아들이다. 요시나카가 카네히라에게 말했다.

"코레모리가 엣추로 들어왔다고 하더구나. 네가 지금 바로 가서 몰아내도록 하라."

이에 카네히라는 6천의 병사들에게,

"적에게 칸바라(蒲原)를 내주어서는 안 된다. 한시라도 급히 서둘러라."라고 말하고 급히 달려 서쪽으로 향했다. 칸바라는 엣추와 에치고의 경계에 있는 요해지로 헤이시 쪽에서도 얼른 이 요해지를 넘어 요시나카가 서쪽으로는 한 발도 들여놓지 못하도록 하겠다는 듯 길을

---

73) 国府. 지방의 코쿠시(지방관)가 정무를 보는 관청이 있던 도시로 지방 정치·사법·군사·종교의 중심지였다.
74) 北国. 지금의 토야마·이시카와·후쿠이·니가타 지방.

서두르고 있었다. 카네히라가 칸바라까지 가보니 다행스럽게도 코레모리의 병사는 아직 그곳까지 와 있지 않았다. 헤이시의 선봉이 한냐노(般若野)라는 곳까지 왔다는 말을 들은 카네히라는,

"그래, 그래. 쿄토 놈들을 한번 놀라게 해주어야겠구나."라며 맹렬하게 전진해나갔다. 헤이시는 연전연승한 기세를 몰아,

"카네히라 따위가, 같잖구나."라며 대수롭지 않다는 듯 싸웠으나 카네히라가 에치젠이나 카가 사람들과는 비교가 되지 않을 만큼 맹렬한 기세로 맞섰기에 헤이시의 병사 5천은 잠시도 버티지 못하고 패해서 카가노쿠니까지 달아나고 말았다.

이 소식을 들은 코레모리는,

"요시나카의 선봉이 왔다면 뒤이어서 요시나카도 올 것이다. 한시라도 빨리 옛추를 취하지 않으면 안 된다."라며 타이라노 미치모리(平通盛)와 타다노리에게 3만의 병사를 주어 노토(能登이시카와 현 북부·노슈·중국, 중국)의 시오야마(志雄山)에 진을 치게 했고, 자신은 7만의 병사들을 이끌고 토나미야마(礪波山)를 향해 나아갔다. 헤이시의 붉은 기가 산야에 넘쳐나 마치 단풍이 물든 것처럼 아름다웠다.

카네히라가 선발대로 나서자 요시나카도 그 뒤를 따라서 곧 출발했다. 그 병사는 5만, 한냐노에서 카네히라 군과 합류했다. 이때 요시나카는 장사들을 모아,

"적은 10만, 아군은 5만. 아군 한 사람이 적 둘과 맞서라. 그 정도는 아무것도 아니다. 생각해보아라, 요코타가와에서의 전투 때 적은 4만, 아군은 겨우 3천이었으나 그 3천으로 보기 좋게 적을 몰아내지 않았느냐. 이에 비하자면 이번 싸움은 대수로울 것도 없는 일이다. 그러나

방심해서는 안 된다. 우선은 적이 엣추로 들어오기 전에 우리가 먼저 나아가 쿠리카라야마(倶利伽羅山) 북쪽에 진을 치기로 하자. 그러면 적은 틀림없이 고개를 넘어올 것이다. 그때 아군의 한 부대가 적의 뒤로 돌아들어가 앞뒤에서 공격하여 적을 쿠리카라야마의 남쪽 계곡으로 몰아내자. 그러면 틀림없이 대승을 거둘 수 있을 것이다."라고 계략을 들려주었다.

그리고 전군을 7개 부대로 나누었다.

제1대는 숙부인 유키이에가 대장이 되어 1만의 병사를 이끌고 시오야마로 향했다.

제2대는 네노이 유키치카(根井 行親)가 대장이 되어 2천의 병사를 이끌고 쿠리카라다니(倶利伽羅谷)의 남서쪽으로 돌아갔다.

제3대는 이마이 카네히라(今井 兼平)가 2천의 병사를 이끌고 쿠리카라야마의 동쪽으로 향했다.

제4대는 히구치 카네미쓰(樋口 兼光)가 3천의 병사를 이끌고 쿠리카라야마의 서쪽으로 나갔다.

제5대인 3천 명은 쿠리카라야마의 서쪽으로 향했다.

제6대는 토모에고젠(巴御前)이라는 여자 대장이 1천을 이끌고 쿠리카라야마의 남쪽으로 돌아갔다.

제7대는 요시나카가 대장이 되어 3만의 병사로 쿠리카라야마의 동쪽에 진을 쳤다.

요시나카에게 계략이 있는 줄도 모르고 코레모리는 쿠리카라야마의 험준한 곳을 기어오르고 산을 돌아 동쪽으로 나갔다. 거기서는 요시나카의 진이 눈앞에 보였다. 숲 속의 나무 사이에 서 있는 겐지의 백기를

바라본 코레모리는,

"저기에 적이 있다. 하지만 시오야마에는 미치모리와 타다노리가 있고 서쪽에도 아군 병사가 있으니 적이 올 수 있는 곳은 이 동쪽뿐일 것이다. 게다가 산은 이처럼 험준하다. 적도 쉽사리는 오르지 못할 것이다. 우선 적에게 화살을 한껏 쏘게 하여 적의 화살이 떨어졌을 때쯤에 위에서부터 한꺼번에 공격하며 내려가자."라며 요시나카의 진에서 2정(220m)쯤 떨어진 곳에 진을 쳤다.

그 모습을 본 요시나카는,

"그래, 적은 역시 내 생각대로 움직이고 있다. 조금도 서두를 것 없다. 조용히 적을 기다려라."라며 싸우려고도 하지 않았다.

양쪽 모두 싸우려 하지 않았기에 언제까지고 서로를 노려보기만 했다. 마침내 요시나카 쪽에서 15명의 병사가 진 앞으로 나와 화살을 1발씩 쏘았다. 그러자 헤이시 쪽에서도 15명의 병사들이 나와 화살을 1발씩 쏘았다. 요시나카 쪽의 15명이 진으로 돌아가자 헤이시 쪽의 15명도 그대로 물러나버리고 말았다. 잠시 후, 요시나카 쪽에서 20명의 병사가 나타나 화살을 1발씩 쏘자 헤이시 쪽에서도 역시 20명의 병사가 나와 화살을 1발씩 쏘았다. 다음에는 양쪽에서 30명씩 나와 화살을 1발씩 쏘고 들어갔다. 이어서 50명씩 양쪽에서 나와 1발씩 화살을 쏘았다. 마치 축제의 의식과도 같은 행동이었으나 그러는 사이에 해가 저물어버리고 말았다. 헤이시 쪽에서는,

"내일은 기필코 요시나카 병사들의 화살을 전부 쏘아버리게 하자." 라며 홀로 기뻐하고 있었다. 요시나카는 이런 장난 같은 일을 하며 사방으로 보낸 아군 병사가 헤이시 군을 감싸기를 기다리고 있었던

것이다.

이날은 아침부터 가랑비가 내렸다. 밤이 되자 비가 그치고 초승달이 서쪽 하늘에 흐릿하게 걸려 있었다. 쿠리카라야마는 언제 일어날지도 모를 대전을 앞에 두고 죽은 듯이 고요했다. 그 조용한 산 위에서 헤이시의 군세는 아무런 대비도 없이 '싸움은 내일이다.'라며 갑옷의 소매를 푼 채 자고 있었다.

그러나 요시나카 쪽에서는 잠을 자지 않았다. 7개 부대는 해가 저문 뒤에도, 밤이 깊은 뒤에도 길을 서둘러 쿠리카라야마를 감싸고 있었다.

달은 벌써 서쪽으로 떨어져 산과 마을 모두 시커먼 어둠에 잠겨 있었다. 그때 쿠리카라야마 사방에서 갑자기 북소리, 나발소리가 울려 퍼지기 시작했다. 히구치 카네미치 등이 서쪽에서, 토모에고젠이 남쪽에서, 네이노 유키치카가 남서쪽에서 일제히 산을 올라오기 시작했다. 지금이다 싶어 이마이 카네히라도 동쪽에서 올라왔다. 드디어 때가 왔다.

"전진하라!"라고 요시나카가 호령을 하자 3만의 병사들이 함성을 지르며 용맹히 일어섰다. 그들의 선두에 선 것은 4, 5백 마리의 소였다. 소의 뿔에는 횃불이 2개씩 묶여 있었다. 횃불이 소의 머리에 옮겨붙으려 하고 있었다. 소는 머리를 흔들며 헤이시의 진영을 향해 맹렬히 달려들었다.

헤이시 병사들이 함성에 놀라 눈을 떴을 때는 이미 횃불을 휘두르고 있는 소들의 무리가 눈앞에서 미친 듯이 날뛰고 있었다. 너무나도 놀랐기에 오른쪽으로 왼쪽으로 정신없이 달아날 뿐 누구 하나 싸우려는

쿠리카라토우게 전투

자가 없었다.

게다가 산은 높고 길은 험했다. 헤이시의 7만 대군은 어찌해야 좋을지 몰랐다. 그 순간을 틈타 뒤로 돌아들었던 요시나카 군이 와아 함성을 지르며 공격해 들어왔다. 헤이시 군은 이제 어느 쪽이든 상관없었다. 달아날 곳이 있으면 달아나자며 도망칠 길을 찾았다. 그러다 한 무리의 병사들이 남쪽으로 달아나기 시작했다. 그 뒤를 따라서 1천 명, 2천 명씩의 병사들이 달리기 시작했다. 그런데 산은 어두워서 발밑조차 보이지 않았다. 무턱대고 달아나기 시작했으나 그곳은 달아날 곳이 아니었다. 앞에서는 수십 길(1길은 1.8m 혹은 3m)이나 되는 깊은 계곡이 검고 커다란 입을 벌린 채 그들을 기다리고 있었다. 맨 앞에 섰던 자가, "으앗!"하고 놀랐을 때는 모든 자들이 높은 벼랑에서 굴러 떨어지고 있었다.

그러는 사이에 날이 밝았다. 쿠리카라다니는 헤이시의 시체로 가득했다. 코레모리 이하 대장들은 몸 하나만 빠져나와 달아났다.

그때 시오야마로 갔던 유키이에는 불행하게도 패하고 말았다. 시오야마의 헤이시가 승세를 몰아 유키이에의 뒤를 쫓았으나, 코레모리가 대패했다는 소식을 접하고는 그도 병사들을 거두어 서쪽으로 달아나버렸다. 이는 주에이 2년(1183) 4월의 일이었다.

헤이시는 카가로까지 달아나 사라타케(佐良巖)라는 산에 진을 쳤다가 거기서도 버티지 못하고 5월 26일에 아타카(安宅)라는 곳까지 물러났다. 6월 1일에는 요시나카도 적을 쫓아 거기까지 갔다. 거기서도 격렬한 싸움이 시작되었으나 헤이시는 요시나카의 기세를 막지 못하고 한 무리, 한 무리씩 달아나기 시작했다.

그때 비단 히타타레를 입은 한 사무라이가 홀로 버티고 서서 싸웠다. 요시나카의 가신인 테즈카 미쓰모리(手塚 光盛)가 그를 보고,

"거기에 계신 분은 누구십니까? 대장이십니까, 사무라이이십니까? 이렇게 말하는 저는 시나노노쿠니 사람인 테즈카 타로 미쓰모리라는 자입니다. 이름을 들려주십시오."라고 말하자 그 사람은,

"테즈카라, 이름은 들어본 적이 있소. 하지만 이유가 있어서 나의 이름은 밝힐 수가 없소. 단, 나의 목을 베어 대장군께 보여드리도록 하시오. 키소(요시나카) 나리께서는 알고 계실 것이오."라며 활을 휙 버리고 말을 달려 다가왔다. 그러자 미쓰모리의 가신이 주인과 맞서게 해서는 안 되겠다며 그들 사이로 뛰어들었다. 사무라이가 갑자기 그 테즈카의 가신을 한 손으로 붙들었다. 테즈카는 가신을 죽게 내버려둘 수 없다며 사무라이와 맞붙었다. 씩씩거리며 싸우다 세 사람은 서로 엉겨붙은 채 말에서 떨어졌다. 사무라이는 떨어지면서도 미쓰모리의 가신의 목을 베었다. 그와 동시에 미쓰모리도 역시 그 사무라이의

목을 베어버렸다.

미쓰모리가 그 목을 가지고 대장 요시나카에게로 갔다.

"이상한 자의 목을 가지고 왔습니다. 사무라이인가 싶었으나 비단 히타타레를 입고 있었습니다. 그럼 대장인가 싶었으나 가신을 한 명도 데리고 있지 않았습니다. 쿄토나 사이코쿠 사람인가 싶었으나 반도 쪽의 억양이었습니다. 젊은 자인가 싶었으나 얼굴에 주름이 가득합니다. 그럼 노인인가 싶었으나 머리카락이 온통 검습니다. 이름을 밝히라고 했으나 키소 나리께서 알고 계실 것이라고 대답했습니다. 대체 누구입니까?"라고 말했다. 요시나카는 한동안 고개를 갸웃거리고 있다가,

"이는 무사시의 사이토 벳토 아닌가. 그러나 머리가 검다는 것은 조금 이상하구나. 히구치는 알고 있을 것이다. 히구치를 불러라."라고 말했다. 히구치 카네미쓰가 와서 그 목을 보자마자 첫눈에,

"앗, 이것은 사네모리 아닌가."라며 눈물을 줄줄 흘렸다. 이 말을 듣자 요시나카도 안색이 바뀌고 말았다.

"역시 사이토 벳토였군. 그런데 그 머리카락은 대체 어떻게 된 것인가?"라고 묻자 카네미쓰는,

"사네모리는 평소 이렇게 말했습니다. '백발로 싸움에 나서면 사람들이 우습게 보는 법일세. 내 만약 싸움에 나서게 된다면 백발에 먹을 바르고 나갈 생각일세.' 그 말처럼 머리에 먹을 바른 것입니다."라고 말한 뒤 머리카락을 물로 씻어내자 눈처럼 하얀 백발이 되었다. 요시나카는 사네모리의 목을 앞에 놓고 훌쩍훌쩍 눈물을 흘렸다.

"오늘의 내가 이 정도의 군을 일으킬 수 있었던 것도 전부 사네모리

덕분이었다. 아군이 되었더라면 아버지로 여기며 극진히 모셨을 텐데, 내 손으로 그 은인을 죽였구나. 머리를 정중히 장시지내도록 하라."라며 고개를 숙였기에 자리에 있던 자 가운데 눈물을 흘리지 않는 자가 없었다.

헤이시는 패해서 쿄토로 달아났다. 출발할 때는 10만 대군이었으나 이때는 3만 정도가 되어 있었다. 요시나카는 그 뒤를 쫓아서 오우미까지 갔다. 그때 키요모리는 이미 병으로 세상을 떠난 뒤였다. 아들 무네모리는 적에 맞서 방어전을 펼치려 하지도 않은 채 일족을 데리고, 안토쿠(安德) 천황을 받들어 서쪽으로 달아났다. 이에 요시나카는 쿄토로 들어갔다. 세상에서는 요시나카를 아사히쇼군(旭将軍)이라고 불렀다.

6. 아와즈가하라의 살얼음

요시나카는 솔직하고 싸움도 잘하는 대장이었으나, 참으로 난폭한 사람이기도 했다.

헤이시를 내몰고 쿄토로 들어가자 고시라카와 법황이 종5위하라는 관위를 주고, 에치고의 카미에 임명했으나 요시나카는 그 정도로는 안 되겠다고 말했다. 이에 법황은 이요의 카미로 삼고 쇼덴을 허락했으나 요시나카는 키소의 촌사람이었기에 어소에 오르는 예법조차 모르면서 그래도 여전히 기뻐하지 않았다. 그랬기에 법황도 요시나카를 싫어하게 되었다. 게다가 요시나카의 병사들도 대장과 다를 바 없어서 쿄토에 머물며 돈도 내지 않고 가게의 물건을 가져가기도 하고, 길가는 사람에게 폭행을 휘두르기도 해서 도무지 통제를 할 수가 없었다. 이에 법황은 타이라노 토모야스(平 知康)라는 사람을 보내서,

"어째서 그렇게 난폭한 짓을 하는 겐가?"라고 꾸짖었다. 그러자 요시나카가 그에 대한 대답은 하지 않고,

"세상에서는 당신을 쓰즈미75)호간이라고 부르던데 누구한테 맞기라도 한 게요? 누가 때리기라도 했소?"라고 쓸데없는 것을 물었기에 토모야스는 화가 나서,

"요시나카는 전하의 말씀도 듣지 않고 모반을 생각하고 있습니다.

---

75) 鼓. 장구나 북 등 가죽으로 감싸서 만든 타악기의 총칭.

얼른 치시는 것이 좋을 듯합니다."라고 법황에게 말했다. 이에 법황은 엔랴쿠지와 미이데라의 승려들을 여럿 어소로 불렀다.

이 말을 들은 요시나카는,

"괘씸한, 그 쓰즈미 자식이 나를 좋지 않게 말했구나. 내가 무슨 모반을 꾀했다는 건지. 그래, 그 쓰즈미 자식과 중놈들을 한꺼번에 쓸어버리겠다."라며 법황이 있는 어전을 공격하려 했다. 이를 들은 히구치 카네미쓰와 이마이 카네히라 두 사람이 깜짝 놀라,

"이 무슨 일을 하려 하시는 겁니까? 법황을 병사로 치려 한다는 것은 있을 수 없는 일입니다. 혹시 잘못이 있다면 머리를 숙여 사과하시기 바랍니다. 또 토모야스에게 잘못이 있다면 토모야스를 책망하시면 될 일입니다."라고 도리를 밝혀 이야기했으나 요시나카는 들으려고도 하지 않고,

"난 법황이든 천황이든 그렇게 머리를 숙여 굴복하기는 싫어. 어쨌든 그 쓰즈미 자식만은 괘씸하니 정벌해주어야겠어."라며 11월 19일에 마침내 법황의 어전을 포위했다. 이때 그만두었으면 좋았으련만 토모야스가 굳이 담장 위로 올라가서,

"이 신슈의 촌놈아, 너희가 쿄토로 들어온 것부터가 잘못이었다."라며 험담을 퍼부었기에 요시나카는 더욱 화가 나서 마침내 어소에 불을 질러버리고 말았다. 어소가 불에 타기 시작했기에 승병들의 둥근 머리에 불똥이 떨어지기도 하고, 승복의 소매에 불이 옮겨붙기도 하는 등 커다란 소동이 벌어졌다.

그러자 토모야스는 가장 먼저 달아났다. 뒤이어 승려들이 앞 다투어 달아나기 시작했는데 엔랴쿠지의 자스[76]인 메이운(明雲)이라는 자

가 말을 타고 나오다가 화살에 맞아 목숨을 잃고 말았다. 그 뒤를 이어서 법황의 아들인 엔에(円恵) 법친왕[77]이 달아났으나 역시 화살에 맞아 죽고 말았다. 다시 뒤를 이어서 엔에 법친왕의 형으로 오무로(お室)의 절에 있는 슈카쿠(守覚) 법친왕이 수레로 달아났다. 그러자 요시나카가 활로 그를 쏘려 했다. 카네히라가 당황해서,

"저것은 오무로의 수레입니다. 쏘셔서는 안 됩니다."라고 말렸다. 아무것도 모르는 요시나카는,

"오무로라니, 어떤 사람이지?"라고 카네히라에게 물었다. 카네히라가,

"고귀하신 분으로 스님 중의 왕이십니다."라고 가르쳐주자 요시나카는,

"그런가? 그렇다면 부처님이시군. 그런 부처님이 어째서 싸움을 하러 온 것이지."라고 한가한 소리를 했으나, 그래도 자신의 가신에게 명령하게 정중히 데리고 가도록 했다.

이처럼 요시나카에게 나쁜 마음은 조금도 없었으나 철부지 아이 같았으며 도리를 잘 알지 못했다. 그랬기에 그 후 천황이 연못에 있는 배를 타고 달아나려 했을 때도 요시나카의 병사가 그 배를 향해 활을 쏘았다. 그러자 같은 배에 올라 수행하던 곁의 사람이,

"이것은 옥체를 모신 배다. 무례하기 짝이 없구나."라고 꾸짖었다. 그러나 요시나카는 이 '옥체'라는 말을 알지 못했기에,

"옥체라니 누군가의 마나님이신가? 여자라도 용서할 수 없다. 모두

---

76) 座主. 엔랴쿠지의 최고위 승려.
77) [法親王] 불문에 든 친왕.

미나모토노 요시나카

쏘아라."라고 말했다. 그러자 천황 곁에 있던 자가 다시,

"이 배에는 천황께서 타고 계시오. 자중하시오, 무사들."이라고 커다란 목소리로 말했기에 요시나카도 가신들도 비로소 화살 쏘기를 멈추었다.

이 싸움이 끝난 후, 요시나카는 공경 49명의 관위와 관직을 전부 빼앗아버리고 말았다. 이를 들은 쿄토 사람들은,

"키요모리는 공경 43명의 관위를 빼앗았는데, 요시나카는 그보다 많은 49명이야. 정말 난폭해. 틀림없이 벌을 받을 거야."라고 말했다.

그런데 정말로 그 벌을 받을 때가 왔다. 요시나카의 난폭함이 카마쿠라까지 전해지자 요리토모는 자신의 두 동생인 노리요리(範賴)와 요시쓰네에게 명령하여 요시나카 정벌에 나서게 했다.

주에이 3년(1184) 정월, 노리요리와 요시쓰네가 서쪽을 향해 출발

했다. 요시쓰네는 3만 명의 병사를 데리고 우지로 향했다. 노리요리는 2만 5천의 병력을 이끌고 세타(勢多)로 향했다. 그런데 이때 요시나카의 병사들은 곳곳으로 싸우러 나갔기에 쿄토에 머물고 있는 것은 겨우 1천 명 정도밖에 되지 않았다. 어쩔 수 없이 이마이 카네히라가 그 가운데 500명쯤을 데리고 세타를 방어하러 갔다. 네이노 유키치카(根井 行親)는 300명쯤을 데리고 우지 쪽으로 향했다. 요시나카는 겨우 100여 명쯤을 데리고 쿄토에 머물러 있었다.

우지에 도착한 요시쓰네는 그 부근의 집을 불태우고 병사들을 전진케 했다. 그리고 강의 두렁에 높은 망루를 쌓고 스스로 그 위에 올라,

"자, 용기 있는 자는 가장 먼저 이 강을 건너 공을 세워라."라고 호령했다. 그러자 곧 사무라이 한 명이 판자를 뜯어낸 우지바시(다리) 위로 뛰어올랐다.

그가 부채를 탁 펴더니,

"다리 살 위에서의 선진은 무사시노쿠니 사람인 히라야마(平山)의 무샤도코로(武者所) 스에시게(季重)."라고 이름을 밝히자 뒤이어 사사키 사다쓰나(佐々木 定綱)가 달려나갔다. 시부야 추스케(渋谷 重助)도 달려나왔다. 이를 본 쿠마가이 나오자네(熊谷 直実)가,

"아뿔싸, 늦었구나."라며 그도 다리 위를 달려나갔다. 그러자 그의 아들인 나오이에(直家)는 아직 16세였음에도 씩씩하게 아버지의 뒤를 따랐다. 나오자네가,

"너 같은 아이는 오지 않아도 된다."라고 말하자 나오이에는,

"어린아이라도 아버지가 가시는 곳에는 가겠습니다."라며 씩씩하게 나아갔다.

다리 위로는 5명이 빗발처럼 쏟아지는 화살에도 아랑곳하지 않고 앞으로 나아갔으나 물 속으로는 나아가는 자가 없었다. 누가 뭐래도 아직 1월이었기에 추웠고 비와코(琵琶湖호수)에서 녹아내린 물이 흘러들어 수위가 한껏 높아져 있었기 때문이었다. 그때 뵤도인의 코지마사키(小島崎)라는 곳에서 말에 탄 사무라이 둘이 달려나왔다. 한 사람은 사사키 시로 타카쓰나, 한 사람은 카지와라 겐타 카게스에(梶原 源太 景季)였다.

이야기는 약간 앞으로 돌아가나, 이 병사들이 카마쿠라를 출발할 때 노리요리에게는 쓰키노와(月輪)라는 좋은 말이 있었고, 요시쓰네는 세이카이하(青海波)라는 좋은 말을 가지고 있었으며, 하타케야마 시게타다에게는 치치부시카게(秩父鹿毛), 와다 요시모리(和田 義盛)에게는 시라나미(白波)라는 좋은 말이 있었으나, 카지와라 카게스에에게는 좋은 말이 없었다. 그런데 요리토모는 이케즈키(池月)와 스루스미(磨墨)라는 명마 2마리를 가지고 있었다. 그 가운데서도 이케즈키는 눈에 띄게 좋은 말이었기에 카게스에는 요리토모를 찾아가,

"이케즈키를 제게 주십시오. 무슨 일이 있어도 우지가와를 가장 먼저 건너겠습니다."라고 부탁했다. 그러자 요리토모는,

"그 이케즈키는 노리요리도 갖고 싶다고 했으나 주지 않았네. 이번 싸움에서 만약 노리요리와 요시쓰네가 지면 내가 그 말을 타고 나가려 하고 있네. 자네에게는 스루스미를 주겠네."라며 스루스미를 주었다. 카게스에는 기뻐하며 스루스미에 올라 서쪽으로 향했다.

그 이튿날, 사사키 타카쓰나가 오우미에서 왔다. 요리토모가 타카쓰나를 불러서,

"그대는 오우미 사람 아닌가. 그런데 어찌해서 카마쿠라까지 온 것인가?"라고 묻자 타카쓰나는,

"싸움에 나서는 이상 살아 돌아오지 않을 각오입니다. 그렇기에 다시 한 번 뵙고 싶었으며, 또 당부하실 것도 있지 않을까 싶어서 여기에 왔습니다. 그런데 길을 급히 서두르느라 말을 빼먹고 말았습니다. 모쪼록 말 한 마리만 내려주시기 바랍니다."라고 부탁했다. 타카쓰나는 요리토모가 거병했을 당시에도 가장 먼저 달려온 사람이었기에 요리토모도 타카쓰나의 다정함이 기뻐서,

"그래, 잘도 와주었소. 말이 없다면 곤란하겠지. 이걸 줄 테니 이걸로 우지가와를 가장 먼저 건너도록 하시오."라며 이케즈키를 타카쓰나에게 주었다. 타카쓰나는 기뻐서 견딜 수가 없었다.

"이케즈키를 주시겠습니까? 감사합니다. 더 없는 기쁨입니다. 저는 틀림없이 우지가와를 가장 먼저 건너도록 하겠습니다. 만약 가장 먼저 건너지 못한다면 두 번 다시는 살아 돌아오지 않겠습니다."라고 펄쩍 뛸듯이 기뻐하며 밖으로 나가려 했다. 그러자 요리토모가,

"이보게 그 말은 겐타가 달라고 했으나 내어주지 않았던 걸세. 그 사실을 알아두게."라고 말했다. 타카쓰나는,

'그렇다면 내게 가장 좋은 말을 주신 것이로구나. 감사한 일이다.'라고 더욱 기뻐하며 모두의 뒤를 따라갔다.

노리요리, 요시쓰네 군은 전진하여 스루가의 우키시마가하라(浮島ヶ原)까지 갔다. 카게스에가 언덕 위로 올라가 모두의 말을 바라보니 쓰키노와도 그렇고, 세이카이하도 그렇고, 그 어떤 말도 스루스미보다 좋은 것은 한 마리도 없었다. 카게스에는 그 사실이 너무나도 자랑스러

웠다.

그런데 그때 뒤쪽에서 씩씩하게 울부짖는 말의 울음소리가 들려왔다. 가장 먼저 들은 하타케야마 시게타다가,

"앗, 이케즈키의 울음소리 아닌가. 누군가 받은 것일까?"라고 말했다. 그 순간 자랑스러운 카게스에의 마음이 꺾여버려 그대로 언덕을 달려 내려갔다. 그때 맞은편에서 이케즈키가 하얀 거품을 문 채 6명의 사무라이에게 끌려 다가오고 있었다. 카게스에는 가신을 보내서,

"이 말은 어떤 분이 받으셨습니까? 요시쓰네 나리이십니까, 노리요리 나리이십니까? 그도 아니라면 쿄토에라도 데리고 가서 법황께 드릴 생각이십니까?"라고 묻게 했다. 그러자 말을 끌고 있던 자가,

"이는 사사키 나리의 말입니다."

"사사키 나리라면, 사부로 나리를 말씀하시는 것입니까?"

"시로 나리입니다."

그 말을 들은 카게스에의 낯빛이 바뀌더니,

"사사키에게 주실 것이라면 어째서 내게는 주시지 않은 것인가. 요리토모 나리께서 그리 하셨다면 나는 그 사사키를 죽이고 나도 죽을 것이다."라고 크게 화를 내며 타카쓰나가 있는 곳으로 다가갔다. 타카쓰나는 카게스에의 얼굴을 보자마자,

'이거, 카지와라가 화가 나서 왔구나.'라며 조심해야겠다고 생각했다. 다가온 카게스에가,

"오랜만입니다, 타카쓰나 나리. 좋은 말을 데리고 오셨던데 어떻게 손에 넣으셨습니까?"라고 물었다. 타카쓰나가 기다리고 있었다는 듯 빙그레 웃으며,

"저 말을 말씀하시는 것입니까? 실은 제가 오우미에서 길을 가던 도중에 말을 잃었기에 카마쿠라도노께 말을 한 마리 청했습니다만, 스루스미는 귀하께서 받으셨다고 하고 이케즈키는 노리요리 나리께조차 주지 않으셨다며, 저 같은 놈에게는 절대로 줄 수 없다고 하시기에 몰래 훔쳐가지고 왔습니다. 훗날 틀림없이 야단을 맞을 것입니다. 그때는 귀하께서 잘 좀 말씀해주시기 바랍니다."라고 사실인 양 말했기에 카게스에도 마침내는 마음이 풀려서,

"그것 참, 잘하셨습니다. 그럴 줄 알았다면 나도 훔쳐가지고 왔으면 됐을 것을."이라고 말하고 우지까지 갔다.

지금 그 두 사람이 우지가와를 앞 다투어 건너려 하고 있는 것이었다. 그러나 카게스에가 조금 앞서 나가게 되었다. 그러자 사사키가 뒤에서부터,

"겐타 나리, 귀하 말의 뱃대끈이 매우 느슨해졌습니다. 강 속에서 안장이 뒤집히지는 않겠습니까?"라고 말했다. 카게스에가 그래서는 안 된다며 활시위를 입에 물고 말의 뱃대끈을 다시 묶는 동안 사사키가 먼저 앞서 나갔다. 카게스에는,

"아뿔싸, 속았구나."라며 서둘러 나아갔다. 그러나 요시나카 쪽에서 강물 속에 굵은 밧줄을 여럿 풀어놓았기에 그 밧줄에 말의 다리가 엉겨 쉽게는 나아갈 수가 없었다. 타카쓰나는 칼을 꺼내 그 밧줄을 끊고 또 끊으며 앞으로 나아갔다. 거기에 이케즈키는 물살이 아무리 세어도 거침없이 앞으로 나아가며 강을 건넜다. 맞은편 기슭으로 올라선 타카쓰나가,

"오우미노쿠니 사람인 사사키 시로 타카쓰나가 우지가와를 가장

먼저 건넜다."라고 커다란 목소리로 외쳤다. 그 뒤를 이어서 카지와라도 강을 건너왔다.

　그들의 뒤를 이어서 하타케야마 시게타다가 500명의 병사들을 데리고 강을 건너려 했다. 그러자 요시나카 쪽의 대장인 네이노 유키치카가 시게타다의 말을 활로 쏘았기에 시게타다는 말에서 뛰어내리자마자 말의 앞다리를 잡아 말을 업었다. 그리고 헤엄쳐서 강을 건넜다. 이는 사사키나 카지와라가 말을 헤엄치게 해서 건넌 것보다 훨씬 더 힘든 일이었으리라. 그런데 강의 가운데쯤 왔을 때 시게타다의 갑옷 아랫자락에 무엇인가가 걸려 몸이 무거워졌다. 무엇인가 봤더니 강을 건너던 사무라이 하나가 물에 빠져 시게타다의 갑옷자락에 매달린 것이었다. 시게타다는 그 사무라이도 한쪽 손으로 잡고 나아갔다. 그러자 또 다른 사무라이 한 명이 시게타다가 업고 있는 말 엉덩이에 들러붙었다. 이렇게 해서 시게타다는 말 한 마리와 사무라이 한 명을 업고, 손으로는 다른 사무라이 한 명을 끈 채 강을 건넜다. 맞은편 기슭에 닿았을 때 시게타다는 손으로 끌고 온 사무라이를 땅 위로 휙 던져 올렸다. 그러자 그 사무라이가 커다란 목소리로,

　"우지가와를 헤엄쳐 가장 먼저 건넌 것은 무사시노쿠니 사람인 오오쿠시 지로(大串 次郎)다."라고 외쳤다. 그 모습을 보고 요시나카 쪽의 병사가,

　"뻔뻔한 놈. 너는 하타케야마 나리께 안겨서 건넌 것 아니냐!"라며 비웃자 지로가 갑자기,

　"첫 번째는 하타케야마 지로 시게타다 나리, 두 번째는 오오쿠시 지로."라고 다시 외쳤기에 모두가 웃었다.

땅 위로 오른 시게타다가,

"너는 남의 도움을 받았으면서 어찌 그런 말을 한 게냐?"라고
말하자 지로는,

"은혜를 잊은 것이 아닙니다. 단지 입을 다물고 있으면 비겁한
자로 보일까 싶어 이름을 외친 것일 뿐입니다."라고 말했다. 이에
친절한 시게타다는,

"그러냐."라며 가볍게 웃어넘겼다.

이렇게 해서 요시쓰네 군이 와르르 강을 건넜기에 요시나카 군의
대장인 네이노 유키치카도 그에 맞서 힘껏 싸웠으나 마침내는 패해서
쿄토 쪽으로 달아나버리고 말았다.

이마이 카네히라(요시나카 군)는 500명의 병사들을 이끌고 오우미의
제제(膳所)라는 마을 남쪽에 있는 코쿠분지(国分寺)에 진을 치고
있었다. 한편 노리요리 군은 거침없이 전진하여 강을 완전히 건넜다.
카네히라도 분발하여 격전을 거듭했으나 적은 대군이었으며 아군은
숫자가 얼마 되지 않았기에 도무지 승산이 없었다. 그런데 쿄토에서,

"우지에서는 이미 싸움에 져서, 요시쓰네 등이 쿄토로 들어왔다."는
소식이 들려왔다.

"그렇다면 요시나카 나리께서는 홋코쿠로 들어가실 것이다. 우리도
거기에 합류하기로 하자."라며 남은 300명쯤의 병사들을 데리고 호수
(비와코) 남쪽에서 서쪽을 향해 길을 서둘렀다. 그러다 아와즈(粟津)의
호반에서 요시나카와 마주쳤다. 요시나카는 카네히라를 보고,

"쿄토에서 싸우다 죽을 각오였으나 그대를 한 번 더 보고 싶어서
여기까지 왔네."라며 눈물을 줄줄 흘렸다. 카네히라도 눈을 깜빡이며,

"저도 세타에서 최후를 맞이할 생각이었으나, 어찌 되셨나 싶어 여기까지 와봤습니다."

두 사람은 말머리를 나란히 하고 이야기를 나누었다. 카네히라가,

"다시 한 번 에치젠으로 돌아가셔서 헤이시는 서쪽, 요리토모는 동쪽, 나리는 북쪽에 자리 잡고 일본을 셋으로 나누어 세력을 유지하는 것이 어떻겠습니까?"라고 권했으나 그러는 사이에도 노리요리 군이 1천, 2천, 3천씩 다가왔기에,

"나도 아사히쇼군이라고까지 불리던 자일세. 설령 아군의 수가 적다 할지라도 적에게 등을 보일 수는 없네."라며 몰려드는 적을 두려워하지도 않고 있는 힘껏 싸웠다. 싸울 때마다 병사를 잃어 겨우 20명쯤의 병사들밖에 남지 않게 되었다. 이 숫자로는 제아무리 요시나카라 할지라도 싸울 방법이 없었기에 적과 맞서면서도 우치데(打出) 호반까지 물러났다. 그때는 이미 요시나카와 카네히라 두 사람밖에 남아 있지 않았다.

요시나카가 카네히라를 돌아보며,

"이제 이것으로 마지막인 듯하네. 평소에는 아무렇지도 않던 갑옷이 왠지 무겁게 느껴지네."라고 말하자 카네히라는,

"그게 무슨 말씀이십니까? 아군이 모두 죽었기에 낙심하신 것뿐입니다. 이 카네히라 한 사람을 천 명, 만 명의 아군이라 생각하시기 바랍니다. 허나, 이렇게 된 이상 싸우다 죽을 각오는 하셔야 할 것입니다. 저쪽 언덕 위에 소나무가 있습니다. 얼른 그리로 가셔서 자결하시기 바랍니다. 카네히라가 여기서 적을 막고 있겠습니다."라고 권했다. 요시나카는,

"그대와 함께 죽을 생각으로 여기까지 온 것일세. 같이 죽도록 하세."라며 언덕 쪽으로는 가려하지 않았다. 카네히라가,

"나리께서 자결을 하시고 나면 저도 바로 죽도록 하겠습니다. 그것이 함께 죽는 길입니다. 무사는 죽는 순간이 중요합니다. 대장군이신 나리께서 이름도 없는 자의 손에 걸려 목숨을 잃으신다면 훗날까지 웃음거리가 될 것입니다. 얼른 저 언덕으로 가셔서 자결하시기 바랍니다."라고 권했다. 요시나카는,

"그럼 가기로 할 테니, 뒤를 부탁하네."라며 언덕을 향해 말을 달렸다. 그런데 그 일대는 진흙이 깊은 논이 있는 곳이었다. 게다가 부근 전체에 살얼음이 얼어 어디가 깊은지 얕은지조차 구분할 수 없었다.

요시나카의 말이 그 살얼음 위를 달리다 깊은 진흙에 빠져 움직일 수 없게 되어버리고 말았다. 아무리 채찍을 휘둘러도 말은 조바심을 치기만 할 뿐, 한 발짝도 앞으로 나아가지 못했다. 카네히라는 어떻게 되었을까 싶어 요시나카가 뒤를 돌아본 순간 마침 날아온 화살이 이마에 푹 박혀버리고 말았다. 치명상을 입은 요시나카는 그대로 안장 위에서 몸을 수그리고 말았다. 화살은 이시다 타메히사(石田爲久)라는 자가 쏜 것이었다. 이시다의 가신이 얼른 말에서 내려 요시나카의 목을 베어버렸다.

이 모습을 본 카네히라는, '여기까지로구나.' 싶었기에,

"시나노노쿠니 사람인 이마이 카네히라라는 자다. 내 목을 가져다 카마쿠라도노께 바치도록 하라."라고 외치며 몰려드는 적 속으로 홀로 뛰어들었다. 원래부터가 일당백의 용사였다. 그런 그가 결사의

각오로 이리저리 칼을 휘두르며 나아갔기에 누구 하나 다가서려는 자가 없었다. 카네히라는 전통에 남아 있던 8발의 화살로 8명을 쏘아 쓰러뜨린 뒤 적을 한껏 노려보며,

"일본에서 가장 강한 자가 주군을 따라 자결하는 모습을 똑똑히 보아두어라."라며 장검 끝을 입에 물고 말에서 거꾸로 떨어져 그대로 목숨을 끊고 말았다.

이때 요시나카는 21세였다. 요시나카는 음흉한 구석이 없는 대장이었으나 난폭하고 세상의 도리를 너무나도 몰랐기에 이런 최후를 맞이할 수밖에 없었다. 카네히라와 같이 뛰어난 대장을 여럿 데리고 있었으니 조금만 더 자중했더라면 요리토모보다 먼저 헤이시를 토벌하고 쇼군이 되었을지도 모를 일이었는데, 참으로 안타까운 일이다.

7. 히요도리고에 기습

일단 큐슈로까지 달아났던 헤이시는 겐지가 자기들끼리 싸우는 사이에 세력을 회복하여 쿄토를 탈환하기 위해 셋쓰의 후쿠하라까지 돌아와 있었다. 그 병력은 추고쿠와 시코쿠 병사들을 합하여 10만, 우선은 이치노타니(一ノ谷) 성으로 들어갔다. 그곳은 셋쓰와 하리마 (播磨효고 현 남서부,반슈,대국,근국)의 경계에 있는데 앞에는 바다가 있고 뒤에는 산이 있다. 바다에는 수천 척의 군선이 떠 있고 뭍에서는 수백 개의 붉은 기가 나부끼고 있어서 그 기세가 하늘을 찌를 듯했다.

요시나카가 목숨을 잃고 난 이후, 요리토모는 노리요리와 요시쓰네에게 명령하여 헤이시를 치게 했다. 둘은 주에이 3년(1184) 2월 3일에 쿄토를 출발, 이치노타니로 향하려 했으나 그달 4일이 마침 키요모리의 1주기였기에 기일을 방해하는 것은 좋지 않다며 날짜를 연기하여 7일에 총공격에 나서기로 했다.

헤이시는 이쿠타(生田)를 성의 동쪽 관문으로 삼고 이치노타니를 서쪽 관문으로 삼아 지켰다. 이에 노리요리는 5만의 병사들을 데리고 동쪽 문으로 향했으며, 요시쓰네는 1만의 병사들을 데리고 서쪽 문으로 향했다.

요시쓰네는 도중에 병사를 둘로 나누어 7천 명은 도이 사네히라와 함께 이치노타니로 향하게 했으며, 자신은 3천 명을 데리고 성 뒤편에 있는 히요도리고에(鵯越_{고개})로 향했다.

히요도리고에로 가는 길은 나무가 무성하고 바위가 험준해서 어디로 가야하는 건지 쉽사리 알 수가 없었다. 그러자 요시쓰네는,

"벤케이(弁慶), 길잡이를 찾아오게."라고 가신인 벤케이에게 명령했다. 벤케이가 계곡으로 내려가 이곳저곳 찾던 중에 멀리로 초가집 한 채의 불빛이 보였다. 안을 들여다보니 할아버지와 할머니 두 사람이 불을 쬐고 있었다. 벤케이는 사람을 놀라게 하는 재주라도 있는 것인지,

"카마쿠라도노의 동생이신 쿠로 나리께서 헤이케 정벌을 위해 오셔서 지금 이 산에 계시니 길을 안내해주게. 나는 무사시보(武蔵坊) 벤케이라는 자일세."라고 밤송이 같은 머리를 흔들며 외쳤다. 그 할아버지는,

"아아, 이거⋯⋯."하며 서둘러 에보시[78]를 쓰고,

"보시는 것처럼 저는 이렇게 나이가 많습니다. 저 대신 아들을 데려가 도움을 얻으시기 바랍니다."라고 말한 뒤, 안쪽 방에서 자고 있던 아들을 불렀다. 벤케이는 그 아들을 데리고 요시쓰네가 있는 곳으로 갔다. 요시쓰네가 아들을 보니 꽤나 훌륭한 젊은이였다.

"나이는 어떻게 되는가?"라고 묻자,

"열일곱입니다."라며 조금도 두려워하는 기색이 없었다. 요시쓰네는,

"히요도리고에의 지세는 어떠한가?"

"험하기로 이름 높은 곳입니다. 사람이나 말은 도저히 지날 수

---

78) 烏帽子. 무사나 공경이 쓰던 건의 일종.

없습니다. 위쪽 7, 8정(800m)은 병풍을 세워놓은 듯하여 초목조차 없습니다. 그 아래쪽 5, 6정(600m)은 바위와 돌들이 널려 있습니다."

이 말을 들은 사람들 모두 안 되겠다며 서로의 얼굴을 바라보았다. 그러나 요시쓰네는,

"그렇다면 사슴은 넘을 수 있는가?"라고 아무렇지도 않게 물었다. 젊은이가,

"네, 사슴은 가끔 지납니다."라고 대답하자 요시쓰네는 빙그레 웃으며,

"사슴이 지날 정도라면 문제없다. 사슴도 네 발 짐승, 말도 네 발 짐승. 사이코쿠의 말이라면 모르겠으나, 토고쿠의 말이라면 사슴이 다니는 길을 못 지날 리가 없다. 자, 가기로 하자."라고 말하고, 그 젊은이에게 갑옷과 투구로 무장을 하게 한 뒤, 와시오 쓰네하루(鷲尾経春)라는 이름까지 주어 안내를 받으며 전진했다. 히요도리고에 위에 도착하자 곧 날이 밝을 무렵이어서 발 아래로 성 안의 모습이 희미하게 보였다.

그날 아침, 쿠마가이 나오자네는 히라야마와 함께 이치노타니로 향하고 있었는데 아들인 나오이에를 불러,

"나는 지난번의 우지가와에서도 다른 사람에게 선진[先陣]을 빼앗겼다. 오늘은 이치노타니에서 선진을 취하고 싶다만, 어떻게 생각하느냐?"라고 말했다. 나오이에도,

"그렇게 하십시오. 잠시 방심하시면 히라야마가 선진에 설지도 모릅니다. 얼른 가셔야합니다."라고 말했기에 부자는 가신을 데리고 가장 먼저 이치노타니의 문에 도달했다. 그때는 날이 아직 밝지 않았다.

커다란 목소리로,

"무사시노쿠니의 쿠마가이 나오자네와 그의 아들인 나오이에가 이치노타니의 선진이다. 일본에서 가장 용맹한 자이다. 누구든 좋으니 앞으로 나와라."라고 외쳐댔으나 누구 하나 나오는 사람이 없었다. 하는 수 없이 세 사람은 문 밖에서 기다렸다. 그때 히라야마도 거기에 도착했다.

"아아, 쿠마가이 나리. 이거 선진을 빼앗겼습니다."

뒤를 이어 한 사람이 더 와서 5명은 문 밖에 서 있었다.

그때 성 안에서 음악소리가 조용히 들려왔다. 한없이 사람의 마음을 잡아끄는 피리소리, 거칠어진 마음도 저절로 잦아드는 듯한 거문고소리, 그 사이로 나지막하게 들려오는 비파소리. 선진을 다투던 5명의 사무라이들도 이 소리를 듣자 어느 틈엔가 슬픈 기분이 들기 시작했다. 나오자네가,

"참으로 다정한 사람들이로구나. 우리는 언제까지 살아도 갑옷을 벗지 못하고 궁시를 손에서 놓을 때가 없으련만."이라고 말했다.

음악소리가 그치더니 성 안에서 23명의 무사가 문을 열고 밖으로 나왔다. 때가 왔다는 듯 히라야마가 문 안으로 달려 들어갔다. 그러자 밖으로 나왔던 헤이시의 사무라이 23명도 히라야마를 쫓아 다시 발걸음을 돌렸다. 나오자네, 나오이에가 그들의 뒤를 쫓았다. 잠시 후, 도이 사네히라의 병사들도 몰려왔다. 이렇게 해서 서문에서의 싸움이 시작되었다.

같은 시각에 노리요리도 동문을 공격했다. 동서 양쪽의 문에서 싸움이 한창 펼쳐지고 있는 모습을 본 요시쓰네는, '늦어서는 안

된다. 얼른 내려가야 한다.'라고 생각했으나 쓰네하루가 말한 것처럼 히요도리고에의 위쪽 7, 8정쯤은 낭떠러지로 풀 한 포기 없었으며 말이 발을 디딜 곳조차 없었다. 3천의 장사들은 서로의 얼굴만 바라볼 뿐, 누구 하나 앞으로 나서려 하지 않았다. 그때 요시쓰네가,

"나를 보고 따라 내려오라."라며 말의 뒷다리를 꿇게 하여 슬금슬금 밑으로 내려갔기에 3천의 병사들도 같은 방법으로 절벽을 내려갔다. 중간쯤 내려가자 그 아래 2, 30간은 경사가 더욱 급했으며 바위가 있기도 하고 절벽을 이루고 있기도 했기에 미끄러져 내려갈 수조차 없었다. 그때 사하라(佐原)라는 사무라이가,

"내가 선진에 서겠다. 뒤를 따르라."라며 말에 채찍을 가하더니 나뒹굴듯 해서 밑으로 내려갔다. 다른 자들도 눈을 가리고 그 뒤를 따랐다. 단 한 사람 하타케야마 시게타다만은,

"늘 나를 태우고 다니니 이런 험한 곳은 내가 데리고 내려가겠다."라 며 갑옷 위에 말을 업고 모밀잣밤나무 가지를 꺾어 그것을 지팡이 삼아 바위 사이를 조용히 걸어 내려갔다. 이를 보고 일본 제일의 장사라며 모두가 놀랐다.

이렇게 해서 요시쓰네 군은 단번에 성의 뒷문에 다다랐다. 헤이시는 동서 양쪽 문을 막기에 정신이 팔려서 뒷문을 막으려는 자가 아무도 없었다.

그리고 이 하늘에서 내려온 듯한 요시쓰네 군에 당황해서 그저 우왕좌왕할 뿐이었다. 사기가 한껏 오른 요시쓰네 군은 적을 이리 베고 저리 베었다.

요시쓰네가 벤케이에게 명하여 성에 불을 지르게 했기에 헤이시는

히요도리고에 기습

어찌할 줄을 모르고 서로 앞다투어 달아나기 시작했다. 그런데 동쪽의 문도 적, 서쪽의 문도 적, 뒷문도 적이었기에 해안에 묶어둔 배를 향해서 달아나는 것 외에 길은 없었다. 간신히 배에 오른 자들은 서쪽으로, 남쪽으로, 동쪽으로 각자 뿔뿔이 흩어져 달아났다.

무네모리도 안토쿠 천황을 데리고 배에 올라 시코쿠의 야시키(屋敷)를 향해 달아났다. 이때 타이라노 쓰네모리의 아들인 아쓰모리(敦盛)는 배에 오르지 못했기에 홀로 말을 달려 스마(須磨)까지 가서 바다를 지나는 배에 오르기 위해 말을 탄 채 바다로 뛰어들었다. 1, 2정(150m)쯤 헤엄쳐 나갔을 때 뒤에서,

"잠시만, 잠시만."하고 부르더니, "거기에 계시는 것은 헤이케의 대장 아니시오. 적에게 등을 보이는 것은 비겁한 짓이오. 이리 돌아오시오."라고 말하는 자가 있었다. 그러자 배 가까이까지 갔던 아쓰모리가 말머리를 돌리더니 이쪽으로 다가왔다. 그를 불러세운 것은 아침부터

공을 세우려 조바심치던 쿠마가이 나오자네였다. 나오자네는 이번에 야말로 저 대장의 목을 베어 대장 요시쓰네에게 칭찬을 듣겠다며 그를 기다렸다. 아쓰모리가 해안으로 다가오자마자 두 사람은 단번에 엉겨붙어 말과 말 사이로 털썩 떨어졌다. 그런데 한쪽은 일본 제일의 장사, 한쪽은 헤이케의 도련님. 나오자네는 단번에 아쓰모리를 깔고 앉았다. 그 목을 베기 위해 얼굴을 보니 아직 열대여섯 살로 꽃다운 나이의 소년, 얼굴에는 옅은 화장을 했으며 이를 검게 물들였다. 나오자네는 마음이 완전히 풀려서,

"누구시오. 이름을 밝히시오."라고 말했다. 그러자 아쓰모리는,

"목숨이 아까웠다면 배로 갔을 것이다. 얼른 목을 베어라. 이름은 밝히지 않아도 아는 자가 있을 것이다."라고 말했다.

이 씩씩한 모습을 보자 나오자네는,

'이 자 하나를 죽이지 않는다고 해서 이번 싸움에서 지는 것도 아니다. 보아하니 나이도 나오이에와 비슷한 듯하구나. 오늘 아침에 나오이에가 이치노타니의 문에서 화살에 맞았다는 말을 들었을 때, 나는 걱정이 되어 견딜 수가 없었다. 하지만, '네 손으로 직접 뽑아라.' 라고 꾸짖었기에 그대로 적진을 향해 다시 달려들어갔는데 그 뒤로 어떻게 되었는지. 만약 나오이에가 목숨을 잃었다는 소식을 듣는다면 나는 더없이 슬플 것이다. 그러니 내가 지금 이 젊은 대장의 목을 취한다면 이 자의 아비가 얼마나 슬퍼할지. 이번에는 살려주기로 하자.'라는 생각이 들어 주위를 둘러보니 뒤쪽에서 도이와 카지와라의 병사들이 다가오고 있었다. 나오자네는 눈물을 흘리며,

"살려드리고 싶으나 아군이 저처럼 가까이까지 왔습니다. 차라리

제 손으로 목을 베도록 하겠습니다. 후에 반드시 공양을 올리도록 하겠습니다."라고 말하고 마침내는 그 목을 베었다. 그런 다음 목을 감싸기 위해 히타타레를 벗겨보니 비단 주머니에 넣은 피리 하나가 허리춤에 꽂혀 있었다.

"그렇다면 오늘 새벽, 성 안에서 들려온 피리소리는 이 사람이 분 것이었구나."

이후 그 목을 요시쓰네에게 보인 뒤, 누구의 목인지 아는 자가 있냐고 주위에 물어 아쓰모리의 목이라는 사실을 알게 되었다. 나오자네는 목에 피리를 더해 정중하게 야시마(屋島)의 진으로 돌려보냈다.

8. 야시마의 저녁노을

이치노타니 전투가 끝난 후, 노리요리는 카마쿠라로 돌아갔고 요시쓰네는 쿄토를 지키고 있었다. 그해(1184) 8월에 노리요리는 헤이시 추토를 위해 카마쿠라를 출발했다. 노리요리는 큐슈까지 건너갔으나 군량이 부족하여 커다란 어려움을 겪고 있었다.

이 소식을 들은 요시쓰네가 헤이시를 치러 가겠다고 법황에게 청했으나, 그래서는 쿄토를 지킬 자가 없다며 허락을 하지 않았다. 그래도 이대로 쿄토에 머물러 헤이시의 세력이 커지면 오히려 쿄토를 어지럽히는 원인이 될 것이라고 힘껏 청하여 3만의 병사들을 이끌고 야시마로 향했다. 이는 주에이 4년(1185) 정월의 일이었다.

오오카사 부근까지 간 요시쓰네는 배를 타고 야시마로 가려 했으나 마침 남풍이 거세게 불며 산더미 같은 파도가 밀려왔다. 게다가 칸토의 무사들은 뭍에서의 싸움에는 강했으나 바다에서의 싸움에는 익숙하지 않았다. 이에 요시쓰네 군의 감독을 맡고 있던 카지와라 카게토키가,

"배에 반대로 저을 수 있는 노를 장치하는 것이 어떻겠습니까?"라고 요시쓰네에게 권했다. 요시쓰네는 이해할 수 없다는 듯,

"반대로 저을 수 있는 노는 무엇인가?"라고 물었다. 그러자 카게토키가,

"뱃머리에도 노를 다는 것입니다. 만약 적이 강하다면 쉽게 달아날

수 있게 하기 위해서입니다."라고 말했다.

요시쓰네가 웃으며,

"그렇다면 달아날 준비를 하자는 말인가? 대장이 전진하라고 호령해도 병사들은 달아나고 싶은 법일세. 그런데 달아날 준비를 하면 병사들이 나아갈 것이라고 생각하는가? 그런 비겁한 짓을 할 수는 없네."라고 말하자 카지와라가,

"병사를 함부로 죽게 내버려두지 않는 것이 좋은 장수입니다. 그저 앞으로 나아가는 것만 생각하는 장수를 멧돼지무사라고 하는 것입니다."라고 비아냥거리듯 말했기에 요시쓰네도 화가 나서,

"멧돼지든 사슴이든 상관없네. 이 요시쓰네는 그저 앞으로 나아가 적을 무찌르기만 하면 되는 걸세. 그대가 대장군이 되면 반대로 저을 수 있는 노를 천 척이고 만 척이고 배에 달아 나아가도록 하게. 요시쓰네의 배에 그런 노는 필요 없네."라며 배를 그대로 움직이려 했다.

정월 16일에 출발하려 했으나 바람이 더욱 거세져 도저히 배를 띄울 수가 없었다. 그런데 17일 밤이 되자 바람이 북풍으로 바뀌었다. 그래도 비가 내리고 바람이 거셌으며 집채만 한 파도가 밀려왔다. 하지만 요시쓰네는,

"얼른 배를 내어라."라고 명령했다. 뱃사람들 모두 당황해서,

"이런 바람에는 배를 낼 수가 없습니다. 바람이 조금 잦아들기를 기다리시기 바랍니다."라고 말했다. 요시쓰네는,

"지금 마침 북풍이 불고 있지 않느냐. 그런데 어째서 배를 낼 수 없다는 게냐. 싸움은 적의 의표를 찔러야만 이길 수 있는 법이다. 배를 내지 않는 자는 사살하겠다."라고 말했다. 가신들은 벌써 시위에

화살을 메긴 채 나와 있었다. 뱃사람들은, '배를 내어 바다에 잠기나 여기서 화살에 맞나 어차피 죽기는 마찬가지다. 이왕 죽을 바에는 배를 내기로 하자.' 라고 생각하여 마침내 배를 출발시켰다. 그러나 수백 척이나 되는 배 가운데서 출항한 것은 겨우 5척뿐이었다. 요시쓰네는 첫 번째 배에 타고 있었다. 말과 군량도 전부 그 배에 싣게 했다. 배에 탄 병사들은 겨우 150명 정도밖에 되지 않았다.

바람이 울부짖고 파도가 밀려드는 속을 배는 쏜살같이 달려나갔다. 오오사카(大阪)에서 아와(阿波)까지는 보통 사흘쯤 걸린다. 그것을 단 6시간 만에 건너갔다.

요시쓰네는 모두에게 명령하여 말을 헤엄치게 해서 뭍으로 올라갔다. 아마코(尼子) 포구에 헤이시의 병사 300명쯤이 진을 치고 있었으나 요시쓰네는 그들을 단번에 물리치고 야시마를 향해 나아갔다.

중간에서부터 따라온 아와의 콘도(近藤)라는 자를 길잡이 삼아 방해하는 자들을 물리치며 나아가 19일에 야시마 동쪽에 있는 무레(牟礼)라는 곳에 도착했다. 우류잔(瓜生山)에서 맞은편을 보니 야시마가 바로 앞에 보였다. 눈 아래로는 단노우라(壇ノ浦)의 바다가 보였다. 요시쓰네는 길잡이인 콘도를 불러서,

"아래에 있는 바다를 말로는 건널 수 없는가?"라고 물었다.

"물이 빠지면 말로도 충분히 건널 수 있습니다. 지금이 바로 간조이니 마침 건너기 좋은 때입니다."

이에 지체 없이 무레의 민가에 불을 질러 병사들의 사기를 북돋운 뒤, 말을 탄 채 바다로 뛰어들었다.

이때 야시마의 진에서는 무네모리가 가와노 미치노부(河野 通信)를

쳐서 그 목을 살펴보고 있는 중이었다. 그런데 무레 쪽에서 불길이 치솟았기에 무슨 일인가 싶어 그쪽을 바라보니, 연기 속으로 이리저리 내달리는 병사들의 모습이 보였다. 그리고 그 아래쪽 바다로는 말을 타고 달려오는 자들이 보였다.

"겐지가 공격을 해온 모양이로구나. 요시쓰네가 6만 대군을 이끌고 올 것이라는 소문이었다. 그 6만의 병사가 밀려온다면 여기서는 버틸 수가 없다. 얼른 배로 옮겨라."라며 천황과 그 어머니인 켄레이몬인(建礼門院)을 배에 태웠으며 대장과 사무라이와 여자들도 모두 배에 올라 5, 6정(600m)쯤 바다로 나갔다.

요시쓰네 쪽은 300명도 되지 않는 병사였다. 그러나 하나같이 일당백의 용사들뿐이었다. 헤이시 쪽에서 빗발처럼 쏘아대는 화살에도 아랑곳하지 않고 앞으로 나아갔다. 그 가운데 고토 사네모토(後藤実基)가 단번에 뭍으로 오르더니 궁궐로 달려들어가 불을 질렀다. 어소가 활활 불타오르자 겐지 쪽 병사들은 더욱 사기가 올랐다.

무네모리가 곁에 있는 자들에게,

"겐지의 숫자는 얼마나 되는가?"

"칠팔십 정도 됩니다."

이를 들은 무네모리는,

"겨우 그 정도였단 말이냐. 그럴 줄 알았다면 배에 오르는 것이 아니었거늘."이라며 안타까워했으나, 이제 와서는 아무런 소용도 없는 일이었다. 이에 노토의 카미인 노리쓰네(教経)에게 명하여 뭍으로 올라가 싸우게 했다. 노토의 카미는 헤이케 가운데서도 가장 강한 대장이었다.

"알겠습니다."라며 500명 정도의 병사들을 데리고 뭍을 향해 저어 나갔다. 그때 헤이케의 사무라이인 엣추 지로 모리쓰구(盛嗣)라는 자가 배의 지붕 위로 올라가,

"오늘 겐지 쪽의 대장군은 누구이십니까?"라고 물었다. 이에 겐지 쪽에서는 이세 요시모리(伊勢 義盛)라는 자가 나서서,

"세이와 겐지의 10대손인 카마쿠라도노의 아우 되시는 쿠로호간(九郎判官) 나리시다."라고 커다란 목소리로 말했다. 그러자 모리쓰구가 껄껄 웃으며,

"뭐야, 그렇다면 쿠라마의 동자승이 되려다 만 자로 보부상의 엉덩이를 따라서 오슈로 내려갔던 그 풋내기 아닌가."라고 비웃었기에 요시모리가 화를 내며,

"그러는 그대는 엣추 토나미야마의 싸움에서 패하자 목숨이 아까워 비렁뱅이 짓을 하며 쿄토로 달아났던 자 아닌가."라고 역시 비웃었다. 그러자 모리쓰구가 다시,

"어디서 빌어먹었단 말이냐? 그러는 그대야말로 스즈카야마에서 도둑질을 하지 않았느냐."라며 말싸움에서는 좀처럼 지지 않았다.

그때 겐지 쪽의 한 사람이, "잘도 씨불이는구나."라며 활을 쏘자 화살이 모리쓰구의 가슴에 맞아 갑옷까지 꿰뚫었다. 그렇게 되자 모리쓰구도 비로소 입을 다물었다. 말다툼이 끝나자 대장군인 노토의 카미가 마침내 모습을 드러냈다.

"쿠로는 어디에 있느냐?"라며 활을 둥근 보름달처럼 당겨 주위를 둘러보았다. 그 모습을 본 겐지 쪽 병사들은,

"저 자가 바로 노토의 카미다. 대장군을 쏘게 해서는 안 된다."라며

모두가 요시쓰네 앞으로 나가 말머리를 나란히 하여 요시쓰네를 보호했다. 노리쓰네가,

"잡병들은 거기서 물러나라."라며 화살을 쏘고 또 쏘았기에 겐지의 사무라이들이 털썩털썩 쓰러졌다. 그 화살 가운데 하나가 사토 쓰구노부(佐藤 継信)의 오른쪽 어깨에서부터 왼쪽 옆구리까지 꿰뚫었기에 말 위에서 거꾸로 떨어져버리고 말았다. 그러자 노리쓰네의 가신인 키쿠오마루(菊王丸)가 배에서 뛰어내려 그 목을 베려 했다. 그에 맞서 쓰구노부의 동생인 타다노부(忠信)가,

"이놈."하며 활로 쏘았기에 키쿠오마루도 쓰러지고 말았다. 노리쓰네가 서둘러 키쿠오마루를 오른손으로 잡아 배 안으로 휙 던졌는데 너무 세게 던졌기에 키쿠오마루는 그대로 숨이 끊어지고 말았다. 이를 본 노리쓰네는 더 싸우려 하지 않고 배 안으로 돌아가버렸다.

이렇게 싸우는 사이에 뒤따라 온 겐지의 병사들이 점점 숫자를 더했다. 그러나 날도 저물기 시작했기에 승부는 내일 가리자며 겐페이 모두 병사를 거두려 할 때, 헤이케 쪽에서 배 한 척이 겐지 쪽으로 저어 나왔다. 무슨 일인가 싶어 바라보고 있자니, 열여덟아홉 쯤의 아름다운 아가씨가 뱃머리에 서서 해가 그려진 부채를 장대 끝에 매달아 뭍을 향해서 자꾸만 흔들어댔다.

요시쓰네가 고토 사네모토를 불러,

"저건 대체 무슨 뜻이냐?"라고 묻자 사네모토는,

"저 부채를 쏘라는 뜻입니다. 그러나 만약 대장군께서 나서신다면 저쪽에서 먼저 활을 쏠 생각인 듯합니다. 누군가 활의 명수를 불러 쏘게 하는 것이 좋을 듯합니다."라고 대답했다. 요시쓰네가,

부채를 쏜 요이치

"어떠냐? 저것을 맞힐 만한 자가 있느냐?"라고 묻자 사네모토가,

"얼마든지 있습니다만, 그 가운데서도 시모쓰케의 나스 타로(那須太郎)의 아들인 요이치 무네타카(与一 宗高)가 좋을 듯합니다."라고 말했기에 요시쓰네는,

"얼마나 잘 쏘는가?"라고 재차 확인을 했다. 사네모토가,

"글쎄요, 하늘을 나는 새를 쏘아도 세 마리 가운데 두 마리는 맞힙니다."라고 대답하자 요시쓰네도 안심하며,

"그렇다면 요이치를 불러라."라고 말했다. 요이치는 당시 17세였다. 새하얀 얼굴에 주홍빛 갑옷을 입고 조용히 요시쓰네 앞으로 나갔다. 요시쓰네가,

"요이치, 저 부채의 한가운데를 쏘아 적을 놀라게 하라."라고 말하자 퍼뜩 머리를 숙이며,

"저 같은 놈으로는 불안합니다. 만약 맞히지 못한다면 겐지의 수치입

니다. 모쪼록 다른 자에게 명하시기 바랍니다."라고 사양했으나 요시쓰네는,

"나의 명령이니 쏘아라."라고 말했다. 요이치도 더는 어쩌지 못하고 말을 몰아 물가까지 갔다. 그리고 화살이 닿을 만한 거리까지 바다로 들어갔다.

바다에서는 헤이케의 배들이 뱃머리를 나란히 하고 지켜보고 있었다. 뭍에서는 아군 병사들이 말머리를 나란히 하고 지켜보고 있었다. 마침 북풍이 불어와 물결이 높아졌고 배가 흔들려 부채도 흔들흔들했다. 어디를 겨냥해야 할지 쉬운 일이 아니었다. 요이치는 가만히 눈을 감았다. 그리고 신에게 빌었다.

'부디 저 부채를 맞히게 해주십시오. 맞히지 못한다면 이대로 배를 가르고 바다로 뛰어들 수밖에 없습니다. 다시 한 번 고향으로 돌아갈 수 있도록 저 부채를 맞히게 해주십시오.'

그리고 조용히 눈을 뜨자 요이치의 진심이 통했는지 바람이 멈추어 부채도 한자리에 가만히 있었다. 요이치는 화살 하나를 뽑아 시위에 메겼다. 있는 힘껏 당겨 퉁 쏘자 화살이 소리를 울리며 바다 위를 날아 부채의 손잡이 부근을 꿰뚫었다. 화살은 그대로 바다에 떨어졌으며 부채는 팔랑팔랑 파도 위로 흩어졌다. 새빨간 부채가 하얀 물결 위에서 넘실거리는 것을 보고 겐지 쪽에서는 화살 통을 두드렸고, 헤이시 쪽에서도 뱃전을 두드리며 와아 한꺼번에 탄성을 질렀다.

너무나도 흥미로웠는지 그 배에 타고 있던 사무라이 하나가 왜장도를 들고 나와 부채가 있던 곳에서 춤을 추기 시작했다. 그러자 이세 요시모리가,

"저 사무라이도 쏘아라."라고 요이치에게 말했다. 막 돌아오려던 요이치가 말을 멈추고 딱하게도 그 사무라이까지 쏘아버렸다. 겐지 쪽에서는 이번에도 기뻐했으나, 헤이시 쪽에서는 칭찬하는 자가 아무도 없었다. 매우 분했는지 사무라이 3명이 작은 배를 타고 뭍으로 올라왔다. 한 사람은 방패를 들고 있었고, 한 사람은 활을 들고 있었으며, 나머지 한 사람은 왜장도를 들고 있었다. 그리고,

"자, 덤벼라."라고 외쳤기에 겐지 쪽에서는 미노야 주로(美濃屋 十郎)라는 자가 앞장서서 5명의 사무라이들이 달려나갔다. 그러자 맞은편의 3명 가운데 활을 든 자가 화살을 메겨 주로의 말을 쏘았다. 말이 쓰러짐과 동시에 주로는 털썩 떨어지고 말았다. 이번에는 왜장도를 든 자가 달려나와 목을 베려 했기에 주로도 칼을 뽑아들었으나 왜장도에는 이길 수 없다고 생각하여 그대로 달아나버리고 말았다. 적은 놓치지 않겠다는 듯 팔을 쑥 뻗어 주로가 쓴 투구의 뒷덜미를 잡으려 했다. 주로는 잡힐 수 없다는 듯 목을 움츠리고 달렸다. 적이 그를 붙들기 위해 팔을 휘저으며 쫓아오다 네 번째 만에 투구를 잡았다. 적은 자신 쪽으로 끌어당기려 하고 주로는 앞으로 나아가려 용을 썼다. 서로가 반대편으로 힘을 썼기에 투구의 뒷덜미가 두두둑 떨어져 나가 주로는 나뒹굴 듯이 해서 10간(18m)쯤 앞으로 달려나갔다. 적이 투구의 뒷덜미를 높이 쳐들고,

"목뼈가 참으로 두꺼운 놈이로구나. 나는 아쿠시치베에 카게키요(惡七兵衛 景清)라는 자다."라며 껄껄 웃었다. 그러자 그 뒤에서 헤이케의 병사 200명쯤이 와아 함성을 지르며 겐지 쪽으로 달려들었기에 겐지 쪽에서도 가만히 있지 않고 요시쓰네를 필두로 우르르 달려나

갔다. 그러나 헤이케 쪽은 도보였고 겐지 쪽은 말을 타고 있었기에 바로 승패가 갈려 헤이케의 병사들 모두 배로 달아나버리고 말았다. 요시쓰네가 여세를 몰아 바다로 뛰어들자 배 안에서 갈고리를 휘두르며,

"저기, 요시쓰네를 사로잡아라."라고 떠들어댔다. 갈고리를 피하며 싸우다 요시쓰네는 활을 바다에 떨어뜨리고 말았다. 요시쓰네가 활을 줍기 위해 그것을 쓸어 올리려 하자 헤이케 쪽에서,

"바로 지금이다. 얼른 갈고리에 걸어라."라며 어지러이 갈고리를 휘둘렀다. 겐지 쪽 사람들 모두 당황해서,

"그런 활은 그냥 버리십시오."라고 저마다 말했으나, 요시쓰네는 끝까지 활을 주워들고 돌아왔다. 아군들이,

"설령 제아무리 좋은 활이라 할지라도 대장의 목숨과는 바꿀 수 없습니다. 어찌하여 그처럼 위험한 행동을 하신 겁니까?"라고 말하자 요시쓰네가,

"아니, 나는 활이 아까웠던 게 아닐세. 나의 이름이 아까웠던 걸세. 타메토모 숙부님처럼 강한 활이었다면 적이 주워도 부끄럽지 않을 테지만, 나의 활은 약한 것일세. 그것을 헤이케 놈들이 주워, 이것이 요시쓰네의 활이라며 비웃을까 걱정이 되어 목숨을 걸고 주워온 것일세."라고 말했기에 사람들 모두 옳은 말이라며 감탄했다.

그날의 싸움은 그렇게 끝났으나 그러는 사이에도 겐지의 병사들이 점점 몰려들었기에 헤이케는 야시마저 버리고 멀리 서쪽으로 달아나버리고 말았다.

9. 단노우라 전투

헤이시는 이치노타니에서 패하고 야시마에서도 패했기에 안토쿠 천황을 데리고 큐슈로 가기 위해 서쪽으로 향했다. 그런데 노리요리가 큐슈에 있었기에 몇 천 척이나 되는 헤이케의 군선은 어쩔 수 없이 나가토(長門야마구치 현 서부.초슈.중국,원국)의 단노우라에 정박했다.

요시쓰네는 오오사카에서 온 병사들을 더해 그들을 쫓았다. 양쪽 군은 3월 24일에 싸움을 해야겠다고 생각하고 있었다.

이때도 요시쓰네와 카지와라의 의견 대립이 있었다. 카지와라 카게토키는 야시마 전투에 참가하지 못한 것이 분해서 견딜 수 없었기에 이번 싸움에서는 가장 앞에 서기 위해,

"오늘 싸움에서는 카게토키를 선진으로 삼아주시기 바랍니다."라고 요시쓰네에게 청했다. 그러나 요시쓰네가,

"내가 있는 이상 선진은 내가 맡겠다."라고 말했기에 카게토키는,

"나리는 대장이시니 선진은 카게토키에게 맡기시기 바랍니다."라고 말했다. 요시쓰네가 머리를 흔들며,

"대장은 요리토모 형님이시다. 요시쓰네도 그대도 똑같이 명령에 따라서 싸움을 하고 있는 것 아니냐."라고 말하자 카게토키는,

"그래서는 좋은 대장이 될 수 없습니다."라고 말했다.

"그대는 일본에서 가장 무례한 자다."라며 두 사람 모두 당장에라도

칼을 빼들듯 했으나 주위 사람들이 끌어안아 간신히 말렸기에 커다란 소동으로는 번지지 않았다. 그러나 이러한 일들 때문에 카게토키는 요시쓰네를 미워하게 되었고 훗날 요리토모에게 여러 가지로 좋지 않은 말을 하는 원인이 되었다. 그 때문에 요시쓰네는 가엾은 신세로 전락하게 된다.

마침내 겐페이 최후의 전투가 시작되었다. 헤이케 쪽에서는 토모모리가,

"오늘이야말로 마지막 싸움이다. 하다못해 저 요시쓰네를 바다 속으로 떨어뜨리기 바란다."라고 말하자 카게키요 역시,

"칸토 녀석들은 뭍에서는 강하나 배에서는 약하다. 한 놈 한 놈 바다에 처박아주겠다."라며 큰소리를 쳤다. 그러자 모리쓰구도,

"쿠로는 기만 셀 뿐, 몸은 조그맣고 힘도 없는 놈이다. 놈을 끌어안고 바다로 뛰어들겠다."라며 모두가 요시쓰네 한 사람만을 노렸다. 이런 기세로 헤이케는 북과 장구를 용감히 두드리며 천 여 척의 배를 차례차례로 내었다. 그 기세에 겐지는 한동안 앞으로 나아가지 못했다. 성격이 급한 요시쓰네는 분해서 견딜 수가 없었기에 자신이 스스로 선두에 서서 아군의 배를 앞으로 나아가게 했다. 양쪽에서 쏘아대는 화살이 빗발보다 더 거세게 쏟아져내렸다.

이때 천 마리 정도의 돌고래들이 줄을 지어 물살을 가르며 헤이케 쪽으로 헤엄쳐오고 있었다. 그 모습을 본 헤이케의 대장 무네모리가 얼굴을 찌푸리며 아베노 하루노부(安倍 晴信)라는 자를 불러,

"길조인지 흉조인지, 점을 쳐보아라."라고 말했다. 하루노부가 점을 쳐보고,

"저 돌고래가 뒤로 되돌아가면 겐지가 패할 것입니다. 허나 이대로 지나친다면 헤이케가 패할 것입니다."라고 말했다. 그런데 그 돌고래들이 헤이케의 배 밑으로 해서 그대로 지나쳐갔다. 무네모리는, '마침내는 우리가 지는구나.'라며, 쓸데없는 것을 물어 쓸데없는 걱정을 하게 되었다. 게다가 그 점이 맞은 것인지, 지금까지 헤이케 편에 서 있던 시코쿠의 사무라이와 큐슈의 사무라이들이 200척, 300척씩이나 되는 수많은 배를 이끌고 겐지 쪽으로 돌아섰기에 헤이케 쪽에는 처음만큼의 기세도 없었으며, 점점 뒤로 물러나기 시작했다. 거기에 더해서 겐지 쪽으로 돌아선 자 가운데,

"헤이케에서는 당선에 병사들을 태우고, 군선에 천황을 태웠다."라고 고한 자가 있었기에 천황이 어디에 있는지를 안 겐지는 더욱 기세를 올리며 거세게 몰아붙였다. 배를 저어가서 헤이케의 배 위로 뛰어올라서는 뱃사람들을 베었기에 뱃사람들 모두 배 밑으로 들어가 배를 움직이려 하지 않았다. 그래서는 아무리 수군이 뛰어나다고 자부하는 헤이케라 할지라도 싸움을 할 방법이 없었다. 이제는 마침내 헤이케의 최후가 찾아온 것이었다.

얼마 후, 키요모리의 아내인 니이노아마(二位尼)가 안토쿠 천황을 안고 보검을 허리에 차고 옥구슬을 옆구리에 낀 채 바다 속으로 뛰어들었다. 천황의 나이는 겨우 8세.

텀벙하고 하얀 물결이 슬프게도 튀어올랐다. 그 물결이 사라진 자리에는 천황의 모습도 아마의 모습도 남아 있지 않았다. 참으로 가슴 아픈 일이었다.

천황의 어머니인 켄레이몬인도 뒤를 이어 바다로 들어갔으나 그녀는

겐지에 의해 목숨을 건졌다. 요시쓰네는 그 모습을 보고,

"귀하신 분들이 바다로 들어가신 모양이다. 실례가 있어서는 안 되니 정중하게 구해드리도록 하라."라고 병사들에게 명령했다.

천황이 이미 바다로 들어갔으니 사실상 모든 것이 끝이었다. 그때 노토의 카미 노리쓰네는 오늘이 마지막이라는 듯 이리저리 칼을 휘둘러 분전에 분전을 거듭하며 요시쓰네를 찾아다녔다. 그러다 운 좋게도 요시쓰네의 배와 맞닥뜨렸다. 노리쓰네는 빙그레 웃으며,

"거기에 계신 분이 대장 요시쓰네시오?"라고 말한 뒤 투구를 벗고 갑옷의 소매를 뜯어내더니 훌쩍 요시쓰네의 배로 뛰어들었다. 요시쓰네도 노리쓰네와 맞붙어서는 안 되겠다 싶었기에 2길(6m)쯤 떨어져 있는 배로 뛰어 옮겨가더니 역시 빙그레 웃으며 노리쓰네를 돌아보았다. 그렇게 되자 노리쓰네는 뒤를 따라갈 수가 없었다.

"달아날 셈이로구나."라고 말한 채 그대로 서 있었다. 노리쓰네도 더는 방법이 없었기에,

"누구든 상관없으니 나를 생포하라."라며 팔을 크게 벌리고 주위를 노려보았다. 그러자 겐지의 사무라이 가운데서도 서른 명의 힘과 맞먹는 장사라 일컬어지는 아키 사네카타(安芸 実方)가 동생과 가신 한 명과 함께 노리쓰네를 향해 달려들었다. 순간 노리쓰네가 갑자기 그 가신을 발로 차고 형제 두 사람을 양 옆구리에 힘껏 끌어안더니,

"함께 저승길로 가자."라고 말하며 그대로 바다에 뛰어들었다. 이 모습을 본 헤이케의 대장들 모두 바다에 뛰어들기도 하고 배를 가르기도 했으나 가장 으뜸가는 대장인 무네모리 부자만은 그저 허둥지둥할 뿐, 아무래도 죽을 생각은 하지 않았다. 하는 수 없이 헤이케

사람이 둘을 바다로 밀어 떨어뜨렸으나 마침 두 사람 모두 헤엄을 칠 줄 알았기에 부자가 바다 속에서 서로의 얼굴만 바라볼 뿐, 물에 잠기려고는 하지 않았다. 그러다 마침내 겐지 사람들에게 잡혀 생포당하고 말았다.

헤이케는 여기서 완전히 멸망해버리고 말았다.

3개의 신기[79] 가운데 거울은 배 안에 남아 있었다. 구슬은 일단 바다에 떨어졌다가 다시 떠올랐기에 주워올렸다. 단, 보검만은 바다에 가라앉아버리고 말았다. 4월 25일에 요시쓰네는 거울과 구슬을 쿄토로 가져가게 했다. 같은 달 26일에는 무네모리 부자와 포로들이 쿄토에 도착했다.

봄을 맞은 도읍에서 아름다운 붉은 깃발은 그 자취를 감추었으며, 새로 돋아난 잎과 어울리는 겐지의 백기만이 시원한 바람에 펄럭이고 있었다. 오랜 세월 시달리던 겐지가 마침내 세상에 나온 것이었다. 모두가 기뻐했을 것이다. 특히 그 업적의 대부분을 자신의 손으로 이룬 요시쓰네는 얼마나 기뻐했을지. 얼른 형을 만나 오래도록 이야기를 나누고 싶다며 무네모리를 데리고 카마쿠라로 향했다.

---

79) [神器] 일본 황실에 대대로 내려온다는 거울, 검, 구슬. 황위의 상징으로 여겨진다.

10. 코로모가와에서의 최후

겐랴쿠(元曆) 2년(1185) 5월, 요시쓰네는 무네모리 등을 데리고 카마쿠라로 향했다. 그달 15일에 사가미의 사카와(酒勾)로 들어갔고 거기서 편지를 보내,

"내일이면 카마쿠라에 도착합니다."라고 형 요리토모에게 고했다. 그러나 그보다 앞서 요시쓰네와 사이가 좋지 않은 카지와라 카게토키가 요리토모 앞으로 나가서,

"지금 우리 일본에서 나리의 명령에 따르지 않는 자는 한 사람도 없습니다. 단, 아우 되시는 요시쓰네 나리야말로 유일한 적입니다. 이치노타니에서 타이라노 시게히라(平 重衡)를 생포했을 때도 저는 노리요리 나리께 보내자고 했으나, 요시쓰네 나리께서는 내가 히요도리고에에서 공격했기에 포로로 잡을 수 있었던 것이니 시게히라를 내게 데려오라며, 형님을 형님으로도 알지 않는 모습이었습니다. 머지않아 나리께도 활을 겨눌 것입니다."라고 좋지 않게 말했기에 요리토모는 그 말을 믿고 기껏 돌아온 요시쓰네를 카마쿠라로 불러들이지 않았다.

그런 줄도 모르고 요시쓰네는 이튿날, 카마쿠라 서쪽의 코시고에(腰越)라는 곳까지 갔는데 거기서 기다리고 있던 호조 토키마사가,

"포로는 제게 건네주시고 나리께서는 여기서 기다리시기 바랍니

다."라고 말했다. 요시쓰네는 형에게 칭찬을 들을 줄로만 알았지 야단을 맞으리라고는 꿈에도 생각지 못했었다. 참으로 어처구니가 없어서,

"이건 또 어찌 된 일이란 말입니까? 작년 봄에는 키소(요시나카)를 멸망시켰고, 올 봄에는 헤이케를 멸망시키고 신기를 쿄토로 돌려보냈으며 대장인 무네모리를 생포하여 데리고 여기까지 왔는데 형님의 얼굴조차 뵐 수 없다니, 저로서는 그 이유를 조금도 알 수가 없습니다."

라고 말했으나, 어쨌든 형님의 명령이라기에 요시쓰네는 어쩔 수 없이 코시고에의 만푸쿠지(滿福寺)라는 절에 머물며 형의 명령을 기다렸다. 그러나 아무리 기다려도 연락이 없었다. 달리 방법이 없었기에 요시쓰네는 6월 5일에 그 절에서 오오에 히로모토(大江 広元) 앞으로 편지를 보냈다. 그 편지에,

〈요시쓰네는 형님을 대신하여 서쪽으로 가서 한편으로는 조정의 적을 치고, 다른 한편으로는 겐지의 치욕을 되갚아주고 왔습니다. 형님께 칭찬을 들을 일은 있어도, 결코 야단을 맞으리라고는 생각지 못했습니다. 그런데 지금은 형님의 얼굴조차 뵙지 못하고 있습니다. 이는 틀림없이 누군가의 모함인 듯합니다. 저는 어렸을 때 아버지를 잃고 간신히 목숨만은 건졌으나 일본에 몸을 둘 곳조차 없어 멀리 시골에 숨어살며 여러 가지 고난과 치욕을 겪어왔습니다. 다행히 때가 찾아와서 조정의 적을 멸하라는 명령을 받았기에 키소와 헤이케 등의 커다란 적을 쓰러뜨렸습니다. 그를 위해서 어떤 때는 험한 절벽 위로 말을 달리게 했으며, 또 어떤 때는 거친 파도가 몰아치는 바다 속을 몸의 위험도 돌아보지 않고 나아갔습니다. 이 모두는 오로지 집안을 위해서, 나라를 위해서 행한 일이었습니다. 이제는 그 소망을

전부 이루었으며, 지금은 단지 형님을 한번 뵙고 싶을 따름입니다. 모쪼록 나리의 힘으로 형님의 마음을 풀어주시기 바랍니다.〉라고 진심을 담아 보냈으나 히로모토가 묵살한 것인지 요리토모가 받아들이지 않은 것인지, 아무런 대답도 없었다. 어쩔 수 없이 일단 요리토모에게 넘겨주었던 무네모리 부자를 데리고 다시 쿄토로 돌아갔다. 무네모리는 그 길을 가는 도중에 오우미의 시노하라(篠原)라는 곳에서 목이 잘리고 말았다.

쿄토로 돌아온 요시쓰네는 호리카와(堀川)라는 곳에서 살고 있었다. 그런데 요리토모가 토사보 마사토시(土佐坊 昌俊)라는 자를 보내서 요시쓰네를 죽이려 했다.

눈치가 빠른 요시쓰네였기에 일찌감치 그 사실을 알고 마사토시를 불러,

"무슨 일로 쿄토에 왔는가?"라고 물었다. 마사토시가,

"저는 원래 나라의 승려였기에, 나라의 절로 돌아가는 길에 들렀습니다."라고 거짓으로 고했으나 요시쓰네는,

"그런가? 사실은 형님의 명령으로 나를 죽이러 온 것이겠지. 내 지금 당장 그대를 잡아들이고 싶지만 형님의 사자이니 내가 함부로 할 수는 없네. 언제든 상관없으니 공격을 해오게. 내 그때는 상대를 해줄 테니."라며 그대로 돌려보냈다. 그런데 그날 밤 마사토시가 60명의 병사들을 이끌고 와서 요시쓰네의 저택을 공격했다. 요시쓰네는 단 7명의 가신들과 함께 그들을 물리쳤다.

마사토시가 요시쓰네에게 졌다는 소식이 카마쿠라에 전해지자 요리토모는 크게 화를 내고, 이번에는 스스로 정벌에 나서겠다며 그 준비에

들어갔다. 이 소문이 쿄토에 전해지자 요시쓰네는 이대로 쿄토에 머물렀다가는 세상이 시끄러워지리라 생각했기에 어느 날 법황의 어전으로 들어가,

"저는 지금 좋지 않은 자의 이간질에 걸려 형님께서 저를 치려 하고 있습니다. 이대로 쿄토에 머물면 싸움으로 도읍이 어지러워져 폐하께 심려를 끼쳐드리고 백성에게는 피해를 줄 것이라 여겨집니다. 하여 사이코쿠로 갈 생각이니, 사이코쿠 사람들이 저를 도와줄 수 있도록 인젠을 내려주시기 바랍니다."라고 말했다. 이렇게 해서 법황의 편지를 손에 넣은 요시쓰네는 분지(文治) 원년(1185) 11월 3일에 쿄토를 출발했다. 그때 그를 따르던 병사는 300명쯤이었다. 쿄토 사람들 모두 요시쓰네를 가엾이 여기며 배웅했다. 요시쓰네는 오오사카 부근으로 가서 배에 올랐는데 도중에 커다란 파도를 만나 배가 스미요시(住吉)의 포구 쪽으로 흘러갔다. 달리 방법이 없었기에 요시쓰네는 데리고 있던 병사들과 헤어져 겨우 몇 명만을 데리고 요시노야마(吉野山)로 은밀히 숨어들었다.

꽃이 만발하는 요시노도 그때는 눈에 뒤덮여 있었으며 살을 엘 것 같은 바람이 불었다. 일본 어디에도 몸을 숨길 만한 곳이 없는 요시쓰네 주종은 차가운 눈 속을 터벅터벅 걸어 이리저리 돌아다니다 킷스이인(吉水院)에 대엿새 정도 숨어 있었으나, 그 산속으로도 이미 요시쓰네를 잡으려는 자들이 와 있었기에 추인다니(中院谷)라는 곳으로 장소를 옮겨 숨어 있었다. 그러자 요시노의 승병 여럿이 요시쓰네를 잡기 위해 몰려왔다. 요시쓰네는 요시노에도 머물 수 없게 되었기에 요시노가와(강) 부근까지 달아나 거기서 얼마 남지 않은 가신들과도

헤어진 뒤, 다시 쿄토로 숨어들었다. 그러나 오래 머물 수는 없었기에 벤케이 등 대여섯 명의 가신들만 데리고 수행자로 변장하여 홋코쿠를 지나 예전에 살던 후지와라노 히데히라의 집으로 향했다.

요시쓰네를 따라간 가신은 약 10명쯤이었다. 이들 일행은 분지 3년(1187) 2월에 간신히 무쓰에 도착했다. 히데히라가 살고 있는 히라이즈미(平泉)까지도 얼마 남지 않았기에 요시쓰네는 안도의 한숨을 내쉬며 자신이 돌아왔다는 사실을 히데히라에게 알리게 했다.

히데히라는 오우의 2개 쿠니를 영유하고 있어서 세력도 상당히 강한 자였다. 요시쓰네가 돌아왔다는 말을 듣고는 기뻐하며 아들인 야스히라(泰衡)를 도중까지 마중 나가게 했다. 그리고 타카다테(高館)라는 곳에 있는 요새를 수리하여 요시쓰네에게 내주었다. 거기에 갑옷과 투구에서부터 여러 가지 도구, 활과 말, 군량까지 잔뜩 싣고 와서 더없이 극진하게 대우해주었다. 요시쓰네는 비로소 자신의 집에 돌아온 것처럼 편안히 잠을 잘 수 있었다. 오래 전에 이 히데히라의 집을 나선 그는 형을 위해서 천신만고 끝에 헤이케를 쓰러뜨리고 마침내는 정벌을 했다 싶었는데, 더는 형을 만날 수도 없게 되었으며 커다란 죄를 지은 자처럼 어디를 가나 그를 잡으려는 사람들뿐이었다. 생각해보면 고생을 맛보기 위해 나선 것이나 조금도 다를 바 없는 일처럼 여겨졌다.

요시쓰네가 히데히라에게로 갔다는 소식이 카마쿠라에 전해지자 요리토모는 히데히라에게 당장,

"요시쓰네를 건네라."라고 말했으나, 히데히라는 요시쓰네를 건네 주려 하지 않았으며 더욱 극진하게 데리고 있었다.

그런데 그해 10월에 히데히라가 병에 걸리고 말았다. 더는 나을 가망도 없었기에 히데히라는 자식들을 머리맡으로 불러,

"내가 눈을 감으면 카마쿠라에서 틀림없이 요시쓰네 나리를 치라는 명령을 내릴 것이다. 그리고 일에 성공을 거두면 히타치노쿠니를 상으로 내리겠다고 말할 것임에 틀림없다. 그러나 그 명령에 따라서는 안 된다. 요시쓰네 나리를 소중히 모시고 있기만 하면 우리 집안은 평안할 것이나, 혹시라도 카마쿠라의 명령에 따른다면 우리 집안은 멸망하고 말 것이다. 혹여 카마쿠라에서 병사를 일으켜 공격해온다 할지라도 요시쓰네 나리를 대장군으로 삼아 싸우면, 설령 일본의 모든 병사들이 몰려온다 할지라도 지는 일은 없을 것이다. 나의 이 유언을 반드시 지켜야 한다."라는 말을 남기고 세상을 떠났다.

히데히라가 숨을 거두었다는 소식을 들은 요시쓰네는 히라이즈미로 달려가 죽은 히데히라를 끌어안고,

"아버지께서 돌아가셨을 때보다 더 슬프구나."라며 눈물을 흘렸다.

히데히라가 세상을 떠나고 나자, 아니나 다를까 요리토모로부터 요시쓰네를 죽이라는 명령이 내려왔다. 그러나 야스히라는 그 말을 듣지 않았다. 두 번째 사자가 찾아왔다. 그래도 야스히라는 명령에 따르지 않았다. 분지 5년(1189) 2월에 세 번째 사자가 왔다. 야스히라도 이때부터는 갈등을 하기 시작했다. 그리고 결국에는 요시쓰네를 죽이기로 마음을 정했다.

그해 4월에 야스히라는 3만의 대군을 이끌고 가서 타카다테를 포위했다. 이때 요시쓰네의 병사는 겨우 10명쯤밖에 되지 않았다. 3만 명과 10명은 서로 비교할 것조차 없는 숫자였다. 그러나 그 3만

명은 겨우 10명에게 쫓겨 몇 번이고 달아나야 했다. 달아났다가는 다시 몇 번이고 공격해 들어왔다. 요시쓰네는 무익한 살생은 하기 싫다며 마침내 자결을 하고 말았다. 그때 나이는 31세였다.

야스히라가 요시쓰네의 목을 카마쿠라로 보냈으나, 요리토모는 차마 그 목을 보지 못했다고 한다.

야스히라는 요시쓰네의 목을 친 공로로 상을 받을 것이라 기다리고 있었으나, 상을 내리기는커녕 요리토모는 그해 7월에 28만의 병사들을 이끌고 야스히라 정벌에 나섰다. 이렇게 해서 야스히라는 단번에 멸망해버리고 말았다.

이 모든 것이 아버지의 유언을 듣지 않고, 생각이 짧았기에 벌어진 일이었다.

11. 첫 번째 쇼군

요리토모가 행방을 감춘 요시쓰네를 찾고 있을 때의 일이었다. 오오에 히로모토가,

"요시쓰네 나리의 행방을 알 수 없는 것뿐만이 아닙니다. 헤이케의 잔당들과 그 외의 불순한 자들이 아직 곳곳에 숨어 있습니다. 그들이 싸움을 일으켰을 때, 카마쿠라에서 병사를 보내려 해도 먼 곳이라면 때를 놓치고 맙니다. 그러니 일본 전국에 슈고(守護)와 지토(地頭)를 두어 이러한 자들을 다스리는 것이 어떻겠습니까? 그렇게 하면 틀림없이 천하를 잘 다스릴 수 있을 것입니다."라고 권했다. 이에 요리토모는 바로 조정에 청해서 전국에 슈고와 지토를 두었다. 슈고는 전쟁과 불순한 자를 찾아내는, 즉 군사와 경찰업무를 맡았으며, 지토는 세금을 거두는 일을 맡았다. 이 슈고와 지토가 훗날 다이묘가 되는데, 이는 나라를 다스리는 데 매우 편리한 수단이었다.

이후 요리토모는 켄큐(建久) 3년(1192) 7월에 세이이타이쇼군(征夷大将軍)이 되었다. 이 관직은 원래 사카노우에노 타무라마로처럼 에조(원주민)를 정벌하는 임무를 수행하는 자리였으나, 요리토모는 이 관직을 얻어 일본의 정치를 행하는 임수를 수행했다. 그리고 사람들은 그를 단지 '쇼군'이라고만 불렀다. 이 쇼군이 행하는 정치를 무가정치라고 하고, 그 정치를 행하는 곳을 막부(幕府)라고 했다. 요리토모의

막부는 카마쿠라에 있었는데 이 카마쿠라 막부는 140년 동안 이어졌다. 이 시대를 역사에서는 카마쿠라 시대라고 부른다.

원래 일본의 정치는 천황이 행하게 되어 있었으나 후지와라 씨가 그 권리를 쥐고 흔들기도 하고 타이라노 키요모리가 제멋대로 정치를 행하기도 했기에 조정에서도 난처해하고 있을 때 그 헤이시를 쓰러뜨린 것이 요리토모였으며, 그 요리토모의 가신들이 일본 전국에 슈고와 지토로 부임하여 각 지방을 다스리기 시작했기에 천황도 이렇게 된 이상 정치의 권리를 요리토모에게 맡기는 것이 편리하겠다고 생각했다. 따라서 요리토모는 일본의 정치를 행하면서도 천황을 조금도 소홀히 하지 않았으며 늘 조정을 존중했기에 요리토모를 좋지 않은 자라 여기는 사람은 아무도 없었다.

정치를 행함에 있어서 요리토모는 늘 소박함과 검약을 강조했다. 이는 헤이시가 너무나도 사치스러워서 단시간에 망한 것을 직접 보았을 뿐만 아니라, 사치는 사람을 게으르게 하고 가난하게 하는 근본, 나라를 유약하게 하는 근원이라고 생각했기 때문이기도 했다. 막부를 카마쿠라에 둔 것도 쿄토처럼 화려한 곳에 있으면 사치스러워지기 쉽기에, 변방인 카마쿠라에 머물러야 무사들이 사치스러워지는 것을 막을 수 있다고 생각했기 때문이었다.

요리토모의 가신 가운데 후지와라 토시카네(藤原 俊兼)라는 자가 있었다. 그는 학문도 깊고 지혜롭기도 해서 요리토모가 아끼는 자였는데, 멋부리기를 좋아해서 한번은 아름다운 옷을 11겹이나 겹쳐 입고 요리토모 앞으로 나아갔다. 그러자 요리토모는,

"그대는 영리한 자인 줄 알았는데, 검약이라는 말을 모르는 겐가?

그 차림은 대체 뭔가!? 그대보다 옷이 훨씬 더 훌륭하게 보이지 않는가!? 그처럼 사치스러운 짓을 해서는 안 되네."라고 말하며 기껏 차려입고 온 아름다운 옷의 자락을 칼로 베어버리고 말았다. 여기에는 토시카네도 깨달은 바가 있어서,

"앞으로는 주의하겠습니다."라며 이후부터는 그런 차림을 하지 않았다고 한다.

요리토모의 오슈 정벌 이후, 일본에서는 더 이상 커다란 전쟁이 일어나지 않았기에 어느 틈엔가 무사들도 게을러지고 말았다. 몸이 게을러지면 아무래도 기운이 떨어지게 마련이다. 기운이 떨어진 병사는 싸움이 벌어졌을 때 아무런 도움도 되지 않는다. 그랬기에 요리토모는 전쟁이 사라진 뒤에도 무사들이 무사정신을 잃지 않도록 늘 궁술과 마술을 연마하게 했으며 사냥이나 씨름 등을 하게 했다. 시모쓰케의 나스노(那須野)나 후지(富士)의 스소노(裾野) 등은 요리토모가 다이묘들을 불러 대대적으로 사냥을 했던 장소다.

이러한 무가정치는 요리토모에서 시작되어 메이지 유신(明治維新)에 이르기까지 약 700년 동안이나 계속되었다.

(1) 시게모리가 죽은 이후, 키요모리는 마침내 법황을 가두는 등 횡포를 부렸다.

(2) 미나모토노 요리마사가 법황의 아들인 모치히토 왕의 영지를 받아 그것을 전국의 겐지에게 전했다.

(3) 요리마사도 모치히토 왕을 받들어 군대를 일으켰으나 우지의 뵤도인에서 전사했으며, 모치히토 왕도 목숨을 잃었다.

(4) 모치히토 왕의 영지에 따라 요리토모가 이즈에서 거병했다.

(5) 요리토모가 거병했다는 소식을 듣고 키요모리는 손자인 코레모리를 대장으로 삼아 정벌케 했으나 코레모리는 후지카와에서 달아나버리고 말았다.

(6) 이때 요시쓰네도 무쓰에서 나와 요리토모를 도왔다.

(7) 미나모토노(키소) 요시나카도 시나노에서 거병하여 홋코쿠에서부터 헤이케를 공격해 들어갔다. 이번에도 코레모리가 요시나카 정벌에 나섰으나 쿠리카라다니에서 패하여 쿄토로 달아났다.

(8) 요시나카가 쿄토를 공격하자 헤이시는 안토쿠 천황을 데리고 큐슈로 달아났다.

(9) 요시나카가 쿄토에서 횡포를 부리자 요리토모가 요시쓰네와 노리요리에게 명령하여 그를 정벌케 했다. 요시나카는 오우미의 아와즈에서 전사하고 말았다.

(10) 그 사이에 헤이시는 이치노타니까지 와서 성을 쌓고 거기에 머물렀으나 요시쓰네와 노리요리의 공격을 받아 사누키의 야시마로 달아났다.

(11) 야시마로 달아난 헤이시는 그곳도 요시쓰네의 공격을 받자 나가토의 단노우라로 달아났다.

(12) 헤이시는 단노우라에서 마침내 멸망하고 말았다.

(13) 이후 요리토모는 일본을 다스릴 권리를 자신의 손에 넣었다.

(14) 요리토모는 높은 관위를 바라지 않았으며, 소박함과 검약을 권하고 사치를 경계했다.

(15) 1192년에 요리토모는 세이이타이쇼군의 자리에 올랐다. 이것이 무가정치의 시작이었다.

제5장 고토바 상황

1. 비구니 쇼군

켄큐 9년(1198), 고토바 천황은 황위를 쓰치미카도(土御門) 천황에게 물려주고 상황이 되었다.

이해에 요리토모가 말에서 떨어져 병을 얻었으며, 그 이듬해인 쇼지(正治) 원년에 53세의 나이로 세상을 떠났다. 그 53년 동안 요리토모는 슬픔도 겪고 고난도 맛보았다. 그러나 슬픔을 겪을 때마다 마음을 다잡고 고난을 맛볼 때마다 더욱 힘을 내서 마침내는 쇼군의 자리에까지 올랐다. 요리토모는 천성적으로 성공할 수 있으리라는 확신이 없는 일에는 결코 손을 대지 않았다. 이처럼 신중한 성격 덕분에 쇼군의 자리에 오른 것이며, 예전에는 없던 형식으로 일본을 다스릴 정치적 권리까지 자신의 손에 넣을 수 있었던 것이리라.

그러나 요리토모의 좋지 않았던 점은 의심이 많았다는 점이다. 카지와라 등의 참언을 가볍게 받아들여 요시쓰네와 노리요리 등의 형제를 비롯하여 충의로운 가신을 여럿 죽였다. 그랬기에 자신이 죽었을 때에는 겐지를 위해서 힘을 써줄 자가 아무도 남지 않게 되었다.

그것이 원인이 되어 채 3대가 지나기도 전에 겐지의 혈통이 끊어져버리는 난처한 상황에 처하고 말았다. 따라서 겐지를 멸망시킨 것은 요리토모였다고 해도 좋으리라. 카마쿠라에는 요리토모의 무덤이 아직도 남아 있는데, 이것이 쇼군의 무덤일까 놀랄 정도로 작고 초라하다. 이는 그의 자손이 없어서 누구 하나 그 무덤을 돌보려는 자가 없었기 때문이다. 이를 닛코(日光)에 있는 토쿠가와 이에야스의 무덤과 비교해보자면 너무나도 현격한 차이에 말문이 막힐 정도다.

노리요리가 목숨을 잃은 것도 아주 사소한 일 때문이었다. 켄큐 4년(1193)에 요리토모는 후지의 스소노에서 사냥을 했다. 닛타 시로 타다쓰네가 날뛰는 멧돼지를 잡은 것도 이때의 일이었다. 그 사냥터에서 소가(曽我) 형제가 아버지의 원수인 쿠도 스케쓰네(工藤 祐経)를 살해했다. 그런데 이때 소가 주로는 닛타 시로에 의해서 목숨을 잃었으나, 동생인 고로는 수많은 자들과 싸우면서도 요리토모가 머물고 있는 곳까지 난입했다. 이 소동에 대한 소문이 곧 카마쿠라에까지 전해졌는데, 그때 카마쿠라를 지키고 있던 사람이 노리요리였다. 그런데 그 소문은 요리토모가 고로에게 살해당했다는 잘못된 정보였다. 이를 들은 마사코는 어찌 그런 일이 일어났느냐며 슬피 눈물을 흘렸다. 그러자 노리요리가 마사코를 위로하기 위해서,

"형수님, 참으로 애통한 일입니다만, 이제 와서는 어찌 해볼 수도 없습니다. 지금부터는 이 노리요리가 힘이 되어드리도록 하겠습니다. 모쪼록 마음 놓으시기 바랍니다."라고 말했다. 이는 동생으로서 형수를 위로하기 위한 아주 당연한 말이었다. 그런데 그 소문은 잘못된 정보였으며, 요리토모는 그해 6월 6일에 카마쿠라로 무사히 돌아왔다. 마사코

와 노리요리 모두 다행이라며 크게 기뻐했으나, 돌아온 요리토모는 노리요리가 형수를 위로했다는 말을 듣더니 그를 의심하기 시작했다.

'노리요리 놈, 내가 죽기를 바라고 있는 것일까? 어쩌면 쇼군의 자리를 노리고 있는 것일지도 모르겠군. 뻔뻔한 놈.'

그러나 노리요리는 뻔뻔하기는커녕 매우 소심한 사람이었다. 그랬기에 자세한 사정을 편지로 써서 요리토모에게 보냈다. 그런데 그 편지에 이름을 '미나모토노 노리요리'라고 적었다. 이것도 특별히 이상한 일은 아니었으나 그것을 본 요리토모는,

"뭣이, 미나모토노 노리요리라고! 미나모토라는 성을 써도 된다고 생각했단 말이냐. 녀석은 이미 다른 집의 양자가 되지 않았느냐. 역시 쇼군이 되려는 마음이 있는 게다!"라며 화를 냈다. 노리요리는 어찌해야 좋을지 알 수가 없다. 몸을 한껏 움츠린 채 형의 용서를 기다리고 있었는데, 노리요리의 가신 가운데 타이마 타로(当麻 太郎)라는 자가 있었다. 주인이 근심하는 모습을 보자 가만히 있을 수가 없었다. 요리토모가 무슨 생각을 하고 있는지 알아보기 위해 매일 밤 요리토모의 집으로 가 마루 밑에 숨어서 그 모습을 엿보았다. 그런데 불행하게도 그가 발각되어 붙들리고 말았다. 그러자 요리토모는 노리요리가 자신을 살해할 목적으로 가신을 마루 밑으로 숨어들게 한 것이라고 생각했다. 이에 요리토모는 타이마를 처형하고 노리요리를 이즈의 슈젠지(修禅寺)로 내쫓았다. 그래도 여전히 마음이 놓이지 않았기에 요리토모는 카지와라 카게토키를 보내서 노리요리를 살해케 했다.

이 카게토키라는 자는, 이시바시야마 전투에서 요리토모를 도운 이후 요리토모의 신용을 얻게 되었으며 또 여러 가지로 도움이 되는

사람이기도 했는데, 그러한 입장을 이용해서 자신의 마음에 들지 않는 자는 누구든 상관하지 않고 요리토모에게 참언을 했기에, 그로 인해서 얼마나 많은 사람이 목숨을 잃고 불행을 맛보게 되었는지 이루 헤아릴 수도 없을 정도였다. 그랬기에 요리토모가 죽은 지 1년쯤 지났을 때, 여러 사람들의 미움을 받아 카마쿠라에서 쫓겨나고 말았다. 그렇게 되자 카게토키도 어쩔 수 없이 아들인 카게스에와 함께 쿄토로 가기 위해 길을 나섰으나, 그 도중에 스루가노쿠니에서 결국은 살해당하고 말았다. 카마쿠라의 무사들 모두,

"통쾌하구나."

"천벌이 내린 것이다."라며 누구 하나 딱하게 여기는 자가 없었다.

요리토모가 세상을 떠난 뒤 그의 아들인 요리이에(頼家)가 겐지의 2대 쇼군에 올랐으나, 그는 아버지만큼 훌륭한 인물은 아니었다. 그랬기에 정치는 어머니인 마사코가 자신의 아버지인 호조 토키마사와

동생인 호조 요시토키(北条 義時)와 상의하여 행했다. 이때 마사코는 머리를 깎고 비구니가 되어 있었기에 세상에서는 그녀를 '비구니 쇼군(아마쇼군)'이라고 부르며 두려워했다.

2대 쇼군인 요리이에는 그저 이름뿐인 쇼군으로 아무런 도움도 되지 않았을 뿐만 아니라 어머니의 말은 조금도 듣지 않고 제멋대로 행동했다. 게다가 쇼군에 오른 이듬해에 병에 걸려서 안 그래도 도움이 되지 않던 자가 더욱 쓸모없게 되어버리고 말았다. 이에 마사코도, "이래서는 도저히 가망이 없다."라며 이즈의 슈젠지로 보내버리고 그 동생인 사네토모(実朝)를 쇼군의 자리에 앉혔다. 그때 사네토모는 겨우 12세였기에 제아무리 영리하다 할지라도 아직 정치를 행할 수는 없었다. 정치는 역시 비구니 쇼군이 행했다. 그리고 그녀를 도운 것이 호조 토키마사 부자였다.

그러나 호조 토키마사 부자는 진심으로 겐지를 위해서, 일본을 위해서 진력을 다한 것이 아니었다. 어떻게 해서든 호조 씨의 세력을 다져야겠다는 야심을 품고 있었기에 쇼군을 돕기보다 쇼군을 제거하고 싶다는 생각을 마음속에 품고 있었다.

요리이에는 슈젠지에 머물며 따분한 날들을 보내고 있었다. 이에 토키마사는 마침 좋은 기회다 싶어 요리이에를 얼른 죽여야겠다고 생각했다. 겐지의 세력을 조금이라도 약화시키고 호조의 세력을 조금이라도 더 강화시키고 싶었기 때문이었다. 토키마사는 은밀히 사람을 보내서 상황을 살펴보게 했다. 그런데 요리이에는, 영리한 사람은 아니었으나 상당히 날랜 사람이었기에 자칫 잘못했다가는 일을 그르칠 우려가 있었다. 결국은 요리이에가 알몸이 되어 목욕탕에 들어가 있을 때 목을 향해 올가미를 던져 마치 들소를 잡을 때와 같은 비겁한 방법으로 숨통을 끊어놓고 말았다. 아무리 겐지라 할지라도 요리이에는 토키마사의 손자였다. 그 손자를 이런 방법으로 죽이다니 귀신보다도 매정한 사람이라고 하지 않을 수 없다.

호조 토키마사는 요리이에만 살해한 것이 아니었다. 겐지를 위해서 진력을 다한 히키 요시카즈(比企 能員)와 닛타 시로도 죽였으며, 가장 충성스러운 자라 일컬어지던 하타케야마 시게타다까지도 차례로 죽이고 말았다. 이렇게 해서 겐지의 손발을 전부 끊어놓은 뒤, 마지막으로 쇼군인 사네토모마저 제거하려 했다.

사네토모가 쇼군이 되었을 당시에는 아직 어렸기에 토키마사의 집에서 살고 있었다. 토키마사는 쇼군이 아직 어리다는 핑계로 자신의 사위인 히라가 토모마사(平賀 朝雅)를 쇼군의 자리에 앉히려 했다. 그 사실을 안 마사코는 그냥 내버려둘 수 없었기에 군대를 보내 사네토모를 데리고 나와 동생인 요시토키의 집으로 옮기게 했다. 이렇게 되자 토키마사도 명분을 잃었다고 생각한 것인지 머리를 깎고 호조로 돌아가 더는 나쁜 짓을 않겠다는 듯한 태도를 취했다.

이에 토키마사의 아들인 요시토키가 싯켄(執權)의 자리를 이었다. 이 싯켄이라는 자리는 쇼군을 도와 일본의 정치를 행하는 역할인데, 요리토모가 세상을 떠난 이후 호조 씨가 이 중직에 머물렀고, 쇼군의 권리까지도 자신의 것인 양 제멋대로 휘두르며 정치를 행했다. 그리고 요시토키가 싯켄의 자리에 오른 뒤에도 호조 씨는 자신들의 세력을 키우기 위해 늘 고심했다.

이때 카마쿠라에서 이 호조 씨와 함께 커다란 세력을 형성하고 있던 것은 와다 요시모리를 필두로 한 미우라(三浦) 일족이었다. 이 요시모리는 사무라이도코로80)의 벳토(장관)였는데, 겐지를 위해서 진심으로 충성을 다하고 있었다. 또한 전국의 사무라이들도 모두 요시모리를 존경하고 있었기에 호조 씨 입장에서 보자면 이 미우라 일족은 눈엣가시 같은 존재였다. 어떻게 해서든 미우라의 세력을 약화시켜야겠다고 생각했다.

그러한 때, 시나노노쿠니에 이즈미 치카히라(泉 親衡)라는 자가 있었다. 역시 호조 씨의 방자함을 경계하여, 이대로 내버려두었다가는 겐지의 혈통이 끊길지도 모르겠다고 생각했다. 지금 호조 씨를 멸망시켜야겠다며 은밀히 군대를 일으키려 했다. 그 일을 상의하는 자리에 미우라 일족도 두어 명 섞여 있었는데 병사를 일으키기도 전에 요시토키에게 발각되고 말았다. 요시토키가 불과 같이 화를 내며 거기에 가담한 자들을 모두 잡아들였다.

모두 잡아들이기는 했으나 그들 모두, '호조 씨를 멸망시키기 위해서다. 호조는 정치를 제멋대로 행하고, 하타케야마 시게타다를 비롯하여 닛타 시로 등의 충신을 죽였으며, 쇼군이었던 요리이에의 목숨마저 빼앗았을 뿐만 아니라, 이제는 사네토모까지도 죽이려 하고 있다. 이대로 내버려두면 당장에라도 겐지의 혈통이 끊겨 나라를 위해서도 좋지 않기에 멸망시키려 한 것이다.'라고 말했기에 섣불리 죄를 물을 수도 없었다. 이에 마사코와도 상의하여, '호조 씨 일족을 멸망시키려 했다는 것은 그럴 듯한 구실에 지나지 않는다. 마사코도 호조의 일족이

---

80) 侍所. 사법·검찰·무인의 인사 등을 취급하던 관청.

며, 쇼군인 사네토모는 그 마사코의 아들이다. 그러니 쇼군도 호조의 일족이다. 역시 쇼군을 제거할 생각이었던 것이다.' 라는 억지 논리를 내세워 결국은 모두를 죽이기도 하고 멀리 유배보내기도 했다.

미우라 일족의 우두머리인 와다 요시모리는 물론 이 일에 가담하지는 않았으나 자신의 일족이 쇼군을 살해하려 했다는 터무니없는 소리를 듣자 역시 화가 났다. 안 그래도 호조의 방자함이 눈에 거슬렸는데 이런 억지 논리를 펼치자 더는 화를 참지 못하고,

"지금까지는 세상을 떠들썩하게 만들고 싶지 않아 보고도 못 본 척하고 있었다만, 이대로 두었다가는 겐지가 곧 멸망해버리고 말 것이다. 겐지가 멸망한다면 우리 미우라 일족도 호조에 의해서 멸망당하고 말 것이다. 더 생각할 것도 없이 호조 씨와 싸우자."라며 일족을 모았다. 미우라 일족 가운데는 아사히나 사부로(朝比奈 三郎)를 비롯하여, 싸움에 있어서는 귀신도 울고 갈 만큼의 호걸들이 아주 많았다. 그러한 자들이 호조의 저택으로 한꺼번에 몰려든다면 요시토키가 제아무리 방자하고 호조 씨의 세력이 제아무리 강성하다 할지라도 도저히 승산이 없었다.

이에 미우라 일족이 병사를 소집했다는 말을 듣자마자 요시토키는 겁을 먹었다. 그리고 서둘러 쇼군의 저택으로 달려갔다. 달려가서는 쇼군 사네토모 옆에서 한시도 떨어지지 않았다. 따라서 요시토키를 치려면 미우라 사람들은 막부를 공격해야만 했다. 막부를 공격한다는 것은 쇼군을 등지는 일이었다. 또한 미우라 일족에게 동조하는 사무라이라 할지라도 막부를 지키고 있는 이상 미우라 일족과 싸우지 않으면 안 되었다. 미우라 사람들도,

"이 비겁한 요시토키 놈."이라며 분개했으나, 병사를 일으킨 이상 싸움을 하지 않을 수 없었다.

켄포(建保) 원년(1214) 5월 2일, 요시모리가 일족 5천을 이끌고 가서 호조의 저택을 포위했다. 하지만 요시토키가 막부로 달아난 뒤였기에 어쩔 수 없이 막부 쪽으로도 병사를 보냈다. 치열한 전투가 하루 종일 계속되었으나 승패는 아직 알 수가 없었다. 미우라의 기세는 날뛰는 호랑이보다도 더 맹렬했다.

이래서는 버틸 수 없을 것이라 생각한 요시토키가 근방의 사무라이들에게 미우라 일족이 모반을 일으켜 막부를 공격하고 있다, 얼른 와서 쇼군을 지키라는 편지와 사람을 보냈기에 근방 사람들은 미우라 일족이 그런 악행을 저지를 리 없다고 생각하면서도 변고를 알리는 소식이었기에 병사를 모아 차례차례로 달려왔다. 그 때문에 싸움은 사흘쯤 계속되었으며, 딱하게도 미우라 일족은 멸망하고 말았다.

호조 씨에게 있어서 미우라 일족은 유일하게 강력한 대립세력이었는데 결과가 이렇게 되었기에 호조 씨의 기쁨은 이만저만한 것이 아니었다.

"지금부터는 우리들의 천하다."라며 방자함과 무도함이 날이 갈수록 심해졌다.

2. 은행나무 그늘

미우라 일족이 숨을 거둔 뒤부터는 호조 씨의 방자함을 막으려는
자가 아무도 없었다. 또한 요리토모의 혈통 가운데 남아 있는 자라고는
쇼군인 사네토모 외에 요리이에의 아들로 불문에 든 쿠교(公曉) 한
사람밖에 없었다.

요리이에와는 달리 사네토모는 현명한 사람으로 학문도 깊었으며,
특히 시가에 능한 사람이었다. 사네토모가 무사면서도 이처럼 학문이
나 시가의 길에 마음을 둔 것도, '겐지는 그리 오래 가지 못할 것이다.
곧 호조가 우리 집안을 멸망시킬 것이다.'라고 생각했기 때문이었다.

그랬기에 일부러 조정에 청해서 자신의 관직과 관위를 점점 높이게
했다. 켄포 6년(1219) 정월에 정2위 곤다이나곤 사콘에(左近衛)의
추조(中将차관)가 되었고, 3월에는 사콘에의 타이쇼(大将대장)가 되었
으며, 10월에는 나이다이진이 되었고, 12월에는 우다이진에까지 올랐
다.

어느 날 오오에 히로모토가,

"이렇다 할 공도 없는데 고위고관에 오르는 것은 좋지 않습니다."라
고 간언하자 사네토모는,

"그건 나도 알고 있네. 하지만 아무래도 겐지는 오래 계속되지
못할 듯하네. 하다못해 나만이라도 고위고관에 올라 집안의 명예를

남기고 싶다네."라고 대답했는데 그 눈 깊은 곳에서는 슬픔의 눈물이 빛나고 있었다고 한다. 참으로 가엾은 쇼군이었다. 이처럼 외로운 중에 있었으면서도 사네토모는 천황에 대한 충성심만은 잃지 않았다.

우다이진에 오른 것은 27세 때의 12월이었으며, 그 이듬해인 조큐 (承久) 원년(1219) 정월 27일에 겐지의 수호신인 쓰루가오카하치만 구(神社)로 가서 우다이진에 올랐음을 축하하는 식을 거행하기로 했다. 그것은 오후 8시로 예정되어 있었다. 그때 오오에 히로모토가,

"밤에 참배를 가시는 것은 조심스럽지 못한 일이니, 낮에 행하시는 것이 어떻겠습니까?"라고 권했으나,

"밤에 참배를 가는 것은 예로부터 정해진 규칙입니다."라고 말하는 자가 있었기에 그대로 밤에 가서 참배를 하기로 했다. 그러자 히로모토 가 다시,

"저는 지금껏 눈물을 흘린 적이 없었습니다만, 어떤 이유에서인지 오늘만은 흐르는 눈물을 참을 수가 없습니다. 자꾸만 좋지 않은 예감이 듭니다. 그러니 옷 안에 갑옷을 입고 가시기 바랍니다."라고 청했다. 그러자 곁에 있던 자가 이번에도,

"다이진, 타이쇼는 의복 안에 갑옷을 입어서는 안 됩니다."라고 말했기에 갑옷을 입지 않고 그냥 가기로 했다. 마침내 사네토모는 채비를 위해 머리를 새로 묶었다. 그때 스스로 머리카락 하나를 뽑아,

"그대에게 이것을 주겠네."라며 머리를 묶고 있던 자에게 주었다.

머리 묶던 자가 이상히 여기며,

"무슨 일이십니까?"라고 묻자,

"글쎄, 뭔가 기념이라도 될 걸세."라고 말했다. 사네토모는 이때부터

이미 변고가 있을 것이라는 사실을 알고 있었던 듯하다. 그랬기에 집을 나서면서도 정원에 서 있는 매화나무를 보고,

〈길을 나서면 주인 없는 집이 될 테지만, 처마 밑의 매화여 봄을 잊지 말기를〉

이라는 노래를 읊었다.

한편, 앞서 이야기했던 쿠교라는 스님은 요리이에의 아들이었으나 지금까지는 쿄토에 머물고 있었는데, 요시토키가 쿄토에서 그를 일부러 불러들여 쓰루가오카하치만구의 벳토(장관)로 삼았다. 그리고 교묘한 말로 구슬려서,

"도련님의 아버님이신 요리이에를 죽인 것은 사네토모입니다."라고 자신의 죄를 사네토모에게 뒤집어씌웠다. 쿠교는 아직 나이 어리고 사건의 전후사정을 잘 몰랐기에 아버지의 원수는 사네토모라고 믿었으며, 어떻게 해서든 아버지의 원수를 갚아야겠다고 생각했다.

사네토모는 수많은 무사들을 데리고 신사의 문 앞까지 갔다. 거기서부터는 사네토모 혼자 신사 안으로 들어가야 했다. 물론 검을 든 자 하나가 뒤를 따르기는 했다. 그러나 그날 검을 들고 따르기로 한 자는 요시토키였다. 그런데 신사의 문 앞까지 검을 들고 따르던 요시토키가 갑자기 병에 걸렸다며 그 검을 다른 자에게 건네주고 자신은 집으로 돌아가버렸다.

사네토모는 참배를 마치고 신당 앞의 돌계단을 내려왔다. 돌계단의 한가운데쯤에 있는 은행나무 앞까지 왔을 때, 은행나무 뒤에서 수상한 자가 뛰쳐나와서는 사네토모와 검을 든 자를 베고 사네토모의 목을 잘라 가지고 달아났다.

큰일이 벌어지고 만 것이었다. 커다란 소동이 일어났다. 사람들이 범인은 누구냐며 야단법석을 떨고 있을 때 어둠 속에서 커다란 목소리로,

"쿠교가 아버지의 원수를 갚은 것이다."라는 외침이 들려왔다. 쿠교였단 말이냐, 하며 곧 쿠교를 찾아내 잡아들였다. 요시토키는 바로 쿠교를 처형해버렸다. 이때 쿠교는 19세, 사네토모는 28세였다. 이렇게 해서 요시토키의 뜻대로 일이 마무리되었다. 자신의 이름은 조금도 더럽히지 않고, 직접 손을 쓰지도 않고 겐지를 멸망시킨 것이었다.

켄큐 3년(1192)에 요리토모가 쇼군의 자리에 오른 뒤, 이때까지 겨우 3대 27년밖에 흐르지 않았다.

겐지의 쇼군이 사라졌기에 요시토키는 마사코와 상의한 뒤, 쿄토로 가서 고토바 상황의 아들을 맞아들이고 싶다고 청했으나 윤허가 떨어지지 않았다. 그랬기에 쿠조 미치이에(九条 道家)의 아들인 요리쓰네(賴經)를 맞아들여 쇼군으로 삼았다. 요리쓰네는 이때 겨우 2세였다. 요시토키는 이 어린아이를 쇼군의 자리에 앉히고 모든 일을 자신의 뜻대로 주물렀다. 비구니 쇼군인 마사코는, 역시 요시토키의 상담역으로 정치를 돌보았다. 따라서 쇼군이란 이름뿐인 자리가 되었으며, 일본을 다스리는 권리는 전부 호조 씨의 것이 되어버리고 말았다.

3. 조큐의 난

고토바 천황은 일본 정치의 권리가 무가로 넘어간 것을 안타깝게 여기고 있었으나 겐지 3대 동안에는 특별히 이렇다 할 문제도 없었기에 그대로 내버려두었지만, 미나모토노 사네토모가 죽고 난 이후부터 호조 요시토키가 제멋대로 방자하게 구는 모습을 보자 더는 이대로 내버려두어서는 안 되겠다고 생각했다.

그러나 함부로 일을 벌였다가 요시토키를 화나게 하면 오히려 좋지 않은 결과를 맞이하게 될 것이라 여겨졌기에 은밀하게 일을 진행했다.

우선 황위를 쓰치미카도 천황에게 물려주었다. 이는 켄큐 9년 (1198)의 일로, 그 이듬해에 요리토모가 세상을 떠났다. 요리이에가 죽은 해에 쓰치미카도 천황은 황위를 준토쿠(順德) 천황에게 물려주었다. 그리고 조큐 3년(1221)에는 준토쿠 천황이 추쿄(仲恭) 천황에게 자리를 물려주었다. 이렇게 해서 이때는 상황이 3명이나 되었는데 이는 이들 3명이서 호조 정벌을 상의하기 위해서였다.

그리고 각지에서 칼 만드는 장인으로 이름 높은 자들을 몇 명이고 쿄토로 불러들여 도검을 만들게 했다. 이는 싸움에 쓸 도구를 만들게 한 것이었다. 그리고 상황 곁에 무사들을 여럿 두었다.

어느 날, 고토바 상황이 키이의 쿠마노로 참배를 나섰다. 그 길을 가던 도중에, 아버지를 따라나선 귀여운 아이를 하나 발견하여 그 아이를 상황 곁에 두는 사무라이로 삼았다. 그러자 아이의 아버지가 크게 기뻐하며 자신의 영지인 시나노에서 나와 상황을 섬겼다. 이를 들은 요시토키는,

"카마쿠라의 무사가 쿄토에서 사는 것은 옳지 않다."라며 그 영지를 몰수해버렸다. 그 사무라이가 크게 슬퍼하며 상황에게 자신의 영지를 돌려줄 것을 요시토키에게 청해달라고 부탁했다. 그러나 요시토키는 상황의 명령을 듣지 않았다. 이에 상황의 분노는 한층 더 커졌다.

거기에 지금까지 상황의 어소에 노래와 춤에 능한 카메키쿠(亀菊)라는 자가 출입하고 있었다. 그 자의 영지가 셋쓰노쿠니 안에 있었는데 그곳의 지토가 카메키쿠를 우습게 보고 거기서 거둬들인 조세를 횡령했다. 이에 상황이,

"그런 좋지 못한 지토는 교체하도록 하게."라고 요시토키에게 명령했으나 이때도 요시토키는 그 명령을 듣지 않았다. 고토바 상황은 마침내 호조 정벌을 결심했다. 그러자 쓰치미카도 상황이,

"아직 호조를 정벌할 때가 아닙니다."라고 간언했으나, 고토바 상황은 그 말을 받아들이지 않고 토바의 조난지(城南寺)에서 말을 탄 채 활을 쏘는 놀이를 하겠다며 근방에 있는 병사들을 모았다.

병사들을 모을 때까지는 비밀에 부쳤으나, 준비가 끝난 이상 우물쭈물하고 있을 수 없었기에 우선은 막부가 쿄토에 설치한 다이칸(代官)을 공격했다. 이 소식은 곧 카마쿠라에도 전해졌다.

쿄토에서의 소동이 카마쿠라에 전해지자 마사코는 곧 수많은 무사들을 모아놓고,

"상황께서 지금 호조를 정벌하라는 인젠(상황의 명령)을 내리셨습니다.

이 점에 대해서 여러분은 어떻게 생각하십니까? 여러 분은 모두 요리토모 나리의 은혜를 입으신 분들뿐이니, 지금이야말로 그 은혜를 갚을 때라고 생각지 않으십니까? 하지만 개중에는 천황, 상황 쪽으로 가고 싶다고 생각하시는 분들도 계실지 모르겠습니다. 그런 분들은 지금 바로 상황 쪽으로 가시기 바랍니다."라고 말했다. 사무라이들은,

"하찮은 날짐승조차 은혜를 잊지 않는 법입니다. 하물며 저희는 커다란 은혜를 입어온 자들입니다. 들판의 끝이든 길가든 죽으라는 곳에서 목숨을 바칠 각오입니다. 지금이라도 저희가 가야 할 곳을 말씀해주시기 바랍니다."라고 눈물을 흘릴 듯 말하며 누구 하나 상황 쪽으로 가려는 자가 없었다.

이에 요시토키가 다시,

"나는 천황을 위해서 충성을 바쳤을 뿐, 아직 한 번도 불충을 저지른 적이 없네. 그런데 폐하께서 노여워하시다니, 누군가 참언을 한 것임에 틀림없네. 하루라도 빨리 그 결백의 증거를 찾지 않으면 안 되네."라고 참으로 선인인 양 말했다.

그러자 아들인 야스토키(泰時)가,

"아버지, 상황께서 호조를 정벌하겠다고 말씀하신 데에는 틀림없이 이유가 있을 것이라 여겨집니다. 분명히 어떤 이유로 노여움을 산 것이라 여겨집니다. 우선은 아버지께서 쿄토로 올라가셔서 사죄의 말씀을 올리는 것이 어떻겠습니까? 만약 정말로 책망받을 만한 일이 있어서 그래도 용서를 해주시지 않으신다면, 그때는 벌을 받아도 어쩔 수 없는 일입니다. 군대를 쿄토로 향하게 하는 것은 좋지 않은 일입니다."라고 간언했으나 요시토키는,

"아니, 나는 천황이나 상황께 불충을 저지르려는 것이 아니다. 이런 일이 벌어진 것은 어소에 드나드는 자 가운데 이번 일을 권한 자가 있었기 때문일 것이다. 나는 드나드는 자 가운데 좋지 않은 자들을 처단하지 않을 수 없다. 그 일을 위해서 군대를 쿄토로 보내려 하는 것이다."라며 그 자리에서 동생인 토키후사(時房)와 아들인 야스토키를 대장군으로 삼아 쿄토를 공격케 했다. 이는 조큐 3년 (1221) 5월의 일이었다. 토카이도에서 10만 명, 토산도에서 5만 명, 호쿠리쿠도81)에서 4만 명, 총 19만여의 대군이 쿄토를 향해 출발했다.

고토바 상황은 요시토키처럼 좋지 않은 자를 따르는 사람은 얼마 되지 않을 것이라 생각하고 있었기에 그처럼 많은 병사가 몰려온다는 말을 듣고는 크게 놀라고 말았다. 조정의 신하들도 모여든 무사들도 새파랗게 질려버리고 말았다.

야스토키는 아버지의 명령에 따라 어쩔 수 없이 서쪽으로 향하기는 했으나, 도중에 혼자서 카마쿠라로 되돌아왔다. 야스토키의 얼굴을 본 요시토키가,

"어째서 돌아온 것이냐?"라고 묻자 야스토키는,

"만에 하나 천황이나 상황께서 병사를 이끌고 나오신다면 어찌해야 하겠습니까? 그 일을 여쭈러 왔습니다."라고 말했다. 요시토키는,

"그래, 중요한 일을 물으러 왔구나. 천황이나 상황께 활을 겨누는 것은 옳지 못한 일이다. 그때는 활을 내리고 투구를 벗어 항복해라.

---

81) 北陸道. 예전의 7도 가운데 하나로 혼슈 중부의 동해 쪽 연안.

그러나 단지 병사들만 나온다면 그때는 죽을 때까지 싸워야 한다."라고 말했다. 요시토키도 천황이나 상황에게 활을 겨누는 것은 좋지 않은 일이라 생각하고 있었던 것일지도 모르겠다.

카마쿠라의 병사들이 쿄토 근처까지 진군했다. 쿄토에서도 미노와 오와리, 그리고 홋코쿠까지 군대를 보내어 막게 했으나 모두 패하고 말았기에 동군(막부)이 밀물처럼 우지와 세타(瀬田)까지 몰려들었다. 관군은 예전부터 써오던 방법대로 다리를 끊어 적을 저지하려 했으나 그것 역시 아무런 효과도 없었기에 달아나 도읍으로 돌아왔다.

야스토키와 토키후사가 마침내 도읍 안으로 들어왔다. 그러자 고토바 상황은 야스토키에게로 사람을 보내,

"이번 일은 나의 뜻으로 행한 것이 아닐세. 신하 가운데 권하는 자가 있었네. 그러니 요시토키를 정벌하라는 인젠도 거두도록 하겠네" 라고 말했다. 그러나 요시토키는 그 상의에 응한 사람들을 죽였을

뿐만 아니라 고토바 상황을 오키(隱岐시마네 현 오키 군.온슈,한국,원국)로, 준토쿠 상황을 사도(佐渡니가타 현 사도 시.사슈,중국,원국)로 보냈으며, 추쿄 천황을 폐하고 고호리카와(後堀河) 천황을 위에 앉혔다. 쓰치미카도 상황은 이번 일에 관계하지 않았었다. 그러나,

"나 혼자 도읍에 남아 있는 것은 좋지 않다."며 토사(土佐코치 현도슈,중국, 원국)로 옮겨갔다. 이 소동을 조큐의 난이라고 한다.

신하로서 세 상황을 유배보내고 천황을 바꾼다는 것은 무엄하기 짝이 없는 짓이었다. 예로부터 나쁜 짓을 한 자는 적지 않았지만 이처럼 난폭한 짓을 한 자는 요시토키가 처음이었다.

이 조큐의 난 이후, 호조 씨는 쿄토의 로쿠하라에 탄다이[82]라는 관리를 두어 킨키[83] 및 사이코쿠의 정치를 행하게 했다.

고토바 상황은 외로운 섬에 머물기를 19년, 60세의 나이로 세상을 떠났다. 준토쿠 상황도 사도에서 22년을 보내다 쓸쓸하게 생을 마감했다. 쓰치미카도 상황은 일단 토사로 옮겼다가 그 이듬해에 아와로 갔으며, 거기에 머물기를 11년, 역시 그 땅에서 숨을 거두었다.

(1) 겐지의 쇼군은 요리토모, 요리이에, 사네토모 3대로 명맥이 끊기고 말았다.

(2) 겐지가 멸망하고 난 뒤, 호조 씨가 일본의 정치를 오로지했다.

(3) 조큐의 난

---

82) 探題. 쿄토 및 지방의 요지에 두었던 지방 장관.
83) 近畿. 쿄토를 중심으로 그 부근에 있는 지방. 에도 시대 이전의 정치·문화의 중심 지였다. 야마토·야마시로·셋쓰·카와치·이즈미노쿠니를 5기라고 일컬었다.

원인 – 정치의 권리를 조정으로 되찾아오기 위해 고토바 상황이 호조 요시토키를 정벌하려 했다.

싸움의 양상 – 요시토키가 아들 야스토키 등에게 명령하여 대군을 이끌고 가서 쿄토를 공격하게 했다.

결과 – 요시토키는 고토바 상황을 오키로, 준토쿠 상황을 사도로, 쓰치미카도 상황을 토사로 유배 보냈으며, 추쿄 천황을 폐하고 고호리카와 천황을 세웠다.

제6장 호조 토키무네

1. 선정

　쌀농사가 부진하여 이즈의 호조에서는 백성들이 어려움을 겪고 있었다. 이 세상의 고통 가운데서도 먹지 못해 겪는 고통은 무엇보다 큰 법이다. 그것을 본 야스토키는,

　"딱하게 되었구나. 쌀을 빌려주겠다. 이번 가을에 수확하여 갚도록 하라."라며 창고를 열어 수많은 백성들에게 나누어주었다. 백성들은,

　"나리는 친절하신 분이시다. 이번 가을이 되면 반드시 갚도록 하겠다."라며 되살아난 듯 기뻐했다. 그런데 가을이 되자 커다란 바람이 불어 벼의 꽃이 전부 날아가버리고 말았다. 그로 인해 그해에도 쌀은 작황이 좋지 못했다. 백성들은 이듬해에도 다시 굶주릴 수밖에 없었다. 그러나 그 걱정보다 봄에 꾸었던 쌀을 어떻게 갚아야 할지부터가 걱정이었다. 하지만 아무리 걱정을 해도 갚을 방법은 없었다.

　"나리께 약속한 쌀을 갚지 못하면 어떤 무거운 벌을 받게 될지 모른다. 목숨을 잃게 될지도 모른다. 차라리 지금 달아나는 것이 좋겠다."며 백성들은 달아날 준비를 하고 있었다. 그때 야스토키가 서둘러

호조로 가서 그런 백성들을 불러모았다. 백성들은,

"마침내 목이 달아날 때가 왔구나."라며 창백해진 얼굴로 한자리에 모였다. 야스토키는,

"쌀의 작황이 이번에도 좋지 않다는 말을 들었네. 올 봄에 꾼 쌀은 갚지 않아도 상관없네. 이 자리에서 자네들에게 쌀을 빌려주었다는 증서를 불태우도록 하겠네."라며 쌀을 빌려주었다는 증서를 전부 태워버렸다. 게다가 쌀을 한 말씩 내주었다. 백성들은 눈물을 흘리며 기뻐했다.

야스토키가 인민을 긍휼히 여긴 것은 이 호조에서만의 일이 아니었다. 칸기(寬喜) 연간(1229~1232)에도 일본 전국에서 쌀의 작황이 좋지 못했다. 그때에도 수많은 쌀을 내어 백성들에게 나누어주었다.

야스토키는 이처럼 인민을 아꼈으나 재판 등에 있어서는 결코 법률을 무시하거나 하지 않았다. 닌지(仁治) 2년(1241)에 타케다 노부미쓰(武田 信光)라는 자와 우미노 유키우지(海野 幸氏)라는 자가 영지 문제로 다툰 적이 있었다. 이 문제에 있어서는 우미노가 옳았기에 야스토키는 타케다 쪽의 패배라는 결론을 내렸다. 그러자 타케다는 화가 나서 야스토키를 배반하려 했다. 그러나 야스토키는,

"원한을 살까 두려워해서는 선악을 판단할 수 없다. 노부미쓰의 원한을 두려워하여 옳지 않은 일을 옳다고 말할 이 야스토키가 아니다." 라며 조금도 두려워하는 기색을 보이지 않았다. 정치를 행하는 자는 모두 야스토키와 같아야 한다. 무엇보다 인민을 사랑해야 하며, 모두를 긍휼히 여기고, 재판을 공정히 해야 하는 법이다.

야스토키의 아들인 토키요리(時賴)도 역시 진심으로 인민을 위했

다. 어느 날, 토키요리가 미시마묘진(신사)으로 참배를 갔다가 돌아오는 길이었다. 카타세가와(片瀨川강)를 건널 때 짐을 실은 소 한 마리가 강 속에서 소변을 보았다. 그러자 수행을 하던 자 가운데 아오토 후지쓰나(青砥 藤綱)라는 사무라이가 그것을 보고,

"이 소까지 나리의 참배 같은 짓을 하는군."이라고 이상한 말을 하며 웃었다. 곁에 있던 자가,

"어찌 그런 소리를 하는 겐가."하고 나무라자 후지쓰나는,

"요즘 비가 내리지 않아 논밭의 작물이 말라가고 있지 않은가? 어차피 소변을 볼 바에는 그런 논밭에서 보면 조금이나마 도움이 될 것을, 강 속에서 보면 아무런 도움도 되지 않지 않는가?"라고 말했다. 그러자 곁에 있던 자가 다시,

"그야 그렇지만, 그게 어째서 나리의 참배 같은 짓이라는 게지?"

"부처님께 공양을 드릴 바에는 부처님의 마음처럼 가난한 자, 가엾은 자를 생각하지 않으면 안 되네. 그런데 이번의 공양에 불려온 스님들은 부잣집에서 태어나 그다지 수행도 쌓지 않았는데 좋은 절에 있는 스님들뿐 아니었나? 카마쿠라 안에는 충분히 수행을 했으나 가난한 생활을 하고 있는 훌륭한 스님들이 아주 많네. 기껏 공양을 올리는데 측은히 여겨야 할 사람은 측은히 여기지 않고 측은히 여기지 않아도 될 사람들에게 재물을 주니, 이 소가 강에 소변을 보는 것과 다를 바 없지 않은가."라고 말했다. 이 말을 들은 토키요리는,

"과연 옳은 말이다. 내가 잘못 생각했구나. 후지쓰나처럼 생각이 깊은 자를 지금까지 몰랐다니 안타까운 짓을 했구나."라며 바로 후지쓰나의 벼슬을 올려주고, 인민을 다스리는 일을 상의했다고 한다. 이

후지쓰나라는 사람은 참으로 학문도 깊고 올바른 사람이어서, 토키요리가 선정을 베풀 수 있었던 것은 여러 가지로 후지쓰나의 도움을 받았기 때문이었다.

한번은 토키요리가 후지쓰나를 불러,

"인민을 기쁘게 하고 나라를 잘 다스리려면 어찌 하는 것이 좋겠는가?"라고 물은 적이 있었다. 후지쓰나는,

"저는 그처럼 뛰어난 생각은 가지고 있지 못하나 저의 생각만을 말씀드리자면, 위에 서서 통치를 하는 자와 그 아래에 있는 인민의 마음이 서로 잘 통할 때 이 세상은 잘 다스려질 것이라 여겨집니다. 허나 정치를 행하는 자와 인민 사이에 위치한 관인들 중에 옳지 않은 자가 있으면 때로는 올바른 자가 그릇된 자라 일컬어지기도 하고, 죄 없는 자가 죄에 빠지기도 하는 등 여러 가지로 좋지 않은 일이 일어납니다. 이럴 때 생각이 없는 자들은, '이는 위에 선 자들이 좋지 않기 때문이다.'라고 생각하고, 생각이 있는 자들은, '이런 세상은 바꿀 수 없다.'고 생각합니다. 그런 관인이 있으면 세상이 어지러워집니다."라고 말했다. 옳은 말이라고 생각한 토키요리가 남몰래 정직한 사무라이 20명쯤에게 명령하여 카마쿠라 안을 조사하게 했더니 옳지 않은 짓을 하는 관인이 300명이나 발견되었다. 토키요리는, '이 정도였단 말이냐. 이래서는 내가 아무리 좋은 정치를 하려 해도 제대로 될 리가 없다.'며 이번에는 일본 전국을 조사하게 해서 좋지 않은 관인들을 전부 자리에서 내려오게 했다.

그래도 여전히 마음이 놓이지 않았다.

'내 밑에 좋지 않은 관인이 있어서는 일본 사람들에게 미안하다.

나도 인민들의 모습을 직접 보아야겠다.'라고 생각했다. 그로부터 얼마 지나지 않아서 토키요리는 병에 걸려 세상을 떠나고 말았다. 토키요리가 세상을 떠나자 평소 토키요리를 곁에서 섬기던 니카이도(二階堂)라는 사무라이가 슬픔을 견디지 못하고 자신도 할복해버리고 말았다. 토키요리가 죽었다는 소식이 세상에 알려지자 카마쿠라 안은 물론 일본 전역의 사람들이 모두,

"참으로 훌륭한 싯켄을 잃었구나. 우리를 아껴주시던 좋은 싯켄께서 돌아가셨다."라며 울음을 터뜨릴 듯 슬퍼했다.

그러나 사실은 두 사람 모두 죽은 것이 아니었다. 토키요리가 죽었다고 세상에 알려놓은 뒤, 토키요리와 니카이도 모두 스님처럼 차려입고 짚신을 신고 지팡이를 짚으며 전국을 돌아다녔던 것이다. 그렇게 돌아다니며 가엾은 자는 없는지, 좋지 않은 관인은 없는지 살펴보았다.

이러한 여행 중에 토키요리는 코즈케노쿠니에서 사노 쓰네요(佐野常世)라는 훌륭한 사무라이가 영지를 좋지 않은 자에게 빼앗겼다는 사실을 알게 되었다. 셋쓰노쿠니에서는 난바 사부로베에(難波 三郎兵衛)라는 자의 아내가, 남편이 세상을 떠난 이후 좋지 않은 친척들 때문에 궁지에 몰리게 되었다는 사실을 알게 되었다. 이러한 일들이 곳곳에서 아주 흔히 일어나고 있었다. 마침내 카마쿠라로 돌아온 토키요리는 그런 가엾은 사람에게는 예전과 같은 행복을 주었으며, 좋지 않은 자들에게는 엄한 벌을 내렸다. 그렇게 벌을 받은 자만도 340명 남짓이었다고 한다[84].

---

84) 토키요리가 죽음을 가장하고 전국을 돌아다녔다는 일화는 후세에 만들어진 이야기인 듯하다.

토키요리는 또 검약을 권했다. 사람들에게 권했을 뿐만 아니라 자신도 사치를 경계했다.

어느 날 밤, 토키요리가 오사라기 노부토키(大仏 宣時)라는 자에게, "지금 입고 있는 대로 상관없으니 얼른 들어오게"라고 말했다. 노부토키가 한밤중에 무슨 일일까 싶어 서둘러 달려가보니 토키요리가,

"술이 있다네. 혼자 마시기 아까워 그대를 부른 걸세. 이야기를 나누며 함께 마시세."라며 손수 술병과 잔을 가지고 왔다.

그런데 술만 있을 뿐 안주는 없었다. 이에 노부토키가 부엌으로 가서 찾아보았으나 아무것도 없었다. 단지 종지에 된장이 조금 담겨 있었다. 노부토키가 그것을 들고 와서,

"이것밖에 아무것도 없습니다."라고 말하자 토키요리는,

"그거면 됐네."라고 말했다. 두 사람은 남은 된장으로 맛있게 술을 마셨다. 이 이야기만 봐도 주인과 가신의 사이가 얼마나 좋았는지를 알 수 있다. 또 얼마나 검소한 생활을 했는지도 알 수 있다.

호조 씨가 오래도록 멸망하지 않았던 것은 무엇보다 인민을 사랑했기 때문이다. 다음으로는 검약을 실천했기 때문이다. 셋째로는 좋은 관인을 썼기 때문이다. 넷째로는 재판을 공정하게 행했기 때문이다. 다섯째로는 사무라이를 아꼈기 때문이다. 시대를 막론하고 이러한 마음가짐이 있으면 훌륭한 정치를 행할 수 있는 법이다.

2. 분에이의 난

토키요리의 아들 가운데 토키무네(時宗)라는 자가 있었다. 사가미 타로(相模 太郞)라고도 불렸는데 18세에 싯켄의 자리에 올랐다. 이 토키무네 시절에 커다란 국난이 일어났다.

토키무네는 천성적으로 용감한 사람이었다. 그가 11세가 되었을 때, 쇼군 앞에서 여러 사람들이 활 연습을 하고 있었는데 쇼군이 정한 표적을 맞힐 순서가 되자 다른 사람들은, '만약 맞히지 못하면 망신을 당하게 된다.'고 생각하여 우물쭈물했으나 토키무네는 조금도 겁먹은 기색이 없었으며, 정해진 자리에 서서 표적을 한 번의 화살로 맞혔다.

별것 아닌 일 같지만 이 한 가지 사실만으로도 토키무네에게 용기가 있으며, 남들에게 지기 싫어하는 기상을 가지고 있고, 또 무예도 뛰어났다는 사실을 알 수 있다. 토키무네는 18세에 싯켄의 자리를 물려받아 17년 동안 일본을 위해서, 인민을 위해서 진력을 다하다 34세에 세상을 떠났다.

그런데 커다란 국난이란, 토키무네 시절에 원[元]나라가 일본을 침공한 사실을 말한다. 그 이전까지 중국에는 송[宋]이라는 나라가 있었으나, 북부의 몽골에서 칭기즈칸이라는 자가 나타나 중국의 중부를 공략하여 우선 수도를 연경[燕京지금의 베이징]에 두었다. 그의 손자인 쿠빌라이 시절에 중국은 물론 유럽의 중부까지 세력을 확장하여 전례 없이 커다란 국가를 형성하였으며 국호를 원이라고 정했다. 그리고 카메야마(龜山) 천황 시절인 분에이(文永) 5년(1268)이 되자 일본도 속국으로 삼기 위해 같은 해 12월에 사자를 보내와,

"몽고대원국에 공물을 바쳐라."라는 내용의 편지를 건넸다.

그때 토키무네는,

"예전에 수[隨]나라에서, '해가 뜨는 나라의 천자는 안녕하시오. 해가 지는 나라의 천자가.'라는 내용의 편지를 보낸 적이 있었다. 그때 천황께서 그 글을 보시고, '이 땅에 천자가 둘 있을 수는 없다. 해가 뜨는 일본에 이미 천자가 있지 않느냐. 해가 지는 나라의 천자는 또 뭐란 말이냐.'라고 말씀하셔서 무례함을 꾸짖으신 적이 있었다. 그런데 공물까지 바치라니 한층 더 무엄하구나. 답서를 보낼 필요도 없다."라며 그 사자를 내쫓아버렸다.

분에이 7년(1270)이 되자 원나라의 사자가 다시 치쿠젠(筑前후쿠오카 현치쿠슈,상국,원국)의 이마쓰(今津)라는 곳으로 들어왔다. 그때 역시 아무런 답장도 주지 않고 하카타 야시로(博多 弥四郞)라는 자에게 명령하여 그 사자를 중국으로 돌려보내게 했다. 그래도 원나라는 일본을 쉽사리 포기하지 않았다.

분에이 10년(1273) 가을에 원나라의 사자가 다시 치쿠젠의 하카타(博多)로 들어왔다. 하카타에서는 쿄토의 로쿠하라로, 로쿠하라에서는 카마쿠라로, 카마쿠라에서는 다시 쿄토의 조정으로 그 사실을 전했다. 조정에서는,

"그런 사자는 당장 내쫓도록 하게. 앞으로 또 오면 그때는 목을

치도록 하게."라고 명령했으며, 결국은 다자이후85)를 통해서 사자를 내쫓았다.

몽골의 대왕은 크게 노했다. 일본을 정벌하지 않고는 그냥두지 않겠다며 그 준비에 착수했다. 일본에서도 언제 원나라가 침공할지 모른다며 준비를 해두고 기다리고 있었다.

분에이 11년(1274)에 카메야마 천황은 자리를 고우다(後宇多) 천황에게 물려주고 자신은 상황의 자리에 올랐다.

그해 3월에 큐슈의 사자가 로쿠하라로 와서,

"일본 정벌을 위해 몽골의 대선 300척, 빠른 배 300척, 소형선 300척이 총 2만 5천의 병력을 싣고 출발했다고 합니다."라고 고했다. 조정에서는 각 신사와 절에 명하여 승리를 위한 기도를 올리게 했으며, 카마쿠라에서는 병사를 큐슈의 해안으로 모아 그에 대한 대비에 들어갔다. 그리고 그해 10월에 몽골군이 쓰시마(対馬)를 공격하기 시작했다. 섬을 다스리던 소 스케쿠니(宗 助国)는 100명도 되지 않는 병사들로 그 대군과 용감하게 맞섰다. 그러나 그것은 활활 타오르고 있는 불길 속에 떨어뜨린 한 방울의 물보다 더 가련해서, 아무런 소용도 없는 것이었다. 원나라 병사들은 스케쿠니를 죽이고 섬의 주민들을 몰살한 뒤 이키(壱岐나가사키 현 이키 시,잇슈,한국,원국)까지 진출했다. 이키를 지키던 타이라노 쓰네타카(平 経高)도 100여 명의 병사들을 이끌고 분전했으나 성을 빼앗겼으며 자신은 전사했다. 원나라 병사들은 섬사람들의 손바닥에 구멍을 뚫고 거기에 새끼줄을 연결하여 그들을 이리저리

---

85) 大宰府. 큐슈 치쿠젠노쿠니에 설치한 지방행정기관으로 군사·외교를 주요 임무로 했으며 큐슈 지방의 내정도 담당했다.

호조 토키무네

끌고 다녔다.

이처럼 잔혹한 적병들이 마침내는 치쿠젠의 하카타에 이르렀다.

그 해안을 지키던 일본 병사들이 그들에 맞서 달려나갔으나, 적은 중국 400개 주는 물론 서쪽으로는 유럽까지 정복한 병사들이었기에 싸움에 매우 능했다. 게다가 철포와 대포라는 선진 무기까지 들고 있었다. 대포의 포탄이 폭발하는 무시무시한 굉음과 함께 주위의 모든 것을 불태워버리는 모습을 보자, 제아무리 용맹한 사람이라도 도저히 맞설 수가 없었다. 그 때문에 하코자키(筥崎)의 신사까지 불에 타버리고 말았다.

그런데 같은 달 20일 밤에 커다란 폭풍우가 일어나 배 대부분이 침몰해버리고 말았으며 뭍으로 오른 자들은 일본의 병사들에게 목숨을 잃어, 1만 3천여 명의 병사들을 잃고 말았다. 승세를 타고 있던 원나라의 병사들도 그 정도의 병력을 단번에 잃자 사기가 꺾였는지 그대로 돌아가버리고 말았다. 이 전쟁을 분에이의 난이라고 한다.

3. 코안의 난

적이 돌아가기는 했으나 싸움을 중단한 채로 돌아간 것이었기에 일본 역시 조금도 방심할 수가 없었다. 큐슈로 병력을 더욱 집중하여 방어를 위한 준비에 나섰다. 그 어떤 어려움에 봉착해서도 기개를 굽히지 않는 것이 무사의 강인함이었다. 모두가 기개로 넘쳐나고 있었다. 그 가운데서도 이요노쿠니에서 온 코노 미치아리(河野 通有)라는 자는 이요를 출발할 때,

"지금부터 10년이 지나도 원나라에서 공격해오지 않는다면, 내가 원으로 건너가 싸울 생각이다."라는 굳은 결심으로 싸움에 임했다.

세상의 그런 어수선함 속으로 봄이 찾아왔다. 켄지(建治) 원년(1275) 2월, 매화가 필 무렵에 몽골에서 다시 두세충[杜世忠]이라는 자가 일본으로 건너왔다. 두세충은 병사들을 여럿 데리고 왔으나 다자이후에서는 두세충 등 겨우 3명만을 카마쿠라로 보냈다. 카마쿠라에서는,

"안 그래도 괘씸하거늘 분에이 11년(1274)에 그런 난폭한 짓을 저질러놓고도 뻔뻔스럽게 다시 사자를 보내다니, 그 어떤 대답도 필요 없다."라며 다시 원나라로 쫓아버렸다. 그런데 지치지도 않는지 그 이듬해 정월에 원나라의 사자가 다시 나가토노쿠니로 들어왔다. 사자는 역시 카마쿠라로 보내졌는데, 토키무네를 비롯하여 카마쿠라

의 사람들은 이렇게 생각했다.

'사자가 이렇게 자주 오는 것은 일본의 내정을 살피기 위해서일 것이다. 이번에야말로 돌려보내서는 안 된다.'

그리고 두 사자를 카마쿠라의 타쓰노쿠치(竜口)에서 베어버렸다. 사자가 돌아오지 않으면 원에서는 틀림없이 침공을 감행할 터였다. 큐슈의 방비를 더욱 엄중하게 했다. 하카타 해변에 길이 40리(16km)에 이르는 돌 제방을 성벽처럼 둘렀다.

켄지 4년에 연호가 바뀌어 코안(弘安) 원년(1278)이 되었다. 코안 3년(1280)에 전에 사자로 온 적이 있었던 두세충이 다시 다자이후에 얼굴을 내밀었다. 그리고 다시 카마쿠라로 보내졌는데, 이번에는 카마쿠라에서 끝내 돌아오지 못하고 타쓰노쿠치에서 목숨을 잃고 말았다.

이에 원의 대왕이 크게 노했다. 10만 대군을 둘로 나누어 하나는 동로군으로, 다른 하나는 강남군으로 삼았다. 동로군은 고려와의 연합군으로 한반도를 지나 큐슈로 향했다. 그 병력은 4만, 배는 900척이었다. 강남군은 중국의 병사들로만 이루어져 있었는데 양자강 부근에서부터 바다를 건너 큐슈로 향했다. 그 병사는 10만, 배는 3천 척이었다. 우선은 동로군이 이키를 침범한 뒤 치쿠젠으로 향했다. 원나라군은 여전히 강했으며 석궁과 대포 등을 쏘아 일본군을 괴롭혔으나, 미리 쌓아둔 제방 때문에 상륙은 할 수 없었다. 그러한 때에 코노 미치아리 등과 같은 용사들이 작은 배를 타고 적선으로 뛰어들어 병졸은 베어 쓰러뜨리고 대장은 생포해서 오기를 몇 번이고 거듭했다. 동로군은 상륙하지 못한 채 우물쭈물하는 동안 공격을 당했으며, 또 배 안에 전염병이 돌았기에 오도 가도 못하는 상태가 되어버렸다. 이에 일단은

원나라의 침공

바다로 나가서 강남군이 오기를 기다렸다.

한편 카메야마 상황은 이와시미즈하치만구(신사)로 가서 전승을 빌었으며, 이세로 사람을 보내서, "저의 목숨은 없어져도 좋으니 이 국난을 극복케 해주십시오."라고 빌게 했다. 이세와 이와시미즈의 신사만이 아니었다. 카모, 카스가(春日), 히라노(平野), 마쓰오(松尾) 등의 각 신사는 물론 일본 전역의 신에게 기도를 올렸다. 예로부터 일본은 신의 나라라 일컬어져왔다. 그 신들이 모두 효험을 드러내기 시작했다. 어떤 신사에서는 울림이 있었고, 어떤 신사에서는 신마[神馬]가 서쪽으로 날아갔다. 카스가에서는 신록[神鹿]이 뛰어올라 구름 속으로 들어갔다고 한다. 어떤 신사에서는 신전의 문이 저절로 열리더니 안에서부터 하얀 구름이 피어올라 서쪽으로 날아갔다고도 한다.

이러한 때에 강남군의 병선 3천 5백 척이 바다를 가득 메운 구름처럼 까맣게 몰려들었다. 우선 히라토지마(平戸島)에서 전략을 짠 뒤, 히젠

(肥前사가·나가사키 현,히슈,상국,원국)의 타카시마(鷹島)까지 진출했다. 일본 군은 적의 상륙을 막기 위해 해안에 제방 외에도 기다란 목책을 둘렀다. 그러나 원나라의 배에서 쏘는 탄환에 목책이 부러졌으며 망루는 불에 타버리고 말았다. 원군이 때를 놓치지 않고 공격해 들어왔다. 키쿠치(菊池), 하라다(原田), 마쓰라(松浦) 등과 같은 큐슈 다이묘들의 병사가 얼마나 목숨을 잃었는지 헤아릴 수조차 없을 정도였다. 그래도 목숨을 아낄 때가 아니었다. 한 걸음도 물러나지 않고 적을 막았다.

8월 1일 정오 무렵부터 갑자기 커다란 바람이 불기 시작했다. 커다란 나무가 뿌리째 뽑혔으며, 돌이 날아다니고, 바다도 거칠어져 성난 파도가 하늘을 찌를 듯했다. 원나라의 병선은 이리저리 바람에 흔들리다 바위에 부딪치기도 하고 파도에 휩쓸리기도 해서 완전히 침몰해버리고 말았다. 10만여 명 대부분이 물고기 밥이 되었으며 겨우 3만 명 정도만이 하카타의 포구 쪽으로 흘러들었다. 일본의 병사들이 그 3만에게 공격을 가했다. 그 가운데 딱 세 사람만을 남겨서,

"다시는 일본을 침공할 생각도 하지 말아라. 신께서 노하시어 늘 이와 같은 꼴을 당하게 될 것이다. 돌아가서 그 사실을 대왕께 전해라." 라며 배로 돌려보냈다. 당시 원나라의 대왕이었던 쿠빌라이가 어떻게 생각했는지는 모르겠으나 이후 원나라가 쇠하고 명[明]나라 시절이 되어서도 태종은,

"영원히 일본을 쳐서는 안 된다."는 말을 자손에게 남겼다고 한다.

그때 일본 백성들의 기쁨은 이만저만한 것이 아니었다. 이 전쟁을 코안의 난이라고 부른다.

(1) 호조 토키무네가 싯켄으로 있을 때 몽골이 일본을 침공했다. 그때 중국의 국호는 원이었다.

(2) 처음 원나라의 사자가 왔을 때, 그 편지의 내용이 무례했기에 토키무네는 그를 그대로 돌려보냈다.

(3) 분에이 11년(1274)에 원나라 군이 4만의 병사를 이끌고 와서 이키의 쓰시마를 침범하고 큐슈에까지 이르렀다. 이때 커다란 바람이 불어 원나라군은 철수하고 말았다. 이를 분에이의 난이라고 부른다.

(4) 그 후, 원나라에서 다시 사자가 왔다. 토키무네는 그를 베어버렸다.

(5) 코안 4년(1281)에 고려 쪽에서 4만, 중국의 남쪽에서 10만의 병력이 출동하여 다시 일본을 공격했다. 이때도 갑자기 커다란 바람이 불어서 원나라 병사들 모두 목숨을 잃고 말았다. 이를 코안의 난이라고 부른다.

* 두 차례에 걸친 원나라의 침공을 막아내기는 했으나 일본이 그 전쟁으로 얻은 물질적 이득은 없었다. 따라서 전쟁에 참가했던 가신들은 은상에 불만을 품었다. 이와 같은 무사 계급의 불만과 경제적 어려움, 원나라 침공으로 가속화된 사회의 변동 등이 카마쿠라 막부가 멸망하는 원인 가운데 하나가 되었다. (역자 주)

제7장 고다이고 천황

1. 투견

호조 타카토키(北条 高時)는 투견이 너무나도 재미있어서 견딜수가 없었다. 세금으로 낼 쌀이나 돈이 없을 때에는 개를 내도 좋다는 규칙까지 생겨났을 정도였다. 그랬기에 카마쿠라에 들어가면 수천마리의 개가 사무라이들과 거칠 것 없이 돌아다니고 있었다. 타카토키는 매달 몇 번이고 이들 개의 싸움을 붙인 뒤 자신은 술을 마시며,

"흠, 저 적구는 참으로 강하구나. 비단 옷을 내려라."라는 등 기뻐했다. 승부에서 이긴 개에게는 정말로 비단 옷을 입혔다. 그 비단 옷을 입은 개는 가마에 올라 카마쿠라 거리를 돌아다녔다. 이 개를 만나면 말에 타고 있던 사무라이도 말에서 내려 공손하게 경례를 해야 했다. 그렇게 하고 싶은 것은 아니었으나, 그렇게 하지 않으면 타카토키에게 꾸지람을 들었다. 원나라의 병사를 물리친 훌륭한 사무라이를 만났을 때 말에서 내려 길을 비켜주며 경례하는 것은 누구도 싫어하는 자가 없었으나, 투견에서 이긴 개에게 인사하는 것은 누구나 싫어했다.

뿐만 아니라 타카토키는 덴가쿠(田楽)라는, 오늘날의 가면극인

노(能)와 같은 춤도 좋아했다. 그랬기에 쿄토 부근에서 일부러 그 춤을 추는 자들을 여럿 카마쿠라로 불러들여 어제도 땅땅, 오늘도 땅땅, 장고를 두드리고 춤을 추게 하며 즐겼다. 심지어는 그저 춤을 구경하는 것만으로는 재미가 없었기에 자신이 노래하고 춤을 추며 기뻐하곤 했다.

투견에 덴가쿠, 이런 놀이에만 열을 올리면 인민을 다스리는 정치 쪽은 아무래도 소홀해지는 법이다. 게다가 개에게까지 비단 옷을 입혔을 정도이니 사무라이들도 모두 아름답고 좋은 옷을 입었을 것임에 틀림없다. 언제나 술을 마셨으니 기름진 음식도 함께 먹었으리라. 그러자 언제부턴가 사치라는 것이 시작되었다.

누가 뭐래도 호조 씨는 정치를 잘 돌보고 소박하고 검약했으며 사무라이를 중히 여겼기에 오래도록 번영할 수 있었던 것인데, 이 타카토키처럼 정치를 소홀히 하고 사치스럽고 사무라이보다 개를 중히 여겨서는 누구도 호조 씨를 좋게 생각하지 않았으리라. 지금까지 입을 다물고 있던 자들까지,

"결국 호조 씨는 주인인 겐지를 멸망시킨 악당이잖아."

"요리이에를 죽인 것도, 사네토모를 죽인 것도 전부 호조 씨가 한 짓이야."

"뿐만 아니야. 하타케야마, 히키, 와다 등 충성스러운 사무라이를 죽인 것도 전부 자기 집안의 번영을 위해서 한 짓이었어. 자기 집안만 잘 되면 남들은 어떻게 되든 상관없다고 생각한 거야."

"남을 해하는 자는 언젠가 자신도 그렇게 될 때가 오는 법이야. 특히 조큐의 난 때는 상황 3분을 유배보냈어. 일본이 시작된 이래

그런 무도한 짓을 한 자는 아무도 없었어. 그런데 호조 씨가 그런 짓을 했으니 틀림없이 그에 대한 벌이 내릴 거야."라는 등의 말을 하기에 이르렀다. 이는 사람들의 마음이 벌써 호조 씨에게서 떠났다는 사실을 보여주는 일이었다.

이때는 제96대 천황인 고다이고(後醍醐) 천황 시절이었다. 고다이고 천황은 어렸을 때부터 영리했으며 31세에 위에 오른 뒤에도, '막부의 번영은 황실의 세력이 줄어드는 원인이다. 어떻게 해서든 정치의 권리를 조정으로 다시 가져오겠다.'고 생각하여 조심스럽게 그 기회를 엿보고 있었다. 그런데 마침 타카토키가 그 모양이었기에 천황은,

'지금이야말로 호조 씨를 내몰고 정권을 조정으로 되찾아올 기회다.'라고 생각했다. 하지만 갑자기 그런 말을 꺼내 호조 씨를 화나게 해서 조큐의 난과 같은 일이 다시 벌어져서는 안 될 일이었다. 그랬기에 비밀스럽게 계략을 펼쳐나갈 수밖에 없었다.

쇼추(正中) 원년(1324)은 고다이고 천황이 위에 오른 지 6년째 되는 해였다. 이해에 천황은 히노 스케토모(日野 資朝), 후지와라 토시모토(藤原 俊基) 등과 상의하여 마침내 호조 씨를 정벌하기로 마음먹었다. 그리고 각지에서 병사들을 불러모았다. 이때 미노에서 토키 요리카네(土岐 賴兼), 타지미 쿠니나가(多治見 国長) 등의 무사가 가장 먼저 달려왔으나 이 사실이 로쿠하라에 있는 호조 씨에게 알려져 두 무사는 살해당했으며, 스케토모와 토시모토 등의 공경은 사로잡혀 카마쿠라로 보내졌다. 천황은 크게 놀라,

"호조 씨를 칠 마음은 없다."는 내용의 편지를 타카토키에게 보냈다. 그렇게 해서 토시모토는 쿄토로 돌아왔으나, 스케토모는 사도로 유배

를 가게 되어 이 계획은 실패로 돌아가고 말았다.

이때 쿠마와카마루(阿新丸)라는 아이의 가엾은 이야기가 전해졌다.

쿠마와카마루는 히노 스케토모의 아들이다. 아버지가 충성을 바쳐 천황의 편에 섰으나 그 일이 뜻대로 풀리지 않아 안타깝게도 호조 씨에 의해서 사도로 유배를 갔기에 쿠마와카마루는 어머니와 함께 쿄토의 구석진 곳에서 쓸쓸한 세월을 보내고 있었다. 언제쯤 아버지가 돌아오실 수 있을지 기다리고 또 기다렸으나 아버지는 좀처럼 돌아오지 않았다. 그러는 사이에 7년이 지나버리고 말았다. 쿠마와카마루는 13세가 되었다. 그 무렵에,

"타카토키가 사도의 슈고(막부의 신하)인 혼마 야마시로 뉴도(本間 山城 入道)에게 명하여 스케토모를 죽일 것이라고 한다."라는 소문이 들려왔다. 그 소문을 들은 쿠마와카마루는 더 이상 가만히 앉아 있을 수가 없었다. 어머니에게 억지로 청하여 하인 한 명만을 데리고 삿갓에 지팡이를 든 차림으로 쿄토를 출발해 북쪽으로 향했다. 열흘쯤 걸려서 에치젠의 쓰루가(敦賀)라는 포구에 도착했다. 쿠마와카마루는 거기서 배에 올라 사도로 건너갔다. 우선 혼마의 집을 물어 찾아가기는 했으나 어떻게 해야 할지 몰라 문 앞에 잠시 서 있자니 마침 안에서 스님 한 명이 나왔다. 그 스님이 쿠마와카마루를 보고 이상히 여겨,

"무슨 볼일이라도 있으십니까?"라고 물었다. 쿠마와카마루는,

"저는 스케토모의 아들입니다만 멀리서 아버지를 뵙기 위해 찾아왔습니다. 얼마 전부터 아버지가 살해당할 것이라는 소문이 돌던데 그게 사실입니까? 하다못해 마지막 모습이라도 지켜드리고 싶습니

다.”라고 눈물을 흘리며 청했다. 스님도 가엾이 여겨 그 사실을 야마시로 뉴도에게 전했다. 뉴도라고 해서 악한 사람은 아니었다. 카마쿠라의 명령으로 스케토모를 맡고 있는 것일 뿐이었다. 또한 조만간 스케토모를 살해하지 않으면 안 되는 것도 카마쿠라의 명령 때문이었다. 하지만 뉴도는 이렇게 생각했다.

'지금 이 부자를 만나게 하면 세상을 떠나는 스케토모에게도 미련이 남을 거고, 쿠마와카마루도 한층 더 슬퍼할 것이다. 만나지 못하게 하는 것이 좋을 듯하다.'

쿠마와카마루를 집으로 데려와 정중히 대접하기는 했으나 언제까지고 만나게 해주지는 않았다. 쿠마와카마루는 언제가 되어야 그리운 아버지를 만날 수 있을지 기다렸으나, 뉴도는 그 사이에 아들 사부로에게 명하여 스케토모의 목을 베게 했다. 그리고 그 목을 스님에게 건네주자, 스님은 그것을 화장하여 뼈만을 쿠마와카마루에게 건네주었다.

아버지의 뼈를 받아든 쿠마와카마루는 대성통곡할 수밖에 없었다.

“이렇게 되기 전에 잠깐이라도 뵈려고 멀리서 온 것인데 그걸 만나게 해주지 않다니, 이 무슨 일이란 말이냐”라며 슬퍼하는 중에도,

'이렇게 된 이상 원수를 갚지 않을 수 없다.' 라고 생각하여 아버지의 뼈는 하인에게 은밀히 명령하여 쿄토로 가져가게 하고, 자신은 병에 걸렸다며 혼마의 집에 그대로 머물렀다. 그리고 낮에는 누워 있었으나 밤이 되면 집 안을 엿보며 뉴도는 어디에서 자고 있는지, 병사들은 어디에 있는지, 입구와 출구는 어떻게 되어 있는지 등을 살펴보았다.

어느 비바람이 거센 날 밤, 쿠마와카마루는 오늘 밤에야말로 아버지

의 원수인 야마시로 뉴도를 치겠다며 뉴도의 침실 가까이로 다가갔다. 그런데 불운하게도 뉴도는 어디로 갔는지 침실에 없었다. 그 옆방을 살펴보았더니 아버지의 목을 친 혼마 사부로가 거기서 자고 있었다. 쿠마와카마루는,

'그래, 이 자도 원수 가운데 하나다.' 라며 준비를 하다가,

'섣불리 들어갔다가 실패해서는 안 된다.' 라고 생각하여 옆에 있는 방 문을 보니 마침 여름이었기에 등잔불을 보고 몰려든 모기들이 여럿 앉아 있었다. 쿠마와카마루가,

'이거 마침 잘 됐다.' 라며 그 방 문을 살짝 열자 모기들이 한꺼번에 방 안으로 들어가 등잔불을 꺼버렸다. 쿠마와카마루는,

'이젠 됐다.' 라며 살금살금 사부로 옆으로 다가갔다. 그의 머리맡에는 장검과 단도가 놓여 있었다. 그 가운데서 우선은 단도를 허리에 찼다. 그리고 장검을 빼들어 사부로의 가슴을 단칼에 찌르려다, 자고 있는 자를 찌르는 것은 비겁하다는 생각이 들어 사부로가 베고 있는 베개를 발로 찼다. 그러자 사부로가 놀라 벌떡 일어서려 했다. 쿠마와카마루는,

"내가 누군지 알겠느냐?" 라며 사부로의 배를 찌르고 칼을 거두며 목을 베었다. 쿠마와카마루는 이제 됐다며 밖으로 나갔다. 다행히 그 부근에 대숲이 있었기에 그곳으로 몸을 숨겼다. 조금 전의 소리로 집 안은 떠들썩했다. 거기서,

"이건 틀림없이 쿠마와카마루의 짓이다. 밖에는 해자가 있으니 아직 저택 안에 있을 것이다. 찾아내서 죽여라." 라며 가신들 모두가 각자 횃불을 들고 찾으러 나섰다. 쿠마와카마루는,

'도저히 빠져나갈 수 없을 것 같으니, 차라리 자살을.' 이라고 생각했다가,

'아니, 달아날 수 있는 데까지 달아나서 폐하를 위해 몸을 바쳐야 한다.' 고 마음을 고쳐먹고 해자 부근에 있는 대나무로 기어올랐다. 그러자 대나무가 쿠마와카마루의 무게를 이기지 못하고 휘어져 그를 해자 건너편에 내려주었다. 쿠마와카마루는 하늘의 도움이라며 해안을 향해 똑바로 달려갔다. 거기서 배를 발견하여 그 배에 올랐다. 뒤에서부터 100명쯤 되는 사람들이 쫓아왔다.

"배를 되돌려라."라고 외쳤으나 뱃사람은 못 들은 척, 마침내 에치고 노쿠니로 들어갔다.

쿠마와카마루는 이렇게 해서 목숨을 건져 쿄토로 돌아갔다.

2. 소나무에 맺힌 빗방울

쇼추의 변은 이렇게 해서 끝이 났지만, 타카토키의 행실은 조금도 좋아지지 않았다. 그러나 호조 씨에게서 정치의 권리를 되찾아오겠다는 천황의 마음도 꺾이지는 않았다. 단지 적당한 때가 찾아오지 않았기에 한동안 아무 일도 일어나지 않았던 것일 뿐이었다.

그런데 황태자를 정할 때가 돼서 천황은 타카나가(尊良) 친왕을 황태자로 세우려 했으나, 타카토키가 천황의 뜻과는 달리 고후시미(後伏見) 천황의 아들인 카즈히토(量仁) 친왕을 황태자로 세웠다. 물론 예전에도 이와 같은 예가 있었다고는 하나, 아무리 그래도 신하가 천황의 후계자를 세우는 일에 간섭하는 것은 무례하기 짝이 없는 짓이었다. 이에 천황은 다시 호조 씨를 멸망시키고 막부를 쓰러뜨려야겠다고 생각했다. 그러나 쇼추 때처럼 일이 어긋나서는 안 되겠기에 이번에는 각지의 병사들을 모으기에 앞서 엔랴쿠지(절)와 미이데라(절)의 승병들을 아군으로 삼았다. 그를 위해서 아들인 모리나가(護良) 친왕을 히에이잔(엔랴쿠지)의 자스(최고위 승려)로 삼았다. 친왕은 히에이잔의 다이토(大塔)라는 곳에 머물렀기에 이때부터 친왕을 다이토노미야(大塔宮)라고 불렀다. 자스란 엔랴쿠지의 가장 높은 스님을 일컫는 말이다. 그런데 이번 계략도 역시 호조 씨에게 흘러들어가서, 겐코(元弘) 원년(1331)에 호조 씨는 20여만의 대군을 보내 쿄토를 공격하게 했다.

이때 천황은 엔랴쿠지로 들어가는 듯했으나, 사실 천황의 가마에는 후지와라 모로카타(藤原 師賢)라는 자가 천황과 같은 옷을 입고 타서 히에이잔으로 들어갔으며, 천황은 신기[神器]를 가지고 후지와라 후지후사(藤原 藤房) 등과 함께 은밀히 카사기야마(笠置山)로 들어가 산 위의 절을 근거지로 근방의 병사들을 불러 모았다.

이때 카와치노쿠니(河内国오오사카 부 동쪽,카슈,대국,키나이)에 쿠스노키 마사시게(楠木 正成)라는 무사가 있었다. 천황이 보낸 사자가 와서 말을 전하자, 옷도 제대로 차려입지 못한 채 허겁지겁 산 위로 달려 올라가 천황을 뵙고,

"계략을 써서 싸우면 그 어떤 커다란 적도 두려워할 필요는 없습니다. 승부는 그때의 운에 따릅니다만, 마사시게 한 사람이 살아 있는 동안에는 틀림없이 운을 붙들도록 하겠습니다. 모쪼록 마음 놓으시기 바랍니다."라고 믿음직하게 말하고 바로 카와치로 돌아와 아카사카(赤坂)라는 곳에 성을 쌓았다.

한편, 로쿠하라의 호조 씨는 천황이 히에이잔으로 들어갔다는 소식을 접했기에 대군을 몰아 엔랴쿠지를 공격했다. 산의 스님들도 천황이 와 있는 줄 알았기에 용감하게 맞서 싸웠다. 그러한 싸움 중에 스님들이 천황을 다른 곳으로 옮기려 한 순간, 마침 바람이 슥 불어와 가마의 발을 훑으며 지나갔다. 그때 승병들이 모로카타의 얼굴을 보고 천황이 아님을 알게 되었고 그러자 천황을 위한다는 마음이 완전히 사라져버리고 말았다. 그랬기에 그 사실을 안 대부분의 스님들이 싸우려 들지 않았다.

이처럼 천황이 카사기로 들어간 것도, 모로카타가 엔랴쿠지로 간 것도 전부 모리나가 친왕의 머리에서 나온 생각이었으나 그 계략이 깨졌기에 모로카타는 카사기로 갔으며, 모리나가 친왕도 엔랴쿠지에서 나와 야마토에 있는 한냐지(般若寺)로 몸을 숨길 수밖에 없었다.

이에 일단 엔랴쿠지로 향했던 로쿠하라의 병사들도 다시 카사기로 갔다. 그리고 카마쿠라에서 온 20만 대군도 카사기를 향해 몰려갔다.

카사기야마는 그리 높은 산은 아니었으나 매우 험해서 대군도 쉽게 접근할 수 없었으나, 적이 뒤편의 널따란 길을 찾아내 그곳으로 은밀히 다가가 불을 지르고 공격했기에 힘없이 떨어져버리고 말았다.

불이 행궁으로 옮겨붙었을 때, 천황은 서둘러 난을 피하기는 했으나 휭휭 바람은 맹렬하게 불고, 비는 세차게 내리고, 길은 어둡고, 따르는 자들도 길을 몰랐기에 어느 틈엔가 뿔뿔이 흩어져 천황 곁에는 단지 후지후사와 스에후사(季房) 두 사람밖에 남지 않게 되었다. 두 사람이 천황의 손을 좌우에서 잡고 터벅터벅 산을 내려왔다. 다행히 길을 지키는 자는 없었다. 두 사람은 날이 밝기 전에 아카사카 성까지 가기 위해 발걸음을 서둘렀으나 천황은 걷는 데 익숙하지 않고 길도 좋지 않았기에 결국에는 도중에 날이 밝고 말았다.

후지후사 형제는 천황을 모시고 있으니 적에게 들켜서는 안 된다며 바위 뒤나 나무 사이에 몸을 숨겨가며 밤이 오기를 기다렸다.

옷이 비에 젖고 이슬에 축축해졌지만 그것을 말릴 수조차 없었다. 벌써 가을도 깊어 계절이 바뀔 무렵이었기에 추울 것이라 짐작하기는 했으나 그것도 어떻게 해볼 수가 없었다. 간신히 야마시로노쿠니(山城国쿄토 부 남부,조슈,상국,키나이)의 이데라는 마을에 다다랐다.

천황이 카사기에서 나온 지도 벌써 사흘이나 지났다. 그 사이에 천황은 밥 한 술 뜨지 못했다. 골짜기의 바위를 베고 비몽사몽 지친 몸을 눕혔다. 마침 소나기가 내려 소나무에 맺혀 있던 빗방울이 소매로 뚝뚝 떨어졌다. 천황은 그것을 보고,

〈달아나는 몸 카사기야마를 나선 이후, 비 아래 숨을 집도 없구나〉라고 읊었다. 이를 들은 후지후사는 너무나도 한심해서 자신도 모르게 눈물을 흘리고 말았다. 천하를 다스려야 할 천황이 이런 고난을 맛보게 된 것도 전부 호조 씨 때문이었다.

그러는 사이에도 호조 쪽에서는 천황의 행방을 부지런히 찾았다. 그런데 야마시로 사람으로 후카스 고로(深須 五郎)라는 자가 로쿠하라의 병사들을 안내하여 천황을 찾아내고 말았다. 그러자 천황이 후카스를 매섭게 노려보며,

"충정이 있다면 어긋난 영화를 얻으려 하지 말라."라고 말했다. 후카스도 순간 퍼뜩 깨달았으나 뒤에 로쿠하라의 병사들이 여럿 버티고 있었기에 달리 방도가 없었다. 결국 천황은 그 병사들의 손에 의해 허름한 대나무 가마에 실려 뵤도인으로 옮겨졌다.

3. 통나무 어소

카사기에서 몸을 피한 이후, 고다이고 천황은 자신의 의사와 상관없이 뵤도인으로 들어가게 되었다.

그에 앞서 타카토키는 황태자인 카즈히토 친왕을 세워 천황으로 삼았다. 이를 코곤(光嚴) 천황이라고 한다. 그러나 그는 황실의 상징인 신기를 가지고 있지 않았다. 이에 로쿠하라의 탄다이가 신기를 코곤 천황에게 넘겨주라고 거듭 고다이고 천황에게 청했으나, 천황은 이를 허락하지 않았다. 탄다이는,

"그렇다면 로쿠하라로 돌아오시기 바랍니다."라고 로쿠하라로 돌아오라고 부탁했다. 천황은 이를 허락했으나 완전히 감옥에 갇힌 것이나 다를 바 없어서 조금의 자유도 허락되지 않았다. 그러는 사이에 해가 바뀌어 겐코 2년(1332)이 되었다. 타카토키가 무례하게도,

"불문에 드십시오."라고 요구해왔으나 천황은 받아들이지 않았다.

"그렇다면 먼 지방으로 행행하십시오."라고 요구해왔다. 그렇게 해서 오키로 가게 되었다.

쿄토에는 벌써 꽃이 하나둘 피기 시작했다. 태평한 시절이었다면 천황의 만세를 빌었을 테지만, 그해 3월 7일에 천황은 이치조 유키후사(一条 行房), 로쿠조 타다아키(六条 忠顕) 등 몇 사람들만 데리고 쿄토를 출발하여 서쪽으로 향했다. 치바와 사사키 등의 사무라이가

500여 명의 병사를 데리고 엄중하게 전후를 경호했다. 쿄토 사람들은 남녀노소를 불문하고 배웅을 하러 나와,

"카마쿠라도 머지않아 멸망할 거야. 정말 해도 해도 너무하는군."이라며 슬픔과 분노로 눈물을 흘렸다.

길을 가던 중의 일이었다. 미마사카(美作오카야마 현 북동부.사쿠슈,상국,근국)의 인노쇼(院庄)라는 곳에 다다른 날 밤, 정원의 벚나무에,

〈하늘은 구천[勾踐]을 버리지 않으시네, 때가 오면 범려[范蠡] 같은 자가 없지도 않을 테니〉

라는 시를 적어놓은 자가 있었다. 경호에 임한 자들은 글을 알지 못해 무슨 뜻인지 이해하지 못했으나, 이튿날 아침에 그것을 본 천황은,

"오오, 여기에도 충성스러운 자가 있었구나."라며 기뻐했다.

이는 비젠(備前오카야마 현 동남부.비슈,상국,근국)의 충성스러운 사무라이인 코지마 타카노리(児島 高德)라는 자가 쓴 것이었다. 타카노리는 천황이 아직 카사기에 있을 때부터 충의로운 자들과 함께 병사를 일으켜 천황을 도우려 했었다. 그러던 중에 천황이 오키로 간다는 소식을 들었기에 일족 모두와 함께 천황을 중간에서 되찾아와, 천황을 위해 군대를 일으킬 생각으로 비젠과 하리마의 경계에 있는 후나사카야마(船坂山)에 매복해서 천황이 지나기를 기다리고 있었다. 그런데 천황이 지나기로 한 길이 하리마 히메지(姫路)의 이마주쿠(今宿)라는 곳에서 미마사카 쪽으로 바뀌었기에 타카노리의 준비는 덧없는 것이 되어버리고 말았다. 이렇게 되자 가신들까지 맥이 빠져 뿔뿔이 흩어졌기에 타카노리는 홀로 천황의 뒤를 좇아 인노쇼까지 와서 하다못해 자신의 마음이라도 전하자 싶어 밤중에 정원으로 들어가 이 시를

고다이고 천황

쓴 것이었다.

　그로부터 며칠이 지나서, 가마는 이즈모(出雲시마네 현 동부.운슈.상국.중국)
의 미호(美保)라는 관문에 도착했다. 거기서 열흘쯤이나 배를 기다렸
다가 마침내 오키로 건너갔다. 오키의 호간(3등관)인 사사키 키요타카
(佐々木 淸高)는 벳푸(別府)라는 해안에 통나무로 어소를 짓고 그곳으
로 들어가게 했다. 산에서 베어온 나무를 다듬지도 않고 그대로 집을
지어 만든 초라한 어소였다. 천황은 이 섬에서 1년여 동안 불편함을
참으며 지냈다.

마사시게는 카사기에서 돌아오자마자 자신의 집 위에 있는 아카사카에 성을 쌓기 시작했다.

성은 미나미카와치군 아카사카무라 미즈와케(水分) 위에 있었다. 남쪽으로는 산이 있고 동서는 절벽을 이루고 있었으며, 북쪽으로 한 줄기 길이 이어져 있었다. 면적은 넓지 않았으나 요해를 이루는 곳이었다. 마사시게는 형세가 천황에게 불리해지면 이곳으로 들어오게 해서 일본 전국의 병사들을 여기로 받아들일 생각이었다.

성이 완성되었다. 일족과 가신 등 500명의 충성스러운 자들이 그 성으로 들어갔다.

카사기가 떨어진 이후, 20만 대군은 이 성을 향해 공격해 들어갔다. 적병86)이 성을 바라보니 크기는 사방 2정(220m) 정도, 망루는 겨우 20여 개뿐.

"아하하……. 이게 성이란 말이냐. 귀여운 애들 장난감 같구나."라고 말하고는 단번에 짓밟겠다는 듯 함성을 지르며 한꺼번에 우르르 달려들었다.

마치 해안의 작은 바위를 향해서 너른 바다의 커다란 물결이 단번에 집어삼킬 듯 무시무시한 기세로 밀려드는 것과 같은 모습이었다.

---

86) 賊兵. 조정에 맞서는 군대를 이렇게 불렀다.

그러나 성 안은 숲 속처럼 조용해서 아무런 소리도 들려오지 않았다.

"겁을 잔뜩 먹은 모양이군."이라며 적병은 어디까지나 얕잡아보고 달려들었다. 그들을 기다리고 있던 마사시게가,

"지금이다, 쏘아라."라고 명령하자 화살이 망루에서, 목책 사이에서 소나기처럼 쏟아졌다. 한순간에 1천여 명의 적병들이 쓰러져버리고 말았다.

적[賊]이 멀리로 물러나면 성의 병사들이 그 뒤를 쫓았다. 적이 나아오면 성의 병사들은 성으로 들어가 문을 닫아버렸다. 적이 울타리로 오르려 하면 울타리가 와르르 무너져 수천이나 되는 적이 그 밑에 깔려버리고 말았다. 어떤 때는 통나무와 커다란 돌이 성 안에서 굴러 떨어져 적의 머리를 깨고 손발을 부러뜨리기도 했다. 이렇게 해서 20만 대군은 오륙일 동안이나, 쿠스노키 군의 500명에게 마치 장난감처럼 농락당했다.

"이게 무슨 꼴이란 말이냐. 아즈마[87] 8개 쿠니의 군세가 이 조그만 성 하나 떨어뜨리지 못하다니, 이 얼마나 부끄러운 일이란 말이냐. 돌이 날아오든, 통나무가 굴러오든, 돌이나 나무가 그렇게 많이 준비되었을 리 없다. 무슨 수를 써서라도 빼앗아라."라며 적은 각자 갈고리를 손에 들고 울타리와 둑을 무너뜨리기 위해 덤벼들었다. 그러자 이번에는 망루에서 기다란 자루가 달린 국자가 몇 백 개고 나오더니 뜨거운 물이 폭포수처럼 쏟아졌다. 적은 갈고리를 버리고 활과 화살을 집어던진 채 달아났으며, 얼굴에는 화상을 입고 피부가 부어올라 싸울 마음을

---

87) 東. '동'의 훈독으로 東国을 아즈마노쿠니라고도 부른다.

잃고 말았다.

그 많던 적병들도 두 번 다시 공격하지 않게 되었다. 그저 멀리서 성을 포위하고만 있었다.

그러는 사이에 성 안의 식량이 떨어져버리고 말았다. 어느 날 마사시게가 부하 병사들을 불러모아,

"안타까운 일이다만, 식량이 떨어져서는 이 성을 더는 지킬 수가 없다. 그렇다고 하여 여기서 싸우다 죽어서는 폐하를 위해 충성을 다할 수가 없다. 그러니 일단은 이 성에서 물러나 적을 멸할 계략을 생각하고 싶다만, 너희들은 어떻게 생각하느냐?"라고 상의했다. 성 안의 사람들은 그야 틀림없이 좋은 생각일 테지만, 구름떼처럼 모여 있는 적의 눈을 피해 이 성에서 빠져나갈 수 있을지, 그것이 걱정이었다. 하지만 마사시게는 그에 관해서도 전부 계략을 세워두고 있었다. 성 안에 커다란 구덩이를 파서 사체 이삼십 구를 그 안에 넣은 뒤, 위에 장작을 잔뜩 쌓아두었다. 이걸 어쩌려는 걸까 싶었는데 어느 비바람이 세차게 몰아치던 날 밤 마사시게가,

"자, 오늘 밤 성에서 빠져나가기로 하자. 여럿이서 몰려나가서는 안 된다. 두어 명씩 눈에 띄지 않게 나가야 한다."라며 사졸들을 따로따로 내보냈다. 그리고 자신도 교묘하게 빠져나갔다. 그리고 뒤에 사람 두어 명을 남겨,

"모두가 빠져나가고 나면 이 구멍 위의 장작에 불을 질러라."라고 말해두었다.

성은 텅 비어버리고 말았다. 남은 자들이 장작에 불을 지르자 불길이 활활 타올라 구름을 찌를 듯했다. 이를 본 적병들이,

"드디어 성이 떨어졌다. 쿠스노키도 마침내는 싸울 마음을 잃은 모양이다."라며 함성과 함께 성 안으로 밀고 들어갔다. 그러나 성 안에서는 병사들의 그림자조차 찾아볼 수 없었다. 단지 한 사내가 엉엉 울고 있을 뿐이었다.

여우에게 홀리기라도 한 것처럼 적병들이,

"이게 어떻게 된 일이냐?"라고 묻자 그 사내는,

"주인이신 마사시게 나리를 비롯하여 모두가 자결을 해서 이런 꼴이 되어버리고 말았습니다."라고 대답하고 다시 엉엉 울었다. 사내가 울며 가리키는 곳을 보니 불길이 치솟고 있는 커다란 구덩이 안에서 수많은 사람들의 뼈가 섬뜩하게 나뒹굴고 있었다. 적의 병사들도 이 모습을 보고,

"딱하게 되었구나. 마사시게마저 자결을 하다니. 적이었지만 훌륭한 무사였는데."라며 눈물을 흘렸다. 그때는 마사시게도 가신들도 모두 안전한 곳에 숨어서,

'다음 번 싸움에서는!' 이라고 생각하고 있었다. 혼자 남아서 울던 사내는 슬퍼서 운 것이 아니었다. 우는 시늉을 잘하는 사내였기에 마사시게가, '언젠가는 도움이 될 것이다.' 라며 데리고 있던 사내였던 것이다.

아카사카 성이 함락되었다는 소식이 사방에 전해지자 천황 편에 섰던 사람들 모두 완전히 기운을 잃고 말았다.

그 후, 아카사카 성은 호조 쪽의 유아사(湯浅) 뉴도라는 자가 지켰다. 겐코 2년(1332) 4월에 뉴도는 자신의 영지에서 군량을 가져다 성의 창고를 가득 채웠다.

그때까지 어디에 숨어 있었는지 마사시게는 그 군량을 나르는 인부들 틈에 섞여 아카사카 성으로 들어갔다. 그리고,

"유아사 뉴도는 어디에 계시오. 쿠스노키 마사시게가 돌아왔소."라고 커다란 소리로 외쳤다. 여기에는 뉴도와 병사 모두 깜짝 놀랐다. 그런데 뉴도가 기특하게도,

"쿠스노키 나리는 훌륭한 무사시다. 그분에게 성을 돌려드리는 것은 당연한 일이다. 그리고 나 역시 쿠스노키 나리 쪽에 서서 천황을 돕기로 하겠다."라며 그 자리에서 항복해버리고 말았다.

이렇게 해서 성은 아주 간단히 마사시게의 손으로 되돌아왔다. 군량도 충분했다.

마사시게가 그해 5월에 병사 3천을 이끌고 오오사카의 텐노지(天王寺) 부근에서 로쿠하라의 병사들을 격파했기에 한때 쇠했던 천황 쪽 사람들도 다시 기세를 올리기 시작했다.

텐노지에서 돌아온 마사시게는 서둘러 콘고산(金剛山) 기슭의 치하야(千早)라는 곳에 성을 쌓았다. 하나의 성으로는 안심할 수 없다고 생각했기 때문이었다.

그 무렵, 다이토노미야도 요시노에서 군대를 일으켰다. 그리고 그 외에도 천황 쪽의 병사들은 점차 숫자를 더해갔다. 이에 타카토키는 아소 하루토키(阿曾 治時) 등 132명의 대장들에게 30여만의 병사를 주어 9월 20일에 카마쿠라를 출발하게 했다. 10월 8일에 선진은 이미 쿄토에 도착했는데, 후진은 아직 카마쿠라에 남아 있었을 정도의 대군이었다. 뿐만 아니라 각지에서 쿄토로 모여든 병사들까지 전부 합치면 80만 명이나 되었다고 일컬어진다. 널따란 쿄토 안팎이 이들

치하야 성 전투

병사로 가득 넘쳐났다. 그리고 겐코 3년(1333) 정월에 이 대군을 셋으로 나누었는데 6만 명의 한 부대는 요시노를 향해 출발했으며, 8만 명으로 이루어진 다른 한 부대는 아카사카 성으로 향했고, 20만 명으로 편성된 나머지 부대는 치하야 성으로 몰려갔다.

이때 마사시게는 치하야 성에 있었다. 아카사카 성은 히라노 쇼겐(平野 將監)이 지키고 있었다. 8만의 대군이 다시 조그만 아카사카 성을 둘러싸고 맹렬하게 공격을 퍼부었다. 히라노 쇼겐도 마사시게가 성을 맡길 정도의 인물이었기에 잘 싸웠으나, 이번에는 적이 물을 끊었기에 단 한 방울의 물도 마실 수가 없어서 안타깝게도 성은 함락되고 말았다.

얼마 뒤 요시노도 함락되었기에 세 갈래로 나뉘었던 적병 모두가 치하야 성으로 몰려들었다.

100만 대군이 셋쓰와 카와치의 산과 들을 가득 메웠다. 그리고 그 한가운데 조그만 치하야 성이 오도카니 서 있었다. 성 안의 병사들은 채 1천 명도 되지 않았다. 제아무리 지혜로운 마사시게라 할지라도 외로운 성에서 얼마 되지 않는 병사로 맞서기란 쉬운 일이 아니었다.

"저렇게 조그만 성, 불면 날아갈 듯하구나. 서두를 필요도 없겠다."라며 한가로운 마음으로 어기적어기적 성을 향해 올라갔다. 성 안은 고요해서 아무런 소리도 들려오지 않았다. 이쯤 되면 섬뜩함이 느껴지는 법이지만 이쪽은 100만 대군이었기에 그 기세를 몰아,

"싸울 마음도 없는 모양이로구나."하며 적군은 성의 나무문 근처까지 올라갔다. 마사시게는 물론 미리 준비해둔 계략을 펼치기 위해서 기다리고 있었던 것이다. 높다란 망루 위에서부터 갑자기 굴러 내려온 수백, 수천 개의 크고 작은 돌덩이에 적군의 방패는 깨지고 투구는 부서지고 몰려들던 자들이 서로 뒤엉켜 밑으로 굴러 떨어졌다. 그렇게 쓰러져 숨진 자가 수천 명. 적은 허둥지둥 달아나려 했으나, 뒤에서부터 밀고 올라오는 아군 때문에 달아날 수조차 없었다. 달아나는 자들이,

"적에게는 계략이 있다. 함부로 나아가서는 안 된다. 뒤로 물러나라."라고 외쳤다. 그러나 뒤에서부터 밀려오는 자들은,

"뭘 꾸물거리는 게냐, 밀고 올라가라. 걸리적거리는 놈들은 그냥 밟고 올라가라."라고 외쳤다. 서로 엎치락뒤치락 한바탕 커다란 소동이 벌어졌다. 그 모습을 본 마사시게가 가까이에 있는 적에게는 돌을 던지고 나무를 굴렸으며, 멀리 있는 적을 향해서는 화살을 쏘고 투석기로 돌을 날렸기에 적의 사상자는 이루 헤아릴 수 없을 정도였다.

여기에 기세가 꺾여버린 것인지 100만 대군은 두 번 다시 공격을 해오지 않았다.

이때 아카사카 성을 함락시키고 온 대장인 아소 하루토키가,

"아카사카 성은 물의 공급을 끊어 떨어뜨렸소. 치하야 성도 그와

같이 물로 괴롭히는 것이 어떻겠소? 짐작건대 저 성의 동쪽을 흐르는 계류의 물이야말로 쿠스노키가 매일 밤 길어다 먹는 물인 듯하오. 그 물을 기르지 못하도록 하는 것이 어떻겠소?"라고 말했기에 그날 밤부터 에치젠의 카미(장관)인 나고시(名越)의 병사 3천 명이 계곡의 두렁에 진을 치고 물을 지켰다. 그러나 성 안에는 물이 솟아나는 곳이 5군데나 있었다. 그랬기에 밤새 물을 지키는 병사들은 그저 지치기만 할 뿐, 아무런 도움도 되지 않았다. 그럼 식량이 떨어질 때까지 기다리자며 싸움을 중단했으나, 이번에는 마사시게가 지푸라기 인형을 만들어 적을 유인하여 백 명이고, 천 명이고 숨통을 끊어놓았다. 이렇게 되자 적군은 더욱 싸워서는 안 된다며, 싸움을 하러 와서 싸움을 해서는 안 된다는 묘한 생각을 하게 되었다. 마사시게의 지혜와 전략이 너무나도 뛰어났기에 이렇게 되어버리고 만 것이었다.

겐코 3년(1333)도 어느 틈엔가 꽃 피는 3월이 되었다. 싸우러 와서 싸우지 않으니 100만 대군은 따분하고 무료해서 견딜 수가 없었다. 매일 차를 마시기도 하고 술을 마시기도 하고, 술을 마셔 취하면 서로 싸우기도 하고 목숨을 빼앗기도 했다. 그런데 3월 4일에 카마쿠라에서 편지가 왔다. 편지에는,

〈그 작은 성 하나 떨어뜨리지 못하고 무엇하고 있는 건가. 얼른 성을 떨어뜨리게.〉

라고 적혀 있었다. 이제는 싸움을 하지 않을 수도 없게 되었다. 이번에는 적도 지혜를 짜내서 길이 20길(60m), 폭 1길 5자(4.5m)나 되는 커다란 사다리를 여러 개 만들게 했다. 그 사다리를 해자 이쪽에서부터 성벽에 걸쳐놓고 그것을 건너서 단번에 성 안으로 공격해 들어가려 한 것이었

다.

　드디어 사다리가 완성되어 성 안으로 들어가기로 한 날이 되었다. 커다란 사다리가 해자를 건너, 골짜기를 넘어 성에 걸쳐졌다. 몇 천 명이나 되는 병사들이 그 사다리를 타고 앞 다투어 성을 향해 나아갔다.

　그러나 마사시게 쪽에서는 이것을 막을 준비가 이미 되어 있었다. 적병이 개미떼처럼 그 사다리를 타고 이쪽으로 건너오려 하자 성의 망루 위에서 몇 백 개인지도 모를 횃불을 던졌고, 그것이 전부 사다리 위에 산더미처럼 쌓였다. 불이 활활 타올랐다. 거기에 성 안에서 물뿌리개로 기름을 폭포수처럼 퍼부었다. 때마침 불어온 계곡의 바람에 불길이 번져서 사다리가 삽시간에 타버리고 말았다. 사다리가 타는 것이야 상관없는 일이었으나 그 위에 개미떼처럼 몰려 있던 수천 명의 병사들이 타기 시작했으니, 견딜 수 없는 일이었다. 사다리 아래는 깊은 해자, 혹은 천길 골짜기 속이었다. 적이,

　"앗, 뜨거워. 뒤로 물러나. 살려줘."라고 비명을 올리는 사이에 사다리가 전부 불에 타 부러져버렸다. 이렇게 해서 수천에 이르는 적병들이 혹은 해자 속으로, 혹은 골짜기 속으로 떨어져 한 사람도 남김없이 목숨을 잃고 말았다.

　그러는 사이에 토쓰가와 부근의 무사들이 마사시게와 연락하여 적의 식량이 오는 길을 끊고 운반해온 식량을 빼앗았다. 병사의 숫자가 많으면 많을수록 식량은 쉽게 떨어지는 법이다. 설령 몇 십만의 대군이라 할지라도 굶주려서는 싸울 수가 없다. 달아나는 자, 고향으로 돌아가는 자가 날마다 늘어, 100만 대군이었던 것이 10만여로 줄어버리고 말았다.

그 동안에 카마쿠라와 로쿠하라가 함락되었다는 길보가 날아들었다. 그러나 그렇게 되기까지 인내한 마사시게의 고통은 이만저만한 것이 아니었다.

5. 한냐지의 경함

　이야기를 조금 앞으로 되돌려 겐코 원년(1331) 8월, 호조 타카토키는 고다이고 천황과 모리나가 친왕을 섬으로 유배보내려 했다. 이에 천황은 카사기로 들어갔으며, 친왕은 야마토의 한냐지(절)로 몸을 숨겼다.

　이후 카사기가 함락되자 타카토키는 무례하게도 천황에게 오키노쿠니로 갈 것을 요구했다. 이 소식을 전해들은 친왕은 한냐지에 머무는 것은 위험하다고 생각했으나, 그렇다고 해서 딱히 갈 만한 곳이 떠오르는 것도 아니었다. 한편 호조 쪽에서는 친왕이 이 절에 숨어 있다는 사실을 일찌감치 알아채고 500여 명의 병사로 절을 포위해 친왕을 잡아들이려 했다. 참으로 불행하게도 그때 친왕 곁에는 사람이 한 명도 없었다. 친왕이 제아무리 용맹한 사람이라 할지라도 혼자서는 그들을 막을 수 없었다. 서둘러 불전으로 들어갔으나 마땅히 숨을 만한 곳도 보이지 않았다. 문득 옆쪽을 보니 대반야[大般若]라는 불경을 넣어두는 함이 3개 있었다. 그 가운데 하나는 불경을 반쯤 꺼낸 채로 뚜껑이 덮여 있었다.

　'그래, 여기가 좋겠군.' 하고 친왕은 그 함 안으로 들어가 머리 위를 그 불경으로 덮은 뒤,

　'만약 적에게 들킨다 할지라도 비천한 자의 손에 죽지는 않겠다.' 라

며 단도를 빼들어 목 부근에 대서, 만약의 사태가 벌어지면 단번에 찌를 각오를 했다.

잠시 후, 적병들이 우르르 불전 안으로 들어왔다.

"틀림없이 여기에 계실 것이. 어디에 숨으신 건지."라며 천장에서부터 불단 아래까지 찾아보았으나 보이지 않았다.

"이 경함 속이 아닐까?"라며 뚜껑이 덮여 있는 함 2개를 살펴보았으나 역시 없었다.

"여기는 아니야. 옆방 아닐까?"라며 다른 방으로 가버렸다. 친왕은 간신히 목숨을 건지기는 했으나 적이 다시 돌아올지도 모를 일이었기에 서둘러 그 함에서 나와 조금 전에 적이 살펴보았던 함으로 다시 들어가 뚜껑을 덮은 채 숨을 죽이고 있었다. 아니나 다를까 적들이 다시 돌아와서,

"아까 함 하나를 보지 않았어. 거기가 아닐까?"라며 조금 전까지 숨어 있던, 뚜껑이 덮여 있지 않은 함 속을 살펴보았다. 거기에도 물론 있을 리가 없었다. 적은,

"다이토노미야는 안 계시고, 당나라의 현장법사만 계시는군."이라고 농담을 하며 마침내는 절 밖으로 나갔다.

참으로 위험한 순간이었다. 친왕은 크게 한숨을 내쉬고,

'이래서는 여기에 머물 수 없다.'라며 곧 절에서 나와 떠돌이 수행자의 모습으로 꾸민 뒤, 키슈의 쿠마노 쪽으로 달아났다. 그때 친왕을 수행한 것은 아카마쓰 노리스케(赤松 則祐), 무라카미 요시테루(村上 義光), 카타오카 하치로(片岡 八郎) 등 9명이었다.

친왕은 귀한 몸이었으나 험한 산이나 깊은 계곡도 마다하지 않고

걸어서 마침내 야마토 토쓰가와 부근의 마을에 이르렀다. 이 마을에 사는 무사 가운데 토노 헤에(戸野 兵衛), 타케하라 하치로(竹原 八郎)라는 자가 있었다. 두 사람은 조정을 위하는 마음이 깊은 자들이었기에 친왕을 위해서 어소를 마련하고 사방에 관문을 설치하여 싸울 준비를 했다. 토쓰가와 사람들도 친왕을 위해 목숨을 바쳐 싸우겠다고 다짐했다.

그 소문이 사방으로 퍼지자 쿠마노 신사의 벳토(장관)인 조헨(定遍)이라는 자가 호조의 명령을 받아 친왕을 잡기 위해 부근을 엿보기 시작했다. 그러나 토쓰가와는 산이 높고 길이 험해서 쉽게 공략할 수 있는 땅이 아니었다. 이에 조헨은,

"다이토노미야의 목을 가져오는 자에게는 장원 하나를 영지로 주겠다. 그 가신 가운데 한 명을 죽이면 커다란 상을 내리겠다."라고 곳곳의 마을에 게시했다. 이를 본 사람들 모두 욕심이 생겼다.

"이봐, 막일꾼이든 거지든 공을 세우기만 하면 장원의 주인이 될 수 있어. 토쓰가와로 가보세."라며 수많은 자들이 같은 마음을 품었다. 참으로 난처하게도 타케하라 하치로의 아들인 야고로(弥五郎)라는 자가, 아버지의 마음과는 달리 친왕을 죽여 상을 받아야겠다고 생각했다. 이제는 토쓰가와도 위험한 땅이 되었다. 어렵게 찾아온 토쓰가와였으나 이래서는 더 이상 머물 수 없었기에 친왕은 따르는 자들과 함께 몰래 그곳에서 나와 코야(高野) 쪽으로 향했다.

그 길에는 오바라(小原), 이모세(芋瀬), 나카쓰가와(中津河) 등과 같은 마을들이 있었다. 이러한 마을들은 모두 호조 편이어서 쿠마노 벳토인 조헨의 명령을 따르는 곳이었다. 따라서 함부로 지날 수는

없는 일이었다. 그렇다고 해서 지나지 않을 수도 없었다. 친왕은 우선 이모세 장원의 주인인 쇼지(庄司)에게 사람을 보내서 무사히 지나가게 해달라고 설득했다. 그러자 쇼지는,

"이대로 그냥 지나게 할 수는 없습니다. 함께 온 자 가운데 한두 명을 맡기거나, 그도 아니라면 친왕의 비단 깃발을 내리십시오. 그렇게 하신다면 나중에 벳토의 꾸지람을 듣더라도 변명을 할 수 있을 것입니다."라며 어려운 요구를 해왔다. 얼마 되지도 않는 사람들 가운데 단 한 명이라도 그런 자에게 맡길 수는 없는 일이었다. 그렇다고 여기서 싸운다면 어떤 위험이 닥칠지 알 수 없는 일이었기에 친왕은 어쩔 수 없이 소중히 간직하고 있던 깃발을 건네주고 그곳을 지났다. 따르는 자 가운데 무라카미 요시테루는 혼자 뒤떨어져 오고 있었는데, 도중에 친왕의 깃발을 가지고 돌아오는 이모세의 쇼지와 마주쳤다. 요시테루는 전후 사정을 알지 못했기에 존귀한 친왕의 깃발을 이처럼 비천한 자가 들고 있다니 이게 무슨 일일까 싶어,

"네가 어찌해서 그 깃발을 가지고 있는 것이냐?"라고 호통을 쳤다. 쇼지가 그 이유를 설명하자 요시테루는,

"무례하기 짝이 없는 놈이로구나. 역적을 치기 위해 나서셨는데 돕지는 못할망정 이 무슨 짓이란 말이냐!"라며 느닷없이 그 깃발을 빼앗더니 깃발을 들고 있던 자를 멀리로 차서 쓰러뜨린 뒤, 뒤도 돌아보지 않고 친왕을 따라갔다. 요시테루가 깃발을 들고 따라오는 모습을 본 친왕은,

"잘도 되찾아왔구나."라며 기뻐했다. 그러나 하나의 난관을 지나자 또 다른 난관이 기다리고 있었다. 그 이튿날, 타마키(玉置)의 쇼지가

다시 길을 막았기에 친왕을 따르던 자 가운데 한 명이 목숨을 잃고 말았다. 그곳에서 벗어나 나카쓰가와 부근의 고개까지 갔으나 타마키의 쇼지가 오륙백 명의 병사들을 데리고 여전히 뒤에서 쫓아오고 있었다. 친왕은,

"이래서는 도저히 갈 수가 없겠구나. 화살이 남아 있는 한, 칼이 버티는 한 싸우기로 하자."라고 용감하게 결심했다. 바로 그때 앞쪽에서 3천 명쯤의 군세가 달려오고 있는 것이 보였다.

"적이냐, 아군이냐."

다행스럽게도 키이의 노나가세 로쿠로(野長瀬 六郎)라는 자가 친왕을 돕기 위해 달려온 것이었다. 노나가세는 단숨에 타마키 쇼지의 병사들을 흩어놓고 친왕을 요시노까지 안전하게 데리고 갔다.

요시노야마로 들어간 친왕은 자오도(蔵王堂)를 본진으로 삼고 요소요소에 목책을 둘러 적의 침입에 엄중하게 대비했다.

그런데 앞서도 이야기한 것처럼 타카토키가 겐코 3년(1333) 정월에 80만 대군을 보내서 요시노, 아카사카, 치하야 세 곳을 공격케 했고 2월 18일부터 싸움이 시작되었다. 적이 날카로운 기세로 공격해 들어왔다. 이제 막 꽃이 피려 하는 요시노야마도 함성과 화살 소리로 섬뜩한 날들이 이어지고 있었다.

친왕 쪽에 선 병사들의 숫자는 얼마 되지 않았으나 충의를 위해 목숨을 아끼지 않는 자들뿐이었기에 칸토의 군세가 수만의 대군이라 할지라도 조금도 겁먹지 않고 맞서서 적을 내몰고, 차서 흩어놓고, 찌르고, 습격을 가하는 등 물러서는 모습은 전혀 보이지 않았다.

그런데 요시노야마에 사는 자 가운데 적을 샛길로 안내해서 성

뒤편까지 데리고 온 자들이 있었다. 그들이 적과 함께 곳곳에 불을 질렀다. 그것을 신호로 적의 5만 대군이 세 방면에서 일제히 공격하기 시작했다.

그래도 친왕은 조금도 당황하지 않고 왜장도를 옆구리에 낀 채 어소 앞의 정원에 서서,

"보잘것없는 적이다. 차서 흩어버려라."라며 스스로 앞장서서 병사들을 지휘하여 치열하게 싸움을 전개했다. 선두에 섰던 적은 그 기세에 눌려 달아나버리고 말았으나 뒤이어 공격해 들어올 적의 숫자가 얼마일지 알 수 없는 일이었다. 멀리 쫓아가서는 위험하다고 생각했기에 일단은 자오도의 앞마당으로 돌아와, 거기서 마지막 잔치를 열었다. 친왕의 갑옷에는 화살이 7개나 꽂혀 있었다. 팔과 얼굴에도 두 군데씩 상처를 입어 피가 뚝뚝 떨어졌다. 친왕은 화살을 뽑으려 하지도 않고, 피를 닦으려 하지도 않고 술을 3번 마셨다. 그때 키데라 사가미(木寺相模)라는 자가 장검 끝에 적병의 목을 꽂은 채 친왕 앞에서 커다란 목소리로 노래를 읊으며 춤을 췄다.

〈전광석화처럼 검극의 빛 번뜩이고, 빗발처럼 화살 오가네〉

씩씩하면서도 슬픈 노래였다. 그 자리로 무라카미 요시테루가 달려 돌아왔다. 요시테루의 갑옷에는 화살이 16개나 꽂혀 있었다. 다급한 목소리로,

"첫 번째 문도, 두 번째 문도 뚫리고 말았습니다. 한시라도 빨리 이곳에서 벗어나시기 바랍니다. 제가 뒤에 남아 적을 막겠습니다."라고 말하자 친왕은,

"죽어야 한다면 그대들과 함께 죽을 것이다."라고 말했다. 그러나

요시테루는,

"그래서는 큰일을 이룰 수가 없습니다. 자, 얼른 서둘러서."라며 재촉하고, 친왕의 갑옷을 벗겨 자신의 몸에 둘렀다. 친왕은 어쩔 수 없이 그곳에서 벗어났다. 요시테루는 친왕이 멀리로 갔을 때쯤을 가늠하여 망루 위로 올라가 적병을 아래로 굽어보고,

"지금 천황의 황자인 모리나가가 여기서 자결하기로 하겠다."라며 황금 투구를 벗어 적병을 향해 던지고, 칼을 뽑아 왼쪽 옆구리에 꽂은 뒤 오른쪽으로 힘껏 당겨 배를 가른 다음, 내장을 꺼내 망루 바닥에 털썩 내던져 용감한 최후를 마감했다.

적병들이 다이토노미야가 자결했다며 그 목을 취하기 위해 서로 다투는 동안 친왕은 아마노카와(天河)를 따라 코노 쪽으로 달아났다.

6. 센조산의 나무 사이

도읍에서 멀리 떨어진 바다 위 작은 섬의 통나무로 지은 어소에 머무는 것은 얼마나 괴로운 일이었을지. 이제야 비로소 꽃피는 봄이 찾아왔다.

겐코 3년(1333) 2월 24일, 고다이고 천황은 로쿠조 타다아키 단한 사람만을 데리고 통나무 어소에서 나왔다. 물론 밤의 일이었다. 길은 어두웠으며 아무런 불빛도 없었다. 어소에서 해안까지는 상당히 먼 길이었으나 타고 갈 가마조차 없었다. 천황은 짚신을 신고 있었으며, 혹시 뒤따라오는 자는 없는지 염려하며 길을 서둘렀다. 치부리(千波)의 항구에 이르러 이리저리 배를 찾아다녔다. 드디어 배를 찾아냈다. 뱃사람은 천황의 모습을 보더니 그 위광에 짓눌려 자신도 모르게 몸을 넙죽 엎드렸다. 타다아키가,

"폐하실세."라고 알려주었다. 뱃사람은 몸을 떨며 무슨 일이 있어도 바다를 건너게 해야 한다는 사실을 깨달았다. 항구를 출발한 배는 바다에서 바람을 만나 사오일이나 떠다녔다. 그러다 간신히 호키(伯耆 돗토리 현 중부와 서부.하쿠슈.상국.중국) 앞바다에 다다랐다. 그 부근에 마침 낚시를 하고 있는 배가 있었기에 타다아키가,

"여기는 어디인가?"라고 묻자,

"카타미(片見)라는 곳입니다."라고 대답했다.

"나와노쇼(奈和庄)라는 곳은 어느 쪽인가?"라고 다시 묻자,

"여기서 50리쯤 뒤로 가셔야 합니다."라고 말했다.

"그렇다면 지나친 게로군."이라며 배를 돌리려 한 순간 수십 척의 배가 뒤에서 따라오고 있었다. 사사키 키요타카가 뒤를 쫓아온 것이었다.

"어찌하면 좋단 말이냐."

타다아키는 뱃사람에게 명하여 배를 일부러 뒤쫓아오는 자들 쪽으로 저어가게 했다. 그러자 뒤쫓아 온 배 안에서,

"혹시 수상한 배를 보지 못했느냐?"

뱃사람이,

"글쎄, 누구인지는 모르겠으나 공경 2사람쯤을 태운 배가 지나가기는 했습니다. 여기서 오륙십 리쯤 앞에서 보았습니다."라고 능청스럽게 말했다. 이를 들은 추격자들은,

"틀림없이 그 배일 것이다. 서둘러라, 서둘러."라며 쏜살같이 배를 저어 달려갔다.

천황이 탄 배는 아슬아슬하게 위험에서 벗어나 오오사카 항구(나와 항구라고도 한다.)에 이르렀다.

그곳에는 나와 마타타로 나가타카(名和 又太郎 長高나가토시)라는 사무라이가 살고 있었다. 나가타카는 그 지역에서 세력을 가지고 있는 자였다. 로쿠조 타다아키는 나리타 코타로(成田 小太郎)라는 자를 사자로 나가타카에게 보내서,

"폐하께서 지금 이곳의 항구에 오르셨다. 예전부터 그대의 무용을 들었기에 그대에게 의지하시려 하신다."라는 말을 전하게 했다. 이

말을 들은 나가타카는 눈물을 줄줄 흘리며,

"폐하의 황공하신 말씀을 들은 자가 어찌 가타부타 말할 수 있겠습니까. 더없이 명예로운 일입니다."라며 서둘러 갑옷을 차려입고 마중을 위해 달려나갔다. 일족들도 각자 준비를 서둘러 해안으로 달려갔다.

해안으로 갔으나 배 한 척 보이지 않았다. 어떻게 된 일일까 동쪽으로 찾으며 가보니 하마노쓰(浜津)라는 곳에 배 한 척이 쓰러져 있었다. 나가타카가 말에서 내려,

"로쿠조 나리, 계십니까?"라고 타다아키를 불렀으나 배 안에서는 아무런 대답도 없었다. 이때 배에는 천황이 홀로 있었는데 혹시 적일지도 몰랐기에 대답을 하지 않은 것이었다. 그러나 밖에서 소란을 피우는 듯한 기색이 없었기에, 그렇다면 데리러 온 것이구나 싶어 스스로 덮개를 치우고 밖으로 나왔다.

관은 찌그러지고 옷은 쭈글쭈글해진 가슴 아픈 모습이었다. 이를 보고 나가타카를 비롯하여 모든 자들이 고개를 숙인 채 소리죽여 눈물을 흘렸다. 천황도 눈물을 글썽였다. 나가타카가 모래 위에서 머리를 조아리며,

"나가타카가 모시러 왔습니다."라고 말하자 천황은 눈물을 줄줄 흘리며,

"오키에서부터 쫓아온 자들이 아닐까 하여……."라고 말하면서도 다시 소매를 얼굴에 대고 눈물을 흘렸다.

그때 심부름을 갔던 타다아키가 돌아왔다. 그리고,

"나리께서 나와 마타타로이십니까?"라며 너무나도 커다란 기쁨에 말을 잇지 못할 정도로 눈물을 흘렸다.

천황도 눈물을 흘렸고 천황을 지키던 자도 마중을 나온 자도 모두 눈물을 흘렸다.

기쁨의 눈물 속에서 나가타카가 아들 모토나가(基長)를 돌아보며, "폐하를 모실 가마가 어찌해서 오지 않는 것이냐?"라고 묻자 모토나가는,

"이곳에 계신 줄 몰랐기에 해안 부근으로 가지고 왔습니다."라고 대답했다. 나가타카는 원래부터 힘이 좋은 무사였다. 갑자기 거친 돗자리를 갑옷 위에 두르더니 천황을 업고, 나와 저택으로는 가지 않고 센조산(船上山) 위에 있는 절로 데리고 갔다.

나가타카는 곧 처자들을 먼 지방으로 보내고 나와 저택에 불을 지른 뒤, 일족 등 300명과 함께 절로 들어갔다.

센조산은 험하고 요해에 위치한 산이었다. 산 위에는 나무와 나무 사이에 목책을 둘렀다. 집을 부수어 방패로 삼았다. 나가타카의 동생인 우지타카(氏高)는 지혜로운 사무라이로 급히 천을 잘라서 수백 개의 깃발을 만들었다. 그 깃발에 부근에 살고 있는 강한 사무라이들의 가문을 새기고 산 위에 그 깃발들을 세워놓았다. 그것을 기슭에서 보면 부근의 무사들 모두가 천황의 편에 선 것처럼 보였다.

천황이 센조산 위에 있다는 사실을 안 사사키 키요타카가 2월 29일에 3천 명의 병사들을 이끌고 와서 공격하기 시작했다. 나가타카가 얼마 되지 않는 병사들을 데리고 용감하게 싸웠다. 수많은 병사들을 잃은 키요타카는 발걸음을 돌려 달아나버리고 말았다.

천황이 나가타카를 칭찬하며 호키의 카미에 임명했다. 그리고, "길고 높은 것은 위험하네. 오래도록 번영하라고 이름을 나가토시

센조산 전투

(長年)로 바꾸도록 하게"라고 말했다. 나가타카는 이때부터 나가토시라 불리게 되었다.

나가토시가 사사키 키요타카를 내쫓았다는 소식이 근방에 전해지자 부근의 무사들 모두 센조산으로 모여들기 시작했다. 앞서 우지타카가 만들었던 깃발은 더 이상 필요치 않게 되었으며, 그 가문의 진짜 주인들 모두가 산으로 모여들었다. 이제 센조산은 정상에서부터 기슭까지 병사들로 넘쳐나게 되었다.

이에 천황은 로쿠조 타다아키를 대장으로 삼고 3만의 병사를 주어 쿄토의 로쿠하라를 정벌케 했다. 이 소식이 카마쿠라에 전해지자 타카토키는 나고시 타카이에(名越 高家), 아시카가 타가우지(足利 高氏) 두 사람을 쿄토로 보내어 타다아키를 막게 했다. 이는 1333년 3월 27일의 일이었다. 이때 타카우지는 병에 걸려 있었기에 이를 사양했으나 타카토키가 그 말을 받아들이지 않았다. 타카우지는 어쩔 수 없이 서쪽으로 향했으나, 길을 가며 이렇게 생각했다.

'나는 원래 겐지(미나모토 씨)다. 언제까지고 호조 씨만 따르고 있을 수는 없다. 게다가 앞서는 아버지의 상중이었음에도 카사기로 출진하라는 명령을 받았으며, 지금은 병중임에도 불구하고 서쪽으로 올라가지 않으면 안 되다니 참으로 한심한 일이다. 집안을 위해서도 나를 위해서도 나는 관군이 되어야겠다.'

4월 16일이 되어 쿄토에 도착한 타카우지는 그 이튿날 센조산으로 사람을 보내 귀순을 청했다. 천황은 이를 바로 수락했다.

그 답을 듣고도 타카우지는 아무 일 없었다는 듯한 얼굴로 나고시 타카이에를 산요88) 쪽으로 보내고 자신은 호키 쪽을 치러 가는 척하며 일단은 탄바(丹波쿄토 중부 및 효고 현 북동부.탄슈,상국,근국)까지 갔다. 그때 나고시 타카이에는 하리마에서 아카마쓰 노리무라(赤松 則村)와 싸우다 전사하고 말았다. 그 소식을 접한 타카우지는 탄바의 시노무라(篠村)에 있는 하치만 신사 앞에 병사들을 모아놓고,

"나는 오늘부터 천황의 편에 서기로 했다."라고 그 결심을 밝혔다. 그리고 5월 7일에 아카마쓰 노리무라, 로쿠로 타다아키와 연합하여 세 방면에서 로쿠하라를 공격했다. 2명의 탄다이 가운데 한 명은 화살에 맞아 죽었고 다른 하나는 자결하여 아주 간단히 로쿠하라를 손에 넣었다.

이 소식이 센조산에 전해졌을 때의 천황의 기쁨은 이만저만한 것이 아니었다. 또한 그때까지 치하야 성을 포위하고 있던 카마쿠라 세력들

---

88) 山陽. 7도 가운데 하나. 혼슈 서부의 세토나이카이에 면한 지방.

도 이 소식이 전해지자 모두 포위를 풀고 각자 돌아가버리고 말았다. 참으로 오랜 시간 커다란 고생을 겪었던 마사시게였으니 그 기쁨 역시 말로 표현할 수 없는 것이었으리라.

7. 호조 씨의 멸망

호조 타카토키가 80만 대군을 보내 치하야 성을 공격하게 했을 때, 닛타 요시사다(新田 義貞)도 역시 호조 씨의 공격군으로 그 가운데 가담해 있었다. 그러나 요시사다는 이전부터,

'나는 겐지다. 언제까지고 호조 씨 밑에만 있고 싶지는 않다. 어떻게 해서든 관군으로 돌아서고 싶다.'라고 생각하고 있었다. 이에 동료들 몰래 다이토노미야의 영지[令旨]를 받아 그대로 자신의 쿠니인 코즈케의 세라다(世良田)로 돌아가버렸다. 이는 겐코 3년(1333) 3월 12일의 일이었다.

그런 줄도 모르고 타카토키는 3개월이나 포위하고 있는 콘고산의 성이 아직 떨어지지 않았기에 다시 10만 대군을 보내기 위해 그에 필요한 돈을 내라고 요시사다에게도 명령했다. 화가 난 요시사다는 그 사자의 목을 베어버렸다.

이 소식을 들은 타카토키는,

"괘씸한 놈이로구나. 당장 쳐서 없애도록 하라."라며 그 준비에 들어갔다. 이 소문을 들은 요시사다는,

"카마쿠라 세력이 공격해 오면 어떻게 막아야 하겠는가?"하고 일족들을 모아 상의 했다. 사람들이 저마다,

"토네가와(강)에서 적을 막읍시다."

"에치고로 가서 사람을 모아야 합니다."라는 등 여러 가지 의견을 냈는데 그때 요시사다의 동생인 와키야 요시스케(脇屋 義助)가, "적을 두려워하여 쿠니를 지키기만 하는 것도 좋은 방법은 아닌 듯합니다. 멀리로 물러나는 것도 좋은 방법은 아닙니다. 보란 듯이 충의의 깃발을 올려서, 다행히 많은 자들이 모여들면 카마쿠라까지 공격해 들어가는 것이 좋을 듯합니다."라고 용감하게 말했기에 그렇게 하기로 결론이 내려졌다.

요시사다는 5월 8일에 세라다에서 나와 닛타군의 카사가케노(笠懸 野)라는 곳까지 갔다. 그리고 충의의 백기를 이쿠시나(生品) 신사 앞에 세워놓고 승리를 빌었다. 그때 아군은 겨우 150명밖에 되지 않았다. 그리고 기치를 올렸으나 누구 하나 달려오는 자가 없었다. 해는 벌써 저물려 하고 있었다.

그때 2천쯤의 병사들이 토네가와 쪽에서 흙먼지를 일으키며 달려오는 것이 보였다. 적군일까, 아군일까. ─참으로 반갑게도 에치고의 병사들이 아군에 가담하기 위해 달려온 것이었다.

9일에는 군을 이끌고 토네가와를 건너 무사시노쿠니로 들어갔다. 여기에 이르자 코즈케, 시모쓰케, 카즈사, 히타치, 무사시의 무사들이 여기저기서 몰려들어 20만 7천여 명이나 되었다. 이 정도의 대군이 모일 줄은 요시사다도 생각하지 못했으리라. 10일에는 무사시의 이루마가와(入間川)까지 진출했다. 길은 널따랗게 무사시노를 가로질러 카마쿠라 쪽으로 나 있었다. 둘러보니 그 벌판에는 시야 끝까지 병사들로 가득 넘쳐났다.

이 사실이 카마쿠라에 전해지자, 타카토키는 열화와 같이 화를 냈다.

"당장 병사들을 내어라."

출동한 병사들은 11만 명, 그들이 2갈래로 나뉘어 앞으로 나아갔다. 11일에는 그 카마쿠라 세력이 지금의 토코로자와(所沢) 부근에 도착했다. 요시사다는,

"잘도 왔구나. 우리가 먼저 밀고 들어가겠다."라며 곧 이루마가와를 건너 적을 향해 나아갔다. 격전이 하루 종일 계속되었으나 승부는 가리지 못한 채 밤이 되어버리고 말았다. 12일에 요시사다는 적의 대장인 사쿠라다 사다쿠니(桜田 貞国)를 격파했다. 이 소식을 접한 타카토키는 동생인 야스이에(泰家)에게 명령하여 십만 명의 병사를 이끌고 타마가와(多摩川) 부근에 있는 후추(府中)로 가게했다. 15일 아침, 원군이 왔다는 사실을 알지 못한 요시사다는 적진으로 공격해 들어갔다가 야스이에에게 크게 패하고 말았다. 패한 요시사다가 낙담하고 있을 때 미우라 요시카쓰(三浦 義勝)라는 자가 6천의 병사들을 이끌고 도우러 와주었다. 여기에 힘은 얻은 요시사다는 이튿날 후추 부근에서 야스이에를 격파하여 어제의 치욕을 씻었으며 타마가와를 건너 세키도(関戸) 부근까지 진격했다. 야스이에는 간신히 목숨만 건져 카마쿠라로 달아나버리고 말았다.

이처럼 요시사다가 야스이에를 격파했다는 소식이 각지에 전해지자 근방의 병사들이 다시 속속 모여들어 총 60만. 요시사다는 그 기세를 몰아 후지사와(藤沢)까지 진군했다. 거기서 카마쿠라까지는 2, 30리 (약 10㎞)밖에 되지 않았다.

"마침내 내일이면 카마쿠라를 공격하게 될 것이다. 모두 충분히

쉬도록 하라."라며 그날 밤은 그 부근에서 묵었다.

　18일에 요시사다는 병사를 세 갈래로 나누어 코부쿠로(巨福呂) 성으로 10여만 명, 고쿠라쿠지지카(極楽寺坂)로도 10여만 명을 보내고, 자신은 요시스케와 함께 40만 대군을 이끌고 케와이자카(化粧坂)로 향했다. 마침내 카마쿠라 최후의 날이 다가온 것이었다. 그러나 호조 씨도 과연 만만치는 않았다. 수십만 대군을 서쪽으로 보내고 난 뒤에도 여전히 카마쿠라에는 구름떼와 같은 병사들이 남아 있었다. 특히 카마쿠라는 공격하기에는 어려우나, 지키기는 쉬운 땅이었다. 요시사다가 세 갈래로 공격을 해들어오자 타카토키도 역시 세 갈래로 군대를 나누어 그들을 막았다. 코부쿠로 쪽으로는 6만 명, 고쿠라쿠지 자카 쪽으로는 5만 명, 케와이자카 쪽으로는 3만 명, 그리고 카마쿠라에 남아 있는 병사 10만 명.

　"요시사다가 어떤 식으로 공격해오든 카마쿠라 안으로는 한 발짝도 들이지 못하게 하겠다."라며 대장도 사무라이들도 용기에 넘쳐 있었다. 18일 오전 10시 무렵부터 세 방면 모두에서 격렬한 싸움이 시작되었다. 화살이 빗발처럼 날아다녔다. 함성이 하늘을 떨게 하고 땅을 뒤흔들었으나 승부는 조금도 알 수 없었다. 쏘고 베어도 적과 아군 모두 누구 하나 물러서는 자가 없었다. 아들이 쓰러지면 아비는 그 시체를 넘어가 싸웠다. 형이 칼에 맞으면 동생은 형의 시체를 뛰어넘어 달려나갔다. 몸은 지쳤으나 마음은 조금도 약해지지 않았으며, 배는 고팠으나 기운은 조금도 떨어지지 않았다. 18일이 저물고 19일이 지나고 20일이 되어서도 앞으로 나아갈 수 없었으며, 물러나는 자도 없었다.

　21일의 일이었다. 요시사다는,

'이러한 상태가 계속된다면 무엇보다 병사들의 사기가 떨어지고 말 것이다. 오늘은 무슨 일이 있어도 카마쿠라로 들어가야 한다.'라고 생각했기에 1만 정도의 병사들을 데리고 카타세의 코시고에(腰越)에서 시치리가하마(七里ヶ浜)를 지나 이나무라가사키(稲村ヶ崎)까지 나아갔다. 이나무라가사키는 깎아지른 듯한 절벽이 바다 쪽으로 돌출되어 있는 곳이었다. 절벽 아래로 바닷물이 밀려와서 하얀 눈처럼 부서지고 있었다. 배를 타지 않는 한 도저히 지날 수가 없었다. 그런데 바다 위에는 적의 병선이 몇 백 척이고 떠 있었다. 요시사다는 말을 절벽 부근까지 몰고 가서 적을 가만히 살펴보다 곧 말에서 내려 절벽 끝까지 조용히 걸어갔다.

'바다의 신이시여, 제가 카마쿠라로 들어가 호조를 멸망시키려는 것은 저 혼자만의 욕심이나 이익을 얻기 위해서가 아닙니다. 오로지 충성스러운 마음으로 타카토키를 멸하여 폐하의 마음을 편안히 해드리기 위해서입니다. 저의 이 충심을 헤아리신다면 모쪼록 이나무라가사키 아래로 밀려드는 저 파도를 잠시 멈추게 해주십시오.'

요시사다는 마음속으로 이렇게 빌었다. 그리고 황금으로 만든 칼을 허리에서 풀어 텀벙 바다 속으로 던져 넣었다.

신도 요시사다의 충심에 감동했는지 잠시 시간이 흐르자 신기하게도 바다의 파도가 20여 정(2km)이나 뒤로 물러났다. 적의 병선도 물살에 떠밀리듯 바다 쪽으로 흘러갔다.

"오오, 바다의 신께서 나의 마음을 헤아려주셨구나. 신의 도움이 있으니 이길 것은 당연한 일이다."라고 기뻐하며 요시사다는 용기를 내어 깃발을 높이 치켜들고,

닛타 요시사다

"전진!"

전군이 모래를 박차고 지금까지 절벽으로 밀려오던 파도보다 더 맹렬하게 유이가하마(由比ヶ浜)를 향해 달려나갔다. 그 1만의 병사들 뿐만이 아니었다. 뒤를 이어 2만, 3만, 5만이 따라왔으며, 카마쿠라로 들어가자마자 부근의 민가에 불을 질렀다. 생각지도 못했던 대군의 습격에 이은 커다란 불. 카마쿠라 사람들은 어디로 달아나야 좋을지 몰라 커다란 소동이 벌어졌다.

그때 타카토키는 자신의 저택에 머물며 곳곳에서 들려오는 전투의 상황을 듣고 있었다. 기쁜 소식이 들려오기도 하고 슬픈 소식이 들려오기도 하고, 여러 가지 보고가 있었다. 그런데 그 가운데서도,

"요시사다의 군이 이나무라가사키를 돌아서 벌써 카마쿠라 안으로 들어왔습니다."라는 보고는 가장 슬픈 보고 가운데 하나였으리라. 타카토키는 낯빛이 바뀌어,

"얼른 막을 준비를 해라."라고 말했으나 준비를 한다고 해봐야 이미 늦었다. 벌써 귓가로 함성이 들려오기 시작했다. 민가에 붙은 불길이 눈앞에서 타오르고 있었다.

그때 타카토키 곁에는 카마쿠라 제일의 용사로 이름 높은 시마즈 시로(島津 四郎)라는 자가 있었다. 타카토키가 시로를 돌아보며,

"시로, 드디어 그대가 나설 때가 된 듯하네. 얼른 가서 적들을 내몰기 바라네. 자, 이 술잔을 받게."

시로는 공손하게 술잔을 받아 삼배를 마셨다. 타카토키는,

"시로에게 시라나미(白浪)를 내주어라."

시라나미는 타카토키가 가장 아끼는 준마였다. 시로는 그 말 위로 훌쩍 뛰어올랐다. 칸토 제일의 용사가 칸토 제일의 명마에 올라 쏜살처럼 달려나가는 모습은 위풍당당하여 주위를 압도할 정도로 늠름한 것이었다.

요시사다의 병사들이 멀리서 그 모습을 보고,

"오오, 훌륭한 무사다. 만만치 않겠구나. 방심해서는 안 된다."라며 모두가 뒷걸음질을 쳤다. 요시사다도 그 모습을 보고,

"더할 나위 없이 훌륭한 무사로구나. 저 자를 베어 공을 세워라."라고 호령했다. 이에 용기를 얻은 자 서너 명이,

"이놈, 내 손으로 베어주겠다."라며 씩씩하게 달려나갔다. 그들의 싸움이 어떻게 될지 모두가 침을 삼키며 그 모습을 지켜보았다. 그런데 씩씩하게 달려오던 시로가 갑자기 말을 멈추고 훌쩍 뛰어내리자마자 투구를 벗었다.

"응? 왜 저러는 거지?"

시로가 커다란 목소리로,

"나는 호조 나리의 부하인 시마즈 시로라는 자요. 얌전히 항복하겠소."라고 외치더니 머리를 숙였다. 사람들 모두 얼핏 그 상황을 이해할 수가 없었다.

"참으로 이상한 무사로구나."

요시사다 쪽의 무사들은 맥이 빠져버리고 말았다. 카마쿠라 쪽 무사들은,

"시로가 항복했다. 나도 항복을 해야겠다."라며 앞 다투어 항복을 했다. 카마쿠라 한가운데서 이런 일이 벌어졌기에 주위의 세 방면으로 나가 적을 막던 자들은 무엇 때문에 싸우고 있는 것인지 알 수 없게 되어버렸다. 그러자 적과 맞설 기운도 완전히 떨어져버리고 말아서 어떤 자는 죽음을 서둘렀으며, 어떤 자는 자결했고, 개중에 비겁한 자들은 달아나버리고 말았다. 호조 씨의 운명도 마지막에 이르러 있었다. 타카토키는 22일에 카사이가야쓰(葛西ヶ谷)에 있는 토쇼지(東勝寺)라는 절로 들어가 자결을 하고 말았다. 일족과 일문 가운데 함께 최후를 맞이한 자가 364명, 피가 방바닥 위를 강물처럼 흘렀다. 시체가 이리저리 나뒹굴어 두 번 다시 보고 싶지 않은 끔찍한 광경이었다.

이것으로 호조 씨는 멸망해버리고 말았다. 겐지를 멸망시키고, 조큐의 난 때 상황 셋을 유배보내고, 이번에도 역시 고다이고 천황을 오키로 보내버렸던 호조 씨는 이렇게 해서 멸망하고 말았다. 거듭된 죄에 대한 보답이었으리라. 사람들의 증오가 쌓이고 쌓여서 이렇게 된 것이었으리라.

겐코 3년(1333) 5월 22일의 해가 저물었다. 검은 구름이 다이진야마(大臣山) 위에 걸린 카마쿠라의 밤이었다. 구름은 지금 당장에라도 비를 뿌릴 것 같았으나, 일본은 이 어둠을 경계로 이튿날부터 활짝 개기 시작했다. 오랜 세월 구름에 가려 있던 해를 마침내 볼 수 있게 되었다. 시원한 신록 사이로.

8. 켄무의 중흥

겐코 3년(1333) 5월 7일에는 로쿠하라가 함락되었으며, 22일에는 카마쿠라가 함락되었다.

같은 달 23일, 천황은 카마쿠라가 함락되었다는 사실을 아직은 알지 못했으나, 로쿠하라가 함락된 이상 쿄토로 돌아가도 좋으리라 생각하여 센조산을 출발했다. 5월 30일에 효고(兵庫)에 도착했는데, 쿠스노키 마사시게가 7천의 병사들을 이끌고 아카마쓰 노리무라와 함께 마중을 나와 있었다. 천황은 마사시게를 곁으로 불러,

"오늘 이렇게 돌아올 수 있었던 것도 전부, 그대가 애를 써준 덕분이 오."라고 노고를 치하했다. 마사시게는 뭐라 대답해야 좋을지 모를 정도로 커다란 기쁨을 느꼈다.

6월 2일에 카마쿠라가 함락되었다는 소식이 전해졌다. 이로써 마침내 마음을 놓을 수 있게 되었다. 모든 사람들이 어찌 해야 좋을지 모를 정도로 기뻐했다. 이에 천황은 마사시게를 선두에 서게 하여 그리운 쿄토로 들어갔다. 이는 6월 4일의 일이었다. 5일에 어소로 들어갔다. 16개월 만에 어소로 돌아온 것이었다.

천황은 센조산을 출발한 지 얼마 지나지 않아서, 자리를 비운 동안 타카토키가 제멋대로 세운 코곤 천황을 폐했다. 이렇게 해서 일본 정치의 권리는 천황의 손으로 돌아오게 되었다. 이를 켄무의 중흥이라

고 부른다. 천황은 또 여러 가지로 공을 세운 장사들에게 상을 내렸다. 우선 모리나가 친왕을 세이이타이쇼군으로 삼았다. 그리고 타카우지를 가장 큰 공로자로 인정하여 타카우지(高氏)라는 이름을 타카우지(尊氏)로 고치게 했으며 정3위 참의[参議산기]라는 무거운 위를 내리고, 무사시·히타치·시모우사 등의 3개 쿠니를 하사했다.

두 번째 공로자는 닛타 요시사다. 종4위상의 위를 내렸으며, 에치고·코즈케·하리마 등의 3개 쿠니를 하사했다. 쿠스노키 마사시게에게는 종5위하, 셋쓰와 카와치 2개 쿠니를 내렸으며, 나와 나가토시에게는 이나바(因幡돗토리 현 동부.인슈,상국,근국)와 호키 2개 쿠니를 내렸고, 그 외의 사람들에게도 은상을 내렸다. 그러나 이 은상에는 어떤 이유에서인지 불공평함이 있었기에 기껏 시작한 켄무의 중흥이 어지러워지는 원인이 되고 말았다.

(1) 고다이고 천황은 영명한 자여서 정치에 마음을 두고 호조 씨를 멸망시켜 정권을 조정으로 되찾아오려 했다.

(2) 당시 싯켄이었던 호조 타카토키는 사치에 빠져 인망을 잃었다.

(3) 천황이 호조 정벌을 결심했다는 사실이 카마쿠라에 알려지자 타카토키는 대군을 쿄토로 보냈다.

(4) 천황은 카사기야마로 들어가 쿠스노키 마사시게를 얻었으며, 그에게 적을 치라고 명령했다.

(5) 적군이 카사기를 공격하자 천황은 후지와라 후지후사 등을 데리고 아카사카 성으로 달아나려 했으나 적에 의해 오키로 보내지게 되었다.

(6) 카사기를 포위하고 있던 적군이 마사시게가 지키고 있던 아카사카

성으로 몰려갔다.

(7) 아카사카 성은 떨어졌으나 마사시게는 다시 치하야 성으로 들어가 적의 대군과 싸웠다. 이를 듣고 각지에서 천황의 편에 선 자들이 군대를 일으켰다.

(8) 이때 모리나가 친왕도 요시노에서 적군과 싸웠다. 요시노가 함락되자 친왕은 코노로 들어갔다.

(9) 고다이고 천황이 오키에서 빠져나오자 호키의 나와 나가토시가 천황을 센조산으로 맞아들이고 천황을 위해 병사를 일으켰다.

(10) 천황이 센조산에 있을 때, 아시카가 타카우지가 천황 편으로 돌아서 쿄토의 로쿠하라를 함락시켰다.

(11) 닛타 요시사다도 코즈케에서 일어나 카마쿠라를 공격, 마침내 호조 씨를 멸망시켰다.

(12) 이에 천황은 센조산에서 나와 쿄토로 돌아갔다.

(13) 쿄토로 돌아온 천황은 사람들에게 상을 내리고, 정치를 조정으로 되찾아왔다. 이를 켄무의 중흥이라고 부른다.

제8장 쿠스노키 마사시게

1. 다이토노미야

아시카가 타카우지는 커다란 야심을 품은 자였다. 그랬기에 처음에는 호조 씨에 속해 있었으면서도 호조 씨의 앞날이 밝지 않다고 여겨지자 천황 편으로 돌아서서 로쿠하라를 함락시켰으며, 켄무의 중흥 이후에는 자기 혼자만의 공으로 이러한 일을 이루어낸 것이라는 듯한 얼굴을 했다. 게다가 타카우지의 집안은 대대로 시모쓰게의 아시카가라는 곳에서 살아왔으며, 겐지의 자손이라는 자부심에서,

'나도 겐지의 자손인 이상 언젠가 쇼군이 되어 천하의 정치를 해보고 싶다.'고 생각하고 있었다. 단지 타카우지만이 그런 생각을 품고 있었던 것이 아니라 타카우지의 할아버지인 이에토키(家時)도,

"저의 자손 3대 안에 천하의 정치를 행할 자를 내려주소서."라고 하치만에 기도를 했을 정도였으니, 그 정신이 타카우지에게 그대로 전해진 것이라 여겨진다.

뿐만 아니라 타카우지는 약아빠진 사람이어서 늘 타인의 안색을 살펴 자신에게 손해가 되지 않도록 일을 꾸몄으며, 세상의 흐름을

바로 간파하여 거기에 영합하는 행동을 하는 잔재주가 있었다.

그랬으니 켄무 중흥의 첫 번째 공로자로 천황으로부터 칭찬을 들었을 때 타카우지는 내심 크게 기뻐했을 것이다. 그러나 타카우지는 거기에 만족하지 않고 세이이타이쇼군이 되기를 원했다. 그런데 황자인 모리나가 친왕이 바로 그 세이이타이쇼군이 되었기에 타카우지는 그 친왕을 바라보며 부러워할 수밖에 없었다. 그와 동시에 친왕도 역시 타카우지의 마음속을 꿰뚫어보았기에,

'저 자는 조심하지 않으면 안 될 인물이다.' 라고 생각했다. 이런 생각이 들자 이대로 두어서는 훗날 커다란 소란을 일으킬 자라 여겨졌기에 타카우지가 힘을 더 키우기 전에 쳐서 없애야겠다고 마음먹게 되었다. 이에 천황에게 은근히 뜻을 전했으나 천황은,

"공로가 있는 자를 이유도 없이 처단하는 것은 좋지 않다."며 그 말을 받아들이지 않았다. 그래도 친왕은 타카우지를 점점 더 미워하게 되었다. 그리고 천황의 허락을 얻지 못한다면 스스로 타카우지를 치겠다며 은밀히 병사들을 모으기 시작했다.

타카우지 역시 친왕이 자신을 미워한다는 사실은 진작부터 알고 있었으나 실제로 병사들을 모으고 있다는 사실까지 알게 되자 더는 가만히 있을 수 없게 되었다. 이에,

"다이토노미야께서 모반을 일으키기 위해 병사들을 모으고 계십니다."라고 천황에게 고했다. 이 말을 들은 천황은 친왕을 궁중으로 불러들인 뒤 두 무인으로 하여금 친왕을 잡게 하여 당장 카마쿠라로 보내라고 명령했다. 카마쿠라에는 타카우지의 동생인 타다요시(忠義)가 있었는데, 그 타다요시가 무례하게도 친왕을 감옥 속에 가두어버리

모리나가 친왕

고 말았다. 감옥은 낮에도 어두웠다. 그 밤인지 낮인지도 모를 감옥 속에서 친왕은 안타까움의 눈물로 세월을 보냈다.

돌이켜보건대 아버지인 천황이 대업을 일으켰을 때부터 그를 도와, 존귀한 몸임에도 불구하고 어떤 때는 험한 산을 걷기도 하고, 또 어떤 때는 깊은 계곡 속에서 나무뿌리를 베고 눕는 등의 고난을 겪으며 오랜 시간 화살 속에서 지내다, 다행스럽게도 이제야 마침내 태평의 시대가 찾아왔다고 생각한 순간 이와 같은 불행을 맞이하게 되었으니 참으로 딱하게 되었다고 하지 않을 수 없었다.

그런데 그러한 때에 다시 커다란 일이 벌어지고 말았다. 켄무 2년 (1335) 7월, 호조 타카토키의 아들인 토키유키(時行)가 시나노에서 거병하여 카마쿠라를 되찾기 위해 4만의 대군을 이끌고 카마쿠라로 몰려온 것이었다. 타다요시는 이를 막지 못하고 카마쿠라에서 달아났

는데 도중에 모리나가 친왕이 마음에 걸렸기에 후치베 요시히로(淵邊義博)라는 자에게,

"일단 카마쿠라에서 빠져나오기는 했으나 토키유키 정도는 단숨에 깨부술 수 있으리라 여겨지지만, 오직 마음에 걸리는 것은 다이토노미야다. 너는 지금 당장 되돌아가서 친왕을 살해토록 하라."라고 명령했다. 후치베 요시히로는 생각이 깊은 사무라이가 아니었다. 명령을 받은 대로 니카이도가야쓰(二階堂ヶ谷)로 되돌아가 친왕이 있는 감옥 속으로 들어갔다. 친왕은 그때 경을 읽고 있었다. 이에 요시히로가,

"모시러 왔습니다."라며 가마를 짊어지고 오게 했다. 친왕이 요시히로를 한껏 노려보다가,

"너는 나를 죽이러 온 게로구나."라며 느닷없이 요시히로가 가지고 있던 칼을 빼앗으려 했으나, 요시히로가 펄쩍 달려들어 친왕을 쓰러뜨리고 그 가슴 위에 걸터앉아 칼로 찌르려 했다. 친왕은 목을 움츠려 그 칼끝을 있는 힘껏 깨물었다. 그러자 칼끝이 1치(3㎝) 정도 부러져버리고 말았다. 그래도 요시히로는 별 어려움 없이 목을 베어 가지고 밖으로 나왔다. 밝은 곳에서 목을 보니 눈을 휘둥그렇게 뜨고 있어서 마치 살아 있는 듯했으며, 입 안에 칼끝을 물고 있어서 그 모습이 섬뜩하게 보였다. 요시히로는 덜컥 겁이 났기에 그 목을 부근의 수풀 속에 그대로 던져버리고 달아났다. 당시 친왕은 28세였다.

2. 세이이타이쇼군

호조 토키유키에게 쫓겨난 타다요시는 형 타카우지의 도움을 얻기 위해 서쪽으로 달아났다. 쿄토에 있던 타카우지는 이 소동을 듣자마자 서둘러 카마쿠라로 내려갈 결심을 하고 떠나기에 앞서,

"모쪼록 세이이타이쇼군으로 삼아주시기 바랍니다."라고 천황에게 청했으나 천황은 이를 받아들이지 않았다. 단지 세이토쇼군(征東将軍)으로 삼아 토키유키 정벌을 허락했을 뿐이었다. 타카우지는 하는 수 없이 그대로 병사들을 이끌고 토키유키 정벌에 나섰는데 그때까지 쿄토 부근에 있던 사무라이들 모두가 타카우지를 따라나서버리고 말았다. 그 가운데는 켄무 중흥 때의 은상에 불만을 품은 사무라이들이 많았다. 이들 사무라이는 아무리 열심히 일해도 그 공로조차 제대로 인정해주지 않는 조정의 신하 밑에 있으니 타카우지 아래서 출세하는 편이 낫겠다고 생각한 것이었다. 예전부터 대망을 품고 있던 타카우지도 이러한 사무라이들을 중히 여겼기에 더욱 기꺼이 타카우지를 따라간 것이었다. 타카우지는 미카와까지 가서 타다요시를 만났다. 거기서부터 함께 동쪽으로 내려가 간단히 토키유키를 내쫓고 카마쿠라로 들어갔다. 조정에서는 타카우지에게 종2위를 내리고 얼른 쿄토로 돌아오라고 명령했으나, 타카우지는 거기에 따르지 않고 카마쿠라에 그대로 머물렀다. 그리고 따라온 무사들에게 충분한 상을 주고 항복한 자도 친절히

대했기에 그 무사들 모두 매우 기뻐했다. 이 소문을 들은 토고쿠의 무사들이 앞 다투어 카마쿠라로 달려와 모두가 그의 명령을 듣게 되었다. 이렇게 해서 타카우지의 세력은 한층 더 강성해지게 되었다. 그러자 타카우지는 켄무 2년(1335) 10월에 스스로 '세이이타이쇼군' 임을 칭하고 마침내는 모반의 기운을 내보였다.

모반이라고는 했지만 애초부터 천황을 거스르겠다는 마음은 없었다. 단지 쇼군이 되고 싶었던 것뿐이었다. 그런데 타카우지를 진짜 모반인으로 만들어버린 사건이 일어나고 말았다. 이는 타카우지에게 있어서도, 일본에게 있어서도 그다지 좋은 일은 아니었다.

사건의 원인은 타카우지와 닛타 요시사다의 다툼에 있었다. 닛타 씨와 아시카가 씨는 다음과 같은 가계를 지니고 있다.

미나모토노 요시이에 — 요시쿠니
(닛타 씨)
요시시게 — 토모우지 ┌ 요시사다 — 요시아키
                    └ 요시스케 — 요시하루
요시야스 — 사다우지 ┌ 타카우지 — 요시아키라
(아시카가 씨)   └ 타다요시 — 모토우지

둘 모두 비천한 집안은 아니었으나, 비슷한 정도의 공을 세워 비슷한 관위에 머물면 아무래도 거기서 분쟁이 일어나게 되는 법이다. 요시사다는 타카우지만큼의 야심은 가지고 있지 않았으나, 높은 지위에 오르고 싶어 하는 것은 누구나 마찬가지인 법이다. 따라서 요시사다에게는 타카우지가 거슬렸으며, 타카우지는 요시사다가 충신인 양하는 얼굴을 보면 화가 나서 견딜 수가 없었다. 그것은 언제나 분쟁의 씨앗이 되는 법이다. 반목의 골이 점점 깊어지자 타카우지는,

"모쪼록 요시사다를 정벌케 해주십시오. 요시사다가 한 줌의 공을 앞세워 천하를 어지럽히려 하고 있습니다."라고 천황에게 청했다. 이 말을 들은 요시사다도,

"모쪼록 타카우지를 토벌케 해주십시오. 타카우지는 모리나가 친왕을 살해하는 등 수많은 악행을 저질렀습니다."라고 지지 않고 천황에게 청했다. 조정에서도 어느 쪽에 과오가 있는 것인지 판단하기 어려웠으나 그때 마침 타카우지는 카마쿠라에 있었으며, 모리나가 친왕이 살해당한 것도 틀림없이 타카우지 때문일 것이라고 의견이 모아졌기에 요시사다에게 타카우지를 정벌해도 좋다는 허락을 내렸다.

요시사다가 크게 기뻐하며 6만 7천의 병사들을 일으켜 타카우지 정벌에 나섰다.

이 일이 카마쿠라에 알려지자 타다요시를 비롯하여 니키(仁木), 호소카와(細川) 등의 대장들이 타카우지 앞으로 나아가,

"적이 다가오기 전에 얼른 대군을 내어 막아야 합니다."라고 말했으나 타카우지는 아무런 대답도 하지 않았다. 그저 안타깝다는 듯 생각에 잠겨 있을 뿐이었다. 잠시 후 타카우지가,

"조큐의 난 이후, 우리 집안은 호조 씨를 따라서, 집안의 이름을 더럽혀온 것이 참으로 안타까워 견딜 수가 없었다. 지금 다행히 쇼군으로서 집안을 일으킬 수 있었던 것은 오로지 천황폐하 덕분이다. 나는 그것을 매우 감사히 여기고 있다. 나는 그 은혜를 잊고 싶지는 않다. 지금 폐하의 노여움을 산 것은 모리나가 친왕을 살해한 일과, 각지에서 병사를 모은 일 때문인 듯하다만, 그것은 나도 알지 못하는 일이다. 그 사실을 잘 이야기하면 폐하의 노여움도 풀어질 것이라 생각한다.

따라서 나는 폐하를 향해 활을 겨눌 생각은 없다. 무슨 말을 해도 폐하께서 내게 죄가 있다고 말씀하신다면 그때는 머리를 깎고 불문에라도 들어 그 죄를 용서받을 생각이다. 나는 자손을 위해서라도 불충한 이름을 남기고 싶지는 않다."라며 좀처럼 병사를 내려 하지 않았다. 타다요시 등도 별 수 없었기에 그대로 이삼일을 보냈으나, 그러는 사이에도 요시사다 군은 점점 가까이 다가왔다. 이에 타다요시, 호소카와, 사사키 등의 사람들이 모여 상의했다.

"쇼군의 말씀이 참으로 옳기는 하나, 요즘 일본의 무사들은 따를 만한 인물이 없어서 모두 어찌해야 좋을지 몰라 하고 있소. 이러한 때에 일어난다면 일본의 무사 모두가 틀림없이 아시카가 집안을 따를 것이오. 그때야말로 아시카가 집안은 번영할 것임에 틀림없소. 어쨌든 지금은 우물쭈물하고 있을 시간이 없소. 적이 근방까지 온 뒤에는 무슨 방도를 써도 돌이킬 수 없게 될 것이오. 쇼군께서 안 된다고 하신다면, 타다요시 나리를 대장으로 삼아 서쪽으로 나아가기로 합시다."라고 정한 뒤 그 사실을 타다요시에게 말하자, 타다요시도 기뻐하며 카마쿠라를 출발하기로 했다. 그 숫자는 20만 7천, 11월 20일에 카마쿠라를 출발한 군대가 밤낮으로 달려 24일에 미카와노쿠니의 야하기바시(矢矧橋)에 이르렀다. 25일부터 전투를 개시했는데 요시사다 군이 매우 강해서 카마쿠라 군은 거듭 패했고 결국에는 카마쿠라까지 달아나버리고 말았다. 요시사다는 연달아 승리를 거두며 이즈까지 갔는데, 이제는 됐다 싶었는지 미시마 부근에서 발걸음을 멈추고 잠시 몸을 쉬었다. 요시사다의 이 방심이 커다란 패착이었다.

카마쿠라로 달아난 타다요시가 타카우지를 찾아가보니, 타카우지는 이미 켄초지(建長寺절)로 들어가서 불문에 들려 했으나 모든 사람들이 말렸기에 아직 머리만은 깎지 않고 있었다. 타다요시가 서둘러 켄초지로 가서,

"이렇게 된 이상 출가를 해도, 스님이 되어도 더는 아무런 의미도 없습니다. 형님께서 무엇이 되시든 폐하께서는 노여움을 절대로 풀지 않으실 것입니다. 어차피 멸망할 바에는 무사답게 힘껏 싸우다 깨끗이 죽는 편이 낫습니다. 자, 형님 어서 출진하시기 바랍니다."라고 간곡하게 청했기에 타카우지도 마음을 바꾸어 지금까지 입고 있던 승복을 휙 벗어던지고 비단 히타타레로 갈아입었다.

드디어 쇼군이 출진할 것이라는 소식을 들은 카마쿠라의 무사들은 갑자기 사기가 올라 모두가 모여들었다. 총 30만, 12월 11일에 타카우지는 18만을 이끌고 아시가라야마를 넘어 타케노시타(竹下)라는 곳으로 향했다. 동생인 타다요시는 6만의 병사들을 이끌고 하코네(箱根) 쪽으로 향했다. 한편 요시사다는 하코네 쪽으로 향하고 동생인 와키야 요시스케는 타케노시타 쪽으로 향했는데, 요시스케가 타케노시타에서 패했기에 요시사다 쪽 역시 갑자기 사기가 떨어져 관군은 거기서 총퇴각하고 말았다. 승세를 탄 아시카가 쪽이 밀물처럼 밀고 들어 쿄토를 향해 공격해 들어갔다.

쿄토에서는 나와 나가토시를 세타에, 쿠스노키 마사시게를 우지에, 닛타 요시사다를 요도(淀)에, 와키야 요시스케를 야마자키(山崎)에 배치하여 방어에 나섰다. 그러나 타카우지가 쿄토로 공격해 들어간다는 소식이 전해지자 각지의 무사들 가운데서,

"역시 무사는 무사의 우두머리인 쇼군을 따라야 마음을 놓을 수

있는 법이야. 지난 이삼 년 동안 공경들의 지배를 받아왔으나 영 재미가 없었어. 얼른 타카우지 쪽에 서자."라며 조정에 등을 돌리는 자가 속속 나타났다. 이런 상태였기에 새해가 찾아왔지만 조정에서는 하례식도 열 수가 없었다. 쿄토 사람들은 집의 문을 걸어잠그고 돈을 몸에 지닌 채 모두 뿔뿔이 달아나고 말았다. 그러는 사이에 타카우지의 군이 미노와 오와리 근처까지 접근했다. 그때 타카우지를 따르는 무사가 이미 80만에 달했다고 한다. 그랬기에 세타, 우지, 요도, 야마자키의 방어선은 곧 무너졌으며 엔겐(延元) 원년(1336) 정월에 타카우지는 쿄토로 공격해 들어갔다. 천황은 히에이잔으로 들어갔으며 쿄토 안은 타카우지의 병사들로 가득했고, 곳곳에서 관군과 적군이 충돌하여 쿄토는 아수라장이 되어버리고 말았다.

일이 어떻게 될지 근심하고 있을 때 무쓰노쿠니에 있던 키타바타케 아키이에(北畠 顯家)가 황자인 노리요시(義良) 친왕을 받들어 대군을 이끌고 쿄토를 향해 올라오기 시작했다.

이 아키이에는 고다이고 천황이 왕위에 오를 당초부터 후지와라 후지후사 등과 함께 곁에서 천황을 보필했던 키타바타케 치카후사(北畠 親房)의 아들로, 켄무의 중흥 때 오슈는 특히 중요한 땅이라며 천황이 이 아키이에를 무쓰의 카미(장관)로 삼아 황자인 노리요시 친왕과 함께 그 땅으로 보낸 자였다. 그때 치카후사도 친왕을 보필하고 싶다며 무쓰로 내려갔었다. 아키이에는 타가(多賀)에 관아를 마련하여 거기서 머물고 있었다.

애초에 조정에서는 요시사다가 서쪽에서부터, 아키이에가 동쪽에서부터 카마쿠라를 치라고 명령했었으나, 아키이에가 카마쿠라에 도착하고 보니 요시사다는 이미 패해서 서쪽으로 달아났으며 타카우지역시 관군을 쫓아 서쪽으로 올라가고 난 뒤였기에 아키이에 역시 밤을 낮 삼아 서쪽으로 달려간 것이었다. 그랬기에 지난 이삼 개월 동안 토카이도[89]는, 관군이 동쪽으로 가는가 싶더니 다시 서쪽으로 올라갔으며, 그 뒤를 따라서 타카우지가 지나갔고, 이번에는 다시 아키이에가 그 뒤를 따라가는 마치 주마등과도 같은 상황이었다.

아키이에가 오우미에 이르렀을 때, 천황은 이미 히에이잔으로 들어간 뒤였기에 쿄토로는 들어가지 않고 비와코(호수) 동쪽에 있는 시나(支那)라는 곳에서 배를 타고 사카모토(坂本)로 건너가 천황을 지키기로 했다.

사카모토에 내리자마자 아키이에는 요시사다를 찾아가 서로 일을 상의했다. 그때,

"이삼일 말을 쉬게 한 뒤, 쿄토로 공격해 들어갑시다."라는 의견도 있었으나,

"아니, 말을 이삼일 쉬게 하면 말의 피가 다리로 내려가 쓸모가 없어질 것입니다. 게다가 적도 아키이에는 지금 막 도착했으니 틀림없이 잠시 쉴 것이라고 생각할 것입니다. 적이 이처럼 방심한 틈에 허를 찌르면 반드시 이길 것입니다."라고 주장하는 자가 있었기에 모두,

"과연 옳은 말이오."라며 도착한 날 밤 바로 타카우지를 공격하기로 했다.

---

89) 예전의 7도 가운데 하나. 혹은 쿄토에서 에도(토쿄)까지 이어진 태평양 연안 쪽의 간선도로.

그에 앞서 타카우지는 미이데라(寺)의 승려들을 자신의 편으로 만든 뒤, 호소카와 조젠(細川 定禅) 등의 대장 3명에게 6만을 주어 미이데라로 보내두었다. 옛날부터 미이데라와 엔랴쿠지(히에이잔)는 개와 원숭이처럼 서로 사이가 좋지 않았다. 그런데 미이데라는 늘 엔랴쿠지에게 지기만 했기에 이번에는 타카우지 편에 서서 엔랴쿠지를 한껏 밟아주어야겠다고 생각한 것이었다. 한편 닛타 요시사다는 엔랴쿠지의 스님들을 자신의 편으로 끌어들여 사카모토에 진을 치고 있었다. 사카모토와 오오쓰(大津) 사이의 거리는 겨우 10리(4㎞)쯤. 서로를 노려보기만 할 뿐, 싸움은 시작되지 않았다. 그해(1336) 정월 13일에 미이데라에서 북쪽의 호수를 바라보고 있자니 수백 척의 배가 병사들을 가득 싣고 동쪽에서 사카모토로 줄줄이 건너가는 모습이 보였다. 호소카와 조젠은,

"아아, 키타바타케 아키이에 나리가 사카모토로 건너가고 있구나." 라며 사람을 쿄토에 있는 타카우지에게 달려가게 해서,

"얼른 도와주십시오."라고 청하게 했으나 타카우지는 아키이에를 얕잡아본 것인지 병력을 조금도 보내주지 않았다. 다급해진 조젠이 두 번, 세 번 사람을 보냈으나 타카우지는 나서려 하지 않았다. 그러는 사이에 13일 밤도 조금씩 밝기 시작했다. 그때였다. 조젠이 아래쪽에 있는 오오쓰 거리를 바라보고 있자니 수만의 대군이 시가(志賀)와 카라사키(唐崎) 부근을 가득 메운 채 이쪽으로 밀려오고 있었다. 그리고 오바나가와(尾花川) 쪽에서도 마쓰모토(松本) 쪽에서도 집들이 활활 불타오르고 있었다. 조젠은 서둘러 싸울 준비를 했으나 결국은 패해서 간신히 목숨만 건져 야마시나(山科) 쪽으로 달아나버렸다.

커다란 승리를 거둔 아키이에는 일단 사카모토로 돌아왔다. 요시사다도 사카모토로 물러나려 했으나 한 사무라이가,

"지금 쫓지 않으면 승기를 얻을 수 없을 것입니다. 적이 제아무리 많다 해도 겁을 먹고 있을 때는 쉽게 이길 수 있는 법입니다."라고 말했기에 요시사다도 옳은 말이라 생각하여 병사들을 이끌고 쿄토를 향해 공격해 들어갔다.

이렇게 해서 쿄토로 들어가기 위해 산 위에서 모습을 살펴보니, 쿄토에는 타카우지의 병사들이 가득해서 어디서부터 공격해야 좋을지 판단을 내릴 수가 없었다. 이에 우선은 깃발을 접고 기치를 내려 미이데라에서 도망쳐온 타카우지 쪽의 병사인 양 쿄토로 들어가 적진 속으로 파고든 뒤, 갑자기 깃발을 올리고 기치를 세워 종횡무진으로 적을 베었다.

이 계략이 성공을 거두었기에 타카우지 쪽의 80만 대군도 겨우 3만밖에 되지 않는 병사들에 의해 커다란 타격을 입었다. 그런 다음 요시사다는 무사히 사카모토로 돌아갔다.

20일에 토산도의 병사 2만쯤이 천황의 편에 서기 위해 사카모토로 들어왔다.

이렇게 해서 마침내 27일에 쿄토에 총공격을 감행하기로 했다. 쿠스노키 마사시게와 나와 나가토시 등은 서쪽에서, 아키이에는 동쪽에서, 엔랴쿠지의 승병들은 산 위에서, 닛타 요시사다는 북쪽에서 공격하기로 했는데 총 병력은 10만, 한꺼번에 쿄토로 밀고 들어갔다.

타카우지 쪽은 80만 대군을 데리고 있기는 했으나 미이데라에서 패했으며 16일에는 요시사다 군이 한바탕 휘집고 간 뒤였기에 완전히

겁을 먹고 있었다. 물론 열심히 방어하기는 했으나 발걸음이 완전히 흐트러져 30일이 되자 마침내는 쿄토에서 달아나기 시작했다. 타카우지는 거기에서 탄바를 지나 하리마로 갔고, 2월 3일에 효고에서 배를 타고 큐슈 쪽으로 달아났다.

천황은 엔랴쿠지에서 쿄토로 돌아왔다. 아키이에는 노리요시 친왕을 데리고 다시 무쓰로 돌아갔다.

3. 일곱 번 사람으로 거듭 태어나

일단 큐슈로 달아난 타카우지는 그곳에서 병사들을 모았다. 큐슈의 히고노쿠니(肥後国쿠마모토 현.히슈,대국,원국)에는 키쿠치 타케토시(菊池 武敏)라는 충성스러운 사무라이가 있었다. 타케토시의 아버지는 타케토키(武時)라는 자로 고다이고 천황이 오키에서 빠져나왔을 때부터 의병을 일으켜 호조 씨 편에 선 자들과 싸움을 하고 있었다. 타케토키는 겐코 3년(1333)에 큐슈의 탄다이(장관)인 호조 히데토키(北条 秀時)와 싸우다 전사했으나, 그의 아들인 타케시게(武重타케토시의 형)가 아버지의 뜻을 이어받아 쿄토로 올라가서 요시사다가 타카우지를 하코네에서 격파했을 때 그 선두에 서서 타다요시에게 승리를 거두었으며, 그 후 타카우지가 쿄토로 공격해 들어왔을 때는 천황과 함께 히에이잔으로 들어가 충성을 바쳤다.

타케토시는 그때까지도 큐슈에 남아 있었는데 타카우지가 큐슈로 온 이후 타카우지 편에 선 쇼니 사다쓰네(少弐 貞経)를 공격하여 승리를 거두었다. 쇼니는 큐슈에서 타카우지 편에 선 유력한 자였는데 그가 패했기에 타카우지는 크게 낙담했다. 게다가 키쿠치 군세가 타카우지를 치기 위해서 타타라하마(多々良浜)까지 밀고 들어왔다. 타카우지가 카시이노미야(香椎の宮) 부근에서 키쿠치 군을 바라보니 몇 만인지 헤아릴 수도 없는 대군이었다. 그러나 자신 쪽에는 겨우

300명, 만 대 백으로는 도무지 승산이 없었다. 이래서는 싸우기보다 오히려 자결하는 편이 낫겠다고 생각했으나 동생인 타다요시가,

"싸움에서 인원이 적다고 하여 반드시 지라는 법은 없습니다. 중국 한[漢]나라의 고조[高祖]는 겨우 28기로 항우[項羽]의 100만 대군을 이긴 적이 있습니다. 또한 요리토모 나리는 겨우 7명의 병사를 이끌고 있었으나 마침내는 헤이시를 멸망시켰습니다. 설령 아군은 300명에 지나지 않는다 할지라도 지금까지 저희를 따라온 용사들뿐입니다. 우선 저에게 그들을 내어주십시오. 훌륭하게 싸워 보이겠습니다."라며 병사 250명을 데리고 키쿠치 군 3만 속으로 뒤도 돌아보지 않고 뛰어들었다. 타카우지 군이 강했던 것인지, 운이 좋았던 것인지, 이 싸움에서 키쿠치 군은 참담하게 패하고 말았다. 그러자 그때까지 형세를 살피고 있던 큐슈와 시코쿠의 무사들이 너도 나도 타카우지 편으로 돌아서 타카우지의 세력이 삽시간에 커졌다.

타카우지가 서쪽으로 달아난 후, 요시사다는 하리마의 시라하타(白旗) 성에 있는 아카마쓰 노리무라를 포위했다. 요시사다 군에게 당장에라도 성이 떨어질 것 같았기에 아카마쓰는 큐슈로 사람을 보내서,

"우리 시라하타 성이 떨어지면 추고쿠의 병사는 모두 요시사다에게 붙을 것입니다. 얼른 와서 도와주시기 바랍니다."라고 청했다. 그때 타카우지는 세력을 완전히 회복한 뒤였기에 4월 26일에 다자이후를 출발하여 배를 타고 쿄토로 향했다.

우선은 이쓰쿠시마(嚴島신사)에 참배하여 전승을 기원한 뒤, 빈고(備後히로시마 현 동부,비슈,상국,중국)의 토모노쓰(鞆の津)까지 가서 동생 타다요시에게 20만을 주어 뭍으로 이동하게 했으며, 자신은 7천 5백 척의

배에 병사들을 가득 싣고 동쪽으로 향해 나아갔다. 이 기세에 시라하타 성을 포위하고 있던 요시사다도 그대로 머물 수 없었기에 포위를 풀고 셋쓰까지 물러났다. 시라하타 성을 포위하고 있을 때는 6만의 병사가 있었으나, 효고까지 물러나고 보니 병사는 어느 틈엔가 줄어들어 2만 명 정도밖에 남아 있지 않았다.

이 소식을 들은 쿄토에서는 어떻게 하면 좋을지, 천황은 우선 쿠스노키 마사시게를 불러,

"얼른 효고로 내려가 요시사다와 함께 힘을 합쳐 타카우지를 막도록 하게."라고 말했다. 그러자 마사시게가 공손히,

"타카우지가 온다니 틀림없이 구름떼 같은 대군을 이끌고 올 것입니다. 그런데 저희에게는 지금 지친 병사가 얼마 있을 뿐입니다. 만약 평소와 다름없는 방법으로 싸운다면 도저히 이길 수 없을 것입니다. 그러하오니 우선은 요시사다도 쿄토로 불러들이시고, 매우 황공한 말씀이오나 폐하께서는 다시 한 번 엔랴쿠지로 들어가시기 바랍니다. 저 역시 카와치로 물러나 타카우지를 그의 뜻대로 쿄토에 들이도록 하겠습니다. 그런 다음 제가 요도가와(淀川)의 하류를 막아 타카우지의 군량이 쿄토로 들어오지 못하도록 하겠습니다. 그렇게 하면 타카우지의 군은 숫자가 많은 만큼 틀림없이 달아나는 자도 나타날 것입니다. 그 사이에 아군의 병사를 모아 적당한 때를 보고 있다가 요시사다가 히에이잔 위에서부터, 제가 남쪽에서부터 협공을 가한다면 단번에 타카우지를 멸망시킬 수 있을 것이옵니다."라고 말했다. 싸움에 관해서는 무사가 누구보다 잘 알고 있는 법이다. 특히 지혜가 있고 계략에 뛰어난 마사시게의 말이었으니 이 계획은 틀림없이 좋은 생각이었으리

라. 그러나 세상에는 잘 알지도 못하면서 영리한 척 끼어들어 큰일을 그르치는 자도 종종 있는 법이다. 이때도 그다지 영리하지 못한 보몬 키요타다(坊門 清忠)라는 자가 끼어들어서,

"마사시게의 의견은 참으로 그럴 듯하나, 싸움을 하기도 전부터 꽁무니를 뺀다는 것은 참으로 기백 없는 행동입니다. 게다가 폐하께서는 작년에도 히에이잔에 오르셨었습니다. 그런데 채 1년

쿠스노키 마사시게

도 지나지 않아서 다시 히에이잔으로 오르신다는 것은 폐하의 위광과도 관계된 일입니다. 또한 이번에 타카우지가 서쪽에서부터 공격해 들어온다 할지라도, 작년에 카마쿠라에서 올라왔을 때만큼의 대군은 데리고 오지 못할 것입니다. 그리고 이렇게 자주 쿄토를 전장으로 삼는 것은 좋지 않습니다. 처음 명령대로 마사시게가 당장 효고로 가는 것이 좋을 듯합니다."라고 아는 척 말했다. 이에 마사시게는 어쩔 수 없이 500명의 병사들을 데리고 효고로 내려갔다.

그때 마사시게는 이번이 마지막 싸움이 될 것이라 각오하고 있었다. 그랬기에 그해로 11세가 된 마사쓰라(正行)를 사쿠라이(桜井)에서

카와치노쿠니로 돌려보냈다. 그때 마사시게는 마사쓰라에게,

"마사쓰라야, 이 아비가 하는 말을 잘 새겨들어야 한다. 사자는 새끼를 낳은 지 사흘이 지나면 높은 절벽 위로 데리고 가서 그 새끼를 밑으로 떨어뜨린다고 한다. 만약 그 새끼가 훌륭한 사자로 자랄 양이면, 절벽 위로 뛰어올라 결코 죽지 않는다고 하더구나. 그런데 너는 태어난 지 사흘 정도가 아니다. 올해로 벌써 11세가 되었다. 사자만도 못해서야 쓰겠느냐. 이번 싸움은 매우 힘든 싸움이 될 것이다. 따라서 이 아비는 싸우다 죽을 각오를 했다. 그에 앞서 네게 부탁할 것이 있다. 이 아비가 죽고 나면 세상은 틀림없이 타카우지의 것이 되어버리고 말 것이다. 그때는 어찌하겠느냐? 타카우지에게 항복할 것이냐? 그리해서는 안 된다. 한 사람이라도 병사가 남아 있다면 그 병사를 데리고 콘고산의 성으로 들어가 천황 폐하를 위해서 싸워야 한다. 무슨 말인지 알겠느냐?"라고 훗날의 일을 당부했다. 마침 장맛비가 내리고 있었다. 그 눈물에 젖은 듯한 잎들 속에서 일본 제일의 충신과 효자가 서로에게 작별을 고하고 등을 돌려 동쪽과 서쪽으로 갈라섰다. 헤어지기 싫었던 것이리라, 어디까지고 따라가고 싶었던 것이리라. 아버지를 떠나보내는 타카쓰라의 눈에는 눈물이 이슬처럼 맺혀 있었다.

효고에 도착한 마사시게는 요시사다를 만나 거기까지 오게 된 경위를 들려주었다. 요시사다도 당혹스럽다는 듯,

"저도 이 얼마 되지 않는 지친 병사들로 사기가 높은 대군과 싸워 이길 수 있으리라고는 생각지 않습니다만, 작년에 동쪽으로 내려갔다가 불행히도 싸움에 져서 올라왔을 때 세상 사람들은 '좀 더 버티며 싸웠으면 좋았을 텐데.'라며 저의 기개 없음을 비웃었습니다. 그런데

이번에도 하리마까지 갔다가 성 하나 떨어뜨리지 못하고 여기까지 물러났습니다. 이렇게 쿄토로 돌아간다면 사람들은, '저 요시사다는 이번에도 싸우지 않고 적이 두려워 도망쳐왔다.'고 말할 것이 틀림없습니다. 설령 이번 싸움에서 패한다 할지라도 저는 끝까지 싸울 생각입니다."라며 눈시울을 붉혔다. 마사시게는,

"세상에는 아무것도 모르면서, 또 자신에게는 아무것도 할 힘이 없으면서 진력을 다해 일하는 사람의 험담을 하는 자가 있는 법입니다. 허나 그런 자들이 뭐라고 하든 신경 쓰실 것 없습니다. 저희는, 싸울 때는 흔쾌히 싸우고 싸워도 도움이 되지 않을 때는 목숨을 아껴 다시 그 다음 기회를 기다리지 않으면 안 됩니다. 그것이 좋은 대장이라고 할 수 있지 않겠습니까? 서로 기운을 내서 싸우기로 합시다."라고 다독였다.

마침내 5월 25일 아침이 찾아왔다. 바다의 십사오 리(5.5km) 정도를 돛으로 가득 덮은 채 병선들이 이쪽을 향해 저어오고 있었다. 그리고 뭍으로는 타다요시가 산과 들을 가득 메울 정도의 대군을 이끌고 다가오고 있었다. 커다란 적을 보아도 두려워 말라는 말이 있으나, 그 모습에는 놀라지 않을 수 없었다. 요시사다와 마사시게 모두 놀랐으나, 단지 당황하지 않았을 뿐이었다. 요시사다는 3만 5천의 병사들을 이끌고 가서 와다(和田)의 곶에 진을 쳤다. 마사시게는 멀리 간격을 두고 미나토가와(湊川) 서쪽에서 타다요시의 병사들에 맞섰다.

양쪽 모두 고전을 면치 못했다. 마사시게는 700명의 병사들을 앞뒤로 따르게 하여 동생 마사스에(正季)와 함께 수많은 적 속으로 뛰어들었다. 타다요시가 물에 떠 있는 국화(菊水) 문양의 깃발을

보고,

"쿠스노키 나리시로구나. 적으로 부족함이 없다."라며 가운데로
몰아 목숨을 빼앗으려 했으나 마사시게와 마사스에는 동서남북으로
적을 베고 다니며 상대 진영을 흩어놓았고, 좋은 적을 만나면 맞붙어
목을 베고 하찮은 적은 단칼에 쓰러뜨리며, 오로지 타다요시의 목만을
노리고 그 뒤를 쫓았다. 그러나 당시 타다요시의 병사는 50만에 가까웠
다고 일컬어지고 있다. 그 속으로 700명이 뛰어든 것이니 그들의
모습조차 찾기 쉬운 일이 아니었다. 마침 타다요시의 말이 화살촉을
밟아 절뚝거리고 있는 것을 본 쿠스노키의 무사들이 '이놈.'하며
달려들었다. 참으로 위험한 순간이었으나 타다요시의 가신 가운데
한 명이 달려와 타다요시를 자신의 말에 갈아타게 하고 달려드는
쿠스노키의 무사 일고여덟 명을 베었다. 그러는 사이에 타다요시는
위험한 자리에서 무사히 벗어날 수 있었다. 6시간쯤 흐르는 사이에
마사시게는 16번이나 싸웠다. 싸움이 길어질수록 병사들의 숫자도
점점 줄어서 이제는 73명밖에 남지 않았다. 마사시게도 더는 어려울
것이라 생각했다. 그러던 중, 미나토가와 북쪽에 농가가 한 채 있는
것을 발견하고는 그 집 안으로 들어갔다. 할복을 위해 갑옷을 벗자
칼에 베인 상처가 11군데나 있었다. 나머지 72명 가운데 적어도 두어
군데쯤 상처를 입지 않은 자는 아무도 없었다. 그때까지 잘도 싸운
셈이었다. 마사시게의 일족이 13명, 병사가 60명, 6개의 방에 2열로
늘어앉아 염불을 10번쯤 외운 뒤 한꺼번에 배를 갈랐다. 그때 마사시게
가 마사스에에게 말했다.

"사람의 마지막 일념은 어디까지고 통한다고 한다만, 너는 지금

무슨 생각을 하고 있느냐?"

마사스에가 껄껄 웃으며,

"일곱 번 거듭 사람으로 태어나 폐하께 맞서는 자들을 쳐서 없애고 싶다, 이렇게 생각하고 있습니다."라고 대답했다. 마사시게도 빙그레 웃으며,

"과연, 그것은 죄 깊은 일일지 모르겠으나, 나 역시 그렇게 생각하고 있다. 언제까지고 너와 함께 이 세상에 거듭 태어나 조정의 적을 물리치기로 하겠다."라고 말하고 형제는 서로를 찔러 최후를 맞이했다.

마사시게는 고다이고 천황이 호조를 토벌하기로 마음먹은 당초부터 조금의 흔들림도 없이 오로지 천황만을 위해서 힘써왔다. 조그만 콘고산 성에서 80만의 적병에게 오랜 시간 포위당했을 때는 죽음보다 더한 고통을 수차례 맛보았으리라. 다행히 세상은 한때 조용해졌으나, 그때조차 예전에는 천황에 맞서려 했던 타카우지나 요시사다보다도 그 공을 인정받지 못했다. 그리고 죽음에 앞서서도 그 요시사다 밑에서 싸울 수밖에 없었다. 그래도 마사시게는 타카우지처럼 야심을 품고 모두의 대장이 되어야겠다고는 생각지 않았다. 요시사다처럼 공을 세우기에 급급하지도 않았다. 은상이 충분하지 않아도, 관위가 제아무리 낮아도, 다른 사람이 자신보다 더 출세를 해도, 그런 것은 돌아보지도 않고 오직 천황을 위해서만 일생을 바쳤다. 그것뿐만 아니라 거듭 태어나고 또 태어나도 충성을 다하겠다고 죽음의 순간에조차 생각하고 있었다. 이야말로 참된 충신이라 하지 않을 수 없다. 은상을 바라고 일하는 자는 은상이 적으면 화를 내며 마음을 바꾼다. 남에게 칭찬을 받으려는 생각으로 일하는 자는 남들이 칭찬을 해주지 않으면 일하기

싫다는 마음이 든다. 마사시게는 그런 부류의 사람이 아니었다.

마사시게의 죽음이 쿄토에 알려지자 천황은 그를 정3위 사콘의 추조(차관)로 삼았다.

(1) 켄무의 중흥은 상벌에 불공평함이 있었기에, 무사들은 이를 달가워하지 않았다.

(2) 그러자 아시카가 타카우지가 불만을 품은 무사들을 모아 자신이 쇼군에 올라야겠다고 생각했다.

(3) 모리나가 친왕이 타카우지의 야심을 꿰뚫어보고 그를 제거하려 했으나, 오히려 타카우지가 참언을 하여 친왕은 카마쿠라에 갇히고 말았다.

(4) 호조 토키유키가 카마쿠라를 공격했을 때, 친왕은 타다요시에 의해서 목숨을 잃고 말았다.

(5) 이때 타카우지는 토키유키 정벌을 위해서 카마쿠라로 내려간 이후, 천황의 명령을 듣지 않았다.

(6) 천황이 타카우지를 정벌하기 위해 요시사다를 보냈으나 요시사다는 싸움에 져서 쿄토로 돌아오고 말았다.

(7) 타카우지가 그 뒤를 쫓아 대군을 이끌고 와서 쿄토를 공격했다.

(8) 천황은 난을 피해 히에이잔으로 들어갔다.

(9) 타카우지가 쿄토로 들어간 이후, 무쓰의 키타바타케 아키이에가 타카우지를 공격했다.

(10) 마사시게, 요시사다, 아키이에가 힘을 합쳐 타카우지를 공격하여 큐슈로 내쫓았다.

(11) 큐슈에서 세력을 회복한 타카우지가 다시 쿄토를 공격했다. 이를

막다가 쿠스노키 마사시게는 미나토가와에서 전사했으며, 요시사다는 쿄토로 달아났다.

제9장 닛타 요시사다

1. 홋코쿠의 눈

마사시게가 미나토가와에서 전사한 이후, 요시사다도 타카우지의 군을 막지 못하고 탄바를 지나서 쿄토로 돌아왔다. 천황은 그달 27일에 히에이잔으로 들어갔다. 애초에 히에이잔으로 들어가는 것은 좋지 않다고 주장했던 보몬 키요타다도 무슨 일 있었느냐는 듯한 얼굴로 천황을 수행했다.

타카우지는 29일에 쿄토로 들어갔다. 그리고 병사들을 히에이잔으로 거듭 보내 공격케 했다. 이 싸움으로 6월 7일에는 로쿠조 타다아키가 목숨을 잃고 말았다. 30일에는 나와 나가토시가 쿄토에서 전사했다.

앞서도 이야기한 것처럼 타카우지는 야심가였기에 세상으로부터 적(賊)이다, 불충한 자다, 라는 말을 듣는 것이 늘 거슬렸다. 이에 예전에 타카토키가 천황으로 세웠던 코곤 천황의 동생인 토요히토(豊仁) 친왕을 천황(코묘 천황)으로 세웠다. 그러나 신기를 가지고 있는 것은 고다이고 천황이었기에 참된 천황이라고는 말할 수 없었다. 이에 타카우지는 어떻게 해서든 자신이 세운 천황에게 고다이고 천황이 황위를 물려주게 해야겠다고 생각했다. 그를 위해서는 천황에게 자꾸만 싸움을 걸어서는 안 되겠다 여겨 거짓으로 항복을 청했다.

"저는 작년에 노여움을 샀을 때부터도 결코 임금에게서 등을 돌려야겠다고 생각한 적은 없었습니다. 일의 시작은 요시사다가 저를 멸망시키려 한 것으로, 그 때문에 여기에까지 이른 것입니다. 따라서 저는 단지 요시사다를 치기 위해서 거듭 싸움을 해온 것입니다. 모쪼록 저의 죄를 용서하시고 쿄토로 돌아와주시기 바랍니다. 그리 하시면 공경들에게도 관위와 영지를 돌려주고 일본의 정치도 전부 맡기도록 하겠습니다."라고 그럴 듯한 말을 했다. 천황도 이 말을 믿은 것은 아니었으나, 언제까지고 싸움만 하고 있을 수도 없었기에 타카우지의 청을 받아들였다.

이때 요시사다는 아직 그 사실을 모르고 있었다. 쿄토로 돌아가기로 한 날 아침이 되어서야 그 사실을 알고,

"무엇인가 잘못된 것일 게다."라고 말하자 호리구치 사다미쓰(堀口 定滿)라는 자가,

"어쨌든 제가 가서 상황을 살펴보고 오겠습니다."라며 어소 쪽으로 가보았더니 그때는 천황이 이미 가마에 올라 당장에라도 산을 내려가려 하던 참이었다. 사다미쓰는 놀라면서도 조용히 가마 앞으로 다가가 가마채를 잡고 눈물을 흘리며,

"쿄토로 돌아가신다는 말을 들었을 때는 무엇인가 잘못된 것이라고 생각했는데, 지금 이러한 모습을 보니 뭐라 말씀을 올려야 좋을지 모르겠습니다. 요시사다의 어디가 잘못되었기에 타카우지 쪽으로 가시려 하시는 것입니까? 이전부터 지금까지 요시사다는 호조를 멸망

시키고 타카우지와 싸우며 오로지 충성을 다했습니다. 그로 인해서 일족 132명, 가신 8천여 명을 잃었습니다. 그런데 폐하께서 지금 요시사다를 버리고 쿄토로 돌아가신다면 요시사다의 충절도 전부 수포로 돌아가버리고 말 것입니다. 만약 그래도 쿄토로 돌아가실 생각이시라면 닛타 일족의 목을 이 자리에서 치고 가시기 바랍니다."라고 말했다. 그러한 때에 요시사다 부자와 세 형제가 3천 명의 병사들을 이끌고 그곳으로 왔다. 요시사다의 얼굴을 본 천황이 그를 가까이로 불러서,

"지금 사다미쓰의 말을 들었소만 참으로 옳은 말이었소. 허나, 쿄토로 돌아가는 것은 결코 타카우지를 믿고 있기 때문이 아니오. 이렇게 언제까지고 싸움만 해서는 백성들에게도 좋지 않기에 잠시 타카우지를 달래서 잠잠해진 사이에 훗날의 일을 도모해야겠다고 생각했기에 돌아가려 하는 것이오. 그러니 그대들은 동궁을 데리고 훗코쿠로 가서 때가 오기를 기다려주시오."라고 말했다. 요시사다도 천황의 속 깊은 생각을 새삼스레 깨닫고, 자신에 대한 믿음에 감사의 눈물을 흘리며 10월 9일에 황태자인 쓰네나가(恒良) 친왕과 황자인 타카나가 친왕을 데리고 에치젠을 향해 출발했다.

타카우지가 쿄토로 돌아온 천황을 카잔인(花山院)이라는 절로 들어가게 한 뒤 거듭 신기를 건네달라고 청했으나 천황은 이를 받아들이지 않고 2개월여쯤 그곳에서 머물다가 12월 21일 밤에 은밀히 빠져나와 신기를 가지고 야마토의 요시노로 갔다. 이후부터 요시노 쪽을 남조[南朝]라고 부르게 되었으며, 쿄토에 있는 천황 쪽을 북조[北朝]라고 부르게 되었다. 그러나 남조가 정통성을 가지고 있었기에 북조의

천황은 역대 천황 속에는 들지 못한다.

요시사다는 비와코(호수)의 서쪽을 지나 10월 17일에 카이즈(海津)라는 곳에 도착했다. 거기에서부터 에치젠의 쓰루가까지는 산속을 70리(28km)쯤 가야 했다. 그런데 에치젠의 슈고인 시바 타카쓰네(斯波高経)라는 자가 요시사다를 치기 위해 그 산속에서 기다리고 있었다. 이에 요시사다는 길을 돌아서 키메토우게(木目峠고개)라는 험한 곳을 지나지 않을 수 없었다.

그해에는 추위가 일찍 찾아와서 그 부근에는 벌써 눈이 내리고 있었다. 맑은 날에도 지나기 힘든 산속의 좁은 길에 쉴 새 없이 눈이 퍼부었기에 그곳을 지나기란 이만저만 어려운 일이 아니었다. 길을 잘못 드는 자, 골짜기 속으로 미끄러져 떨어지는 자가 속출했다. 게다가 갑작스럽게 길을 떠나는 바람에 병사들 대부분 방한장비가 부족해서 스며드는 추위를 견딜 수가 없었다. 모두 몸이 얼어버릴 것만 같았다.

이때 요시사다를 따라 홋코쿠로 향하던 코노, 도이(土居), 토쿠노(得能) 등 300명 정도가 군의 후미를 형성하며 가고 있었는데 눈과 어둠 때문에 앞서 가던 자들과 떨어져 길을 잃은 채로 시오즈(塩津)라는 곳의 북쪽을 헤매고 있었다. 그러한 때에 적이 공격해 들어왔다. 코노 등의 병사들은 추위에 몸이 얼어서 활을 쏠 수도 없었으며 칼을 쥘 수도 없었다. 300명의 병사들은 칼을 눈 속에 거꾸로 세우고 그 위로 몸을 쓰러뜨려 목숨을 끊고 말았다.

길을 가던 병사 중에는 가지고 있던 화살을 모으고 거기에 불을 붙여 몸을 녹인 자도 있었다. 이와 같은 고난 속에서도 행군을 거듭하여 마침내 쓰루가에 도착했다. 그곳에는 키히(気比) 신궁이라는 커다란 신사가 있었다. 그곳의 신관인 키히 야자부로(気比 弥三郎)라는 자는 충성스러운 사람이었기에 300명쯤의 병사들을 데리고 그들을 마중나와주었다. 그리고 황태자와 타카나가 친왕을 위해서 카네가사키(金ヶ崎)라는 곳에 전을 마련하여 그곳으로 들어가게 했다. 단 하루 동안의 휴식을 취한 뒤, 대장인 요시사다는 황태자를 따라서 카네가사키로 들어갔으며, 아들인 요시아키(義顕)는 2천의 병사들을 데리고 에치고 쪽으로 향했고, 동생인 요시스케도 3천 명 정도의 병사들을 이끌고 에치젠의 소마야마(杣山) 성이라는 곳으로 가기 위해 요시아키와 함께 길을 떠났다. 소마야마 성에는 우류우 타모쓰(瓜生 保)라는 사무라이가 있었다. 타모쓰가 두 동생들을 데리고 도중까지 마중을 나오는 등 여러 가지로 친절을 베풀었기에 요시아키와 요시스케는 크게 기뻐했다. 그런데 그날 밤, 시바 타카쓰네가 보낸 사람이 타모쓰를 찾아와서,

"요시사다는 천황의 노여움을 사서 이곳으로 온 것일세. 천황께서는 지금 쿄토로 돌아가셨다네. 이제는 조정의 적이 되어버린 요시사다 편을 드는 것은 좋지 않은 일일세"라고 말했다. 이에 타모쓰는, 요시아키와 요시스케를 마중 나갔던 것도 천황에게 충성을 바치기 위해서였는데 그들이 천황의 노여움을 샀다는 말을 들었기에 갑자기 경계하는 마음이 들어 소마야마 성으로 돌아가버린 채 더는 요시아키와 요시스케를 도우려 하지 않았다.

그런데 타모쓰의 동생 가운데 기칸(義鑑)이라는 스님이 있었다. 그는 현명한 사람이었기에 혼자서 요시아키, 요시스케를 찾아갔다.

"형인 타모쓰는 어리석은 사람이어서 시바의 말을 그대로 믿고

도움을 주지 않을 생각인 듯합니다만, 이치를 잘 밝혀서 이야기하면 사실을 깨닫게 될지도 모릅니다. 혹여 자제분이 계시다면 제게 한 분만 맡겨주시기 바랍니다. 제 목숨을 걸고 지키며 형 타모쓰에게 사정을 잘 이야기해서 그 아드님을 대장으로 의병을 일으키겠습니다." 라고 진심이 드러나는 얼굴로 이야기했다. 요시아키와 요시스케도 지금 우류우 타모쓰가 등을 돌린다면 어려움을 겪을 수밖에 없기에 올해 13세가 된 요시스케의 아들 요시하루(義治)를 기칸에게 맡겼다.

이때 요시아키는 에치고를 향해 가기로 되어 있었으나 우류우 타모쓰가 편을 들지 않을 것이라는 소식이 전해졌기에 병사들이 하룻밤 사이에 어딘가로 모습을 감춰서 3천여 명이었던 숫자가 겨우 250명 정도밖에 남아 있지 않았다. 그 숫자로는 에치고로 갈 수도 없었기에 두 사람은 다시 카네가사키로 돌아갔다.

그런데 그 도중에 아시카가 쪽의 사람이 다시 방해를 해서 길을 지날 수가 없었다. 그랬기에 두 사람이 카네가사키 부근까지 왔을 때 아군은 단지 16명밖에 남아 있지 않았다. 그 16명이 성으로 들어가려 했으나 시바 타카쓰네의 병사 2, 3만이 카네가사키 성 주위를 포위하고 있었기에 성으로 들어갈 수도 없었다.

이에 모두는 머리띠네 허리띠 등을 풀고 그것을 깃발처럼 보이도록 봉에 묶어 숲 곳곳에 가득 세워두고 날이 밝기를 기다렸다. 날이 밝은 뒤 그것을 본 적군들은 틀림없이 닛타를 돕기 위해서 누군가가 온 것이라고 생각하여 깜짝 놀랐다. 그 틈을 이용하여 16명의 사람들이,

"우류우, 토가시(富樫), 노지리(野尻), 이구치(井口), 헤이센지(平泉寺), 하쿠산(白山) 등이 2만을 이끌고 닛타 나리를 돕기 위해 지금

막 도착했다."라고 커다란 목소리로 외쳐댔기에 적군은 이거 큰일이라며 당황하기 시작했고, 그 사이에 16명은 무사히 성 안으로 들어갔다. 그러자 성 안에 있던 800명의 병사들이 적을 짓밟으라며 문 밖으로 나가 싸웠기에 적군은 각자 자신의 고향으로 뿔뿔이 흩어지고 말았다.

카네가사키에서는 이것으로 일단 마음을 놓아도 되겠다 싶었으나, 타카우지가 다시 시바 타카쓰네, 코노 모로야스(高 師泰) 등에게 명령하여 6만 대군으로 카네가사키를 포위케 했다. 카네가사키 성은 3면이 바다이고, 한쪽은 산으로 이어져 있어서 그렇게 높지는 않지만 쉽게 접근할 수 없는 곳에 있었다. 가까이 다가가려 하면 위에서부터 돌을 굴리고 화살을 쏘아댔다. 그렇다고 멀리 떨어져 있으면 화살이 성까지 날아가지 않았다. 공격하던 자들도 뾰족한 수가 없었기에 그저 멀리서 포위한 채 성이 떨어지기만을 기다렸다.

어느 날 바다를 헤엄쳐 성 쪽으로 다가오는 자가 있었다. 누구일까 지켜보고 있자니 그는 와타리 타다카게(渡理 忠景)라는 자였는데,

"천황께서는 요시노로 들어가셨다."라는 소식을 가지고 온 사자였다.

이 소식을 들은 우류우 타모쓰는,

"그렇다면 타카쓰네의 말은 거짓이었구나. 폐하께서 요시사다를 의지하고 계시다면 나도 요시사다를 돕지 않을 수 없다."라며 그제야 비로소 소마야마에서 충의의 깃발을 올리고 요시하루를 대장으로 삼아 부근의 병사들을 모으기 시작했다. 타모쓰가 소마야마 성에서 기치를 올리자 카네가사키를 포위하고 있던 자들은 지금이라도 당장 후방에서부터 공격해오는 것 아닐까 불안해서 견딜 수가 없었다.

닛타 요시사다

이에 타카쓰네는 카네가사키보다 소마야마를 치는 것이 더 중요하다고 생각하여 3천의 병사들을 이끌고 가서 소마야마를 포위했다. 타모쓰는 이렇게 될 것이라 미리 각오하고 있었기에 역시 3천의 병사를 이끌고 가서 타카쓰네가 자리 잡고 있는 신젠코지(新善光寺) 성을 공격하여 별 어려움 없이 함락시켰다. 시작부터 운이 좋다며 타모쓰와 기칸 등이 축하연을 벌였다. 모두가 기뻐하며 술을 마셨으나 대장인 요시하루만은 조금도 기뻐하지 않았다. 기칸이 곁으로 다가가,

"어찌 그리 우울한 표정을 짓고 계시는 겁니까? 아버님 곁으로

가고 싶으신 겝니까?"라고 묻자 요시하루는,

"싸움에서 이긴 것은 기쁜 일입니다만 카네가사키에는 황태자님을 비롯하여 숙부님과 아버지가 계신데, 오랜 농성으로 지금쯤은 쌀도 떨어져 어려움을 겪고 있지 않을까 그것이 걱정입니다."라고 대답했다. 기칸도 그 말에 감복하여,

"그 일이라면 걱정하실 것 없습니다. 지난 이삼일 동안은 눈보라가 심해서 그렇게 하지 못했으나, 날이 개면 틀림없이 병량을 보급하도록 하겠습니다."라고 말한 뒤 눈이 그치기를 기다렸다. 그러는 사이에 엔겐 2년(1337) 정월이 되었다. 11일에 눈이 조금 개었기에 5천 정도의 병사들이 카네가사키를 돕기 위해 나섰다. 그러자 코노 모로야스가 2만의 대군을 보내 도중에서 타모쓰 등을 공격케 했다. 그 전투에서 타모쓰와 기칸 모두가 목숨을 잃고 말았다.

이 소식이 소마야마 성에 전해지자 모두가 소리 높여 울며 슬퍼했다. 그러나 타모쓰의 어머니는 조금도 슬퍼하는 기색 없이 대장인 요시하루를 찾아가서,

"이번에는 불행히도 싸움에 져서 타모쓰와 기칸과 수많은 사람들을 잃었으나, 이것도 천황을 위해서 죽은 것이라 생각하면 조금도 슬프지 않습니다. 우류우 집안의 명예입니다. 설령 두 형제가 죽었다 할지라도 아직 세 아들이 남아 있으니, 그 셋에게 병사를 일으키게 하여 천황 폐하를 위해 진력하도록 하겠습니다. 우선은 술을 한 잔 드시기 바랍니다."라고 말한 뒤 스스로 요시하루에게 잔을 권했다. 지금까지 울고 있던 자들도 그런 어머니의 모습을 보고 힘을 얻어 모두 기운이 되살아나는 듯했다.

2. 카네가사키 낙성

카네가사키 성에서는 점차 군량이 떨어져 말까지 잡아먹었으나 누구 하나 도와주러 오는 사람이 없었으며 성 밖은 언제까지고 적의 군세로 넘쳐났다. 3월 5일 밤, 요시사다는 요시스케와 함께 성 밖으로 나가 적의 포위망을 뚫고 소마야마 성을 향해 달려 그 성 안으로 들어갔다. 소마야마 성에서는 모두가 기뻐하며 어떻게 해서든 다시 한 번 카네가사키로 가서 적병을 내쫓고 싶었으나 날이 점점 따뜻해져 감에 따라서 적병의 숫자가 하루하루 늘어나 10만 명 정도가 되었다. 그에 비해서 소마야마 쪽에는 겨우 500명 정도의 병사밖에 없었다. 요시사다와 요시스케는 20여 일이나 소마야마에 머물렀으나 그러는 사이에 카네가사키에서는 먹을 것이 완전히 떨어져서 이제는 물고기를 낚아 먹거나 해초라도 먹지 않는 한 목숨을 이어갈 수 없게 되었다. 그 사실을 안 공격군이 바로 지금이라며 성을 세차게 들이쳤다. 성에 남아 있던 요시아키는 이번이 마지막이라 생각하고 우선 타카나가 친왕 앞으로 가서,

"마지막 순간이 온 듯합니다. 저희는 무사의 집안에서 태어났으니 여기서 깨끗하게 자결하겠습니다. 허나 전하께서는 설령 적 속에 계신다 할지라도 목숨을 잃을 염려는 없으실 것입니다. 하오니 여기에 그대로 남아 계시기 바랍니다."라고 말했으나 친왕은 슬퍼하는 기색도

없이,

"그대들이 죽으려 하는데 나 혼자서만 살아남을 생각은 없소. 그런데 자결은 어떻게 하는 것인지, 그 방법을 알려주시오."라고 말했기에 요시아키는,

"이렇게 하는 것이옵니다."라며 칼을 빼들고 거꾸로 쥐더니 자신의 왼쪽 옆구리에서부터 오른쪽 옆구리까지를 한일자로 힘껏 가른 뒤 그 칼을 친왕 앞에 놓은 채 앞으로 고꾸라져 숨을 거두고 말았다. 친왕은 요시아키가 내놓은 칼을 쥐었으나 피가 너무 많이 묻어 있었기에 소매로 손잡이 부분을 감아 그 자리에서 스스로 목숨을 끊었다. 이를 본 대장과 무사들도 모두 그 뒤를 따라서 자결해버리고 말았다.

키히 다이구지(大宮司) 타로는 힘도 있고 헤엄도 잘 치는 자였다. 타로는 황태자인 쓰네나가 친왕을 배에 태워 성에서 벗어나게 해주려 했으나 노도 없고 삿대도 없었기에 그물로 자신의 몸에 배를 묶어 바다 위 30정(33㎞)을 헤엄쳐 부코우라(蕪木浦)라는 곳까지 가서 부근에 있는 백성의 집에 황태자를 맡기고, 자신은 다시 헤엄쳐 성으로 돌아가 이미 할복한 자신의 아버지 옆에서 역시 자결해버리고 말았다.

이후 황태자는 안타깝게도 적의 손에 붙들리고 말았다. 시바 타카쓰네는 친왕을 곧 쿄토로 보냈다. 타카우지가 독을 권했기에 친왕은 15세의 나이로 세상을 떠나고 말았다.

3. 흰 깃털의 화살

카네가사키 성이 떨어진 후에도 요시사다와 요시스케는 소마야마 성에 숨어 있었다. 아시카가 쪽에서는 카네가사키 성이 떨어졌을 때 요시사다와 요시스케도 죽었을 것이라 생각했으나, 목을 살펴보니 두 사람의 것만은 보이지 않았기에 행방을 찾아서 곳곳을 살피게 했다. 거기에 위협을 느꼈기에 요시사다도 언제까지고 숨어 있기만 할 수는 없었다. 이에 곳곳에 숨어 있는 아군에게 사람을 보내기도 하고, 각 지방에 흩어져 있는 아군들에게 편지를 보내 에치젠으로 모이라고 전했다. 그 전갈을 받은 자들이 아시카가 쪽 사람들에게 들키지 않도록 하며 속속 모여들었다. 무기도 제대로 갖추지 못한 자가 있었으며 갑옷과 투구조차 없는 자들도 있었으나, 그래도 3천 명쯤의 병사들이 모였다.

이 소식이 쿄토에 전해지자 타카우지는 시바 타카쓰네 형제에게 명하여 6천 정도의 병력으로 요시사다를 공격케 했다. 그러나 소마야마 성은 요해지에 위치해 있었기에 쉽게는 떨어뜨릴 수 없어서 그대로 시간만 보내고 있었다. 그러는 사이에 카가와 에치고 방면에서 요시사다를 돕기 위한 자들이 차례로 모여들어 타카쓰네 군을 쫓아냈다. 타카쓰네는 소마야마 성의 포위를 풀고 자신의 성으로 물러나려 했으나 요시사다가 맹렬하게 추격해왔기에 자신의 본성으로는 들어가지 못하고 아시바(足羽) 성으로 달아났다. 타카쓰네가 패했다는 소식에 에치젠의 상황이 급변하여 쿠니 안에 있는 성 가운데 73개소가 요시사다 편으로 돌아섰다.

요시사다는 자신의 세력이 커짐에 따라서 다시 한 번 쿄토로 들어가 타카우지를 쳐야겠다고 생각했다. 우선 히에이잔의 스님들에게 편지를 보내서 동맹을 맺지 않겠느냐고 물었더니 히에이잔 쪽에서도 기꺼이 승낙했다. 그러는 사이에 무쓰의 키타바타케 아키이에도 서쪽으로 왔기에 마침내 에치젠을 출발하여 쿄토로 향하려 했으나 시바 타카쓰네를 치지 않고 그냥 가는 것은 참으로 안타까운 일이라 여겨져 견딜수가 없었다. 홋코쿠에 처음 왔을 때부터 타카쓰네가 자신을 괴롭혀왔기에 무슨 일이 있어도 그 타카쓰네를 제거한 뒤 쿄토로 향하고 싶었다. 이는 요시사다의 커다란 패착으로 결국에는 돌이킬 수 없는 일이 벌어지고 말았다.

그때 타카쓰네는 쿠로마루(黑丸) 성에 있었는데 요시사다는 이 성을 취하기 전에 우선은 그 근처에 있는 아시바 성을 먼저 공격했으나 아시바 성은 끝내 떨어지지 않았다. 이는 적의 숫자가 적은 것을 보고 요시사다 쪽이 방심했기 때문이었다. 요시사다는 분해서 견딜수가 없었다. 무슨 일이 있어도 타카쓰네를 없애야겠다며 3만의 병사로 다시 공격했다. 타카쓰네 쪽은 겨우 300명, 타카쓰네도 이번에는 싸우다 죽을 각오를 하고 있었다.

7월 2일, 요시사다는 마침내 타카쓰네를 물리칠 생각으로 우선은 병사를 7갈래로 나누어 7개의 성을 공격하게 했으나 어찌된 일인지 싸움은 뜻대로 풀리지 않았다. 특히 후지시마(藤島) 성을 공격하고 있는 부대가 위험했기에 초조해진 요시사다는 겨우 50명쯤만을 데리고 저물녘에 후지시마 성을 공격하고 있는 부대를 돕기 위해 출발했다. 그때 후지시마 성을 돕기 위해 쿠로마루 성을 나선 300명 쯤의 적병과 도중에서 마주치고 말았다. 요시사다는 이 적을 상대로 싸웠으나 적은 단단히 준비를 하고 있었던 데 반해서 요시사다 쪽은 활을 들고 있는 병사도 방패를 들고 있는 병사도 없었기에 곧 불리한 싸움이 되어버리고 말았다. 싸움 중에 불행하게도 요시사다의 말이 화살에 맞아 쓰러지고 말았다. 요시사다는 한쪽 발이 말 아래에 깔려 일어설 수도 없었다. 그러한 때에 어디에선가 하얀 깃털이 달린 화살 하나가 날아와 요시사다의 미간에 박혔다. 급소에 상처를 입어 도저히 살아남을 수 있으리라 여겨지지 않았기에 스스로 목을 베어 진흙 속에 숨기고 그 위에 쓰러져 숨을 거두고 말았다. 나이는 38세, 참으로 안타까운 일이었다. 카마쿠라를 무너뜨린 이후 이날까지 관군에서는 가장 중요한 인물이었으며 천황도 매우 중히 여기고 있었기에 앞으로 해야 할 일이 아주 많았으나, 얼마 되지도 않는 적의 손에 쓰러져버리고 말았다. 후지시마는 지금의 후쿠이(福井) 시에서 30정(3.3km)쯤 떨어진 곳에 있다.

요시사다가 전사한 이후, 요시스케와 요시하루가 남아 관군을 위해 애썼으나, 그렇게 커다란 세력을 형성하지는 못했다. 한편 타카우지는 그해(1338) 8월에 북조의 천자로부터 세이이타이쇼군을 허락받아 쿄토에 막부를 열었다.

(1) 타카우지가 쿄토로 들어왔기에 천황은 다시 히에이잔으로 올라갔다.

관군이 쿄토를 되찾기 위해 싸웠으나 나와 나가토시 등이 전사하고 말았다.

(2) 쿄토로 들어간 타카우지는 조정의 적이라는 이름을 피하기 위해 토요히토 친왕을 천황으로 세웠다.

(3) 타카우지는 신기를 건네받기 위해서 고다이고 천황에게 쿄토로 돌아올 것을 청했다.

(4) 천황은 쿄토로 돌아가기 직전에 황태자 쓰네나가 친왕을 요시사다에게 맡겼다.

(5) 천황은 일단 쿄토로 들어갔다가 곧 요시노로 가서 그곳에 행궁을 마련했다.

(6) 요시사다는 에치젠으로 가서 카네가사키 성으로 들어갔다.

(7) 카네가사키 성이 함락되자 황자인 타카나가 친왕은 자결했다.

(8) 그 후 요시사다가 소마야마에서 기치를 올렸으나 후지시마 전투에서 전사하고 말았다.

제10장 키타바타케 치카후사와 쿠스노키 마사쓰라

1. 이시즈의 이슬

무쓰의 코쿠시(조정에서 파견한 지방관)인 키타바타케 아키이에는 겐코 3년(1333) 정월에 아시카가 타카우지의 뒤를 좇아서 서쪽으로 올라와 타카우지를 사이코쿠(큐슈)로 내쫓은 공을 인정받아 친주후의 쇼군(장관)에 임명되었으며, 곧 무쓰로 다시 내려가 료젠(靈山, 다테군) 성으로 들어갔다. 그런데 그 이듬해에 타카우지가 큐슈에서 돌아와 쿄토를 공격하여 천황을 카잔인에 가두고, 곧 카네가사키 성을 함락시켰기에 그때까지 아키이에 편에 서 있던 무사들도 하나둘 어딘가로 가버려 세력이 크게 줄어버리고 말았다. 참으로 믿지 못할 것이 사람의 마음이다. 이후 천황이 요시노로 들어갔으며, 요시사다가 소마야마에서 기치를 올렸다는 소식이 전해지자 어느 틈엔가 병사들이 다시 모여들기 시작했다. 이에 아키이에는 다시 한 번 쿄토를 공격하기 위해 사방으로 편지를 보내 병사들을 모았다. 그때 달려온 병사가 3만이나 되었다. 이렇게 해서 시라카와(白河) 관문을 넘어 서쪽으로 갔는데, 그때 이미 10만을 헤아리게 되었다. 이 시라카와 관문을 넘은 것이 8월 19일. 그 소식이 카마쿠라에 전해지자 카마쿠라에 있던 타카우지의 아들 아시카가 요시아키라(足利 義詮)가 8만의 병사를 내어 그들을 토네가와(江)에서 막으려 했으나 아키이에는 이를 격파하고 무사시노쿠니로 들어갔다. 그러자 토고쿠 8개 쿠니의 무사들이 앞 다투어 아키이에 편에 가담했다. 이에 아키이에는 우선 카마쿠라를 쳐야겠다고 생각했다.

그때 호조 타카토키의 아들인 토키유키가 남조 편에 서서 이즈노쿠니에서 거병하여 아키이에와 함께 카마쿠라를 치겠다고 말해왔다. 그리고 닛타 요시사다의 차남인 토쿠주마루(德寿丸)도 코즈케노쿠니에서 2만여의 병사들을 이끌고 아키이에와 함께 카마쿠라를 치겠다며 무사시노쿠니로 들어왔다.

카마쿠라는 위협을 느꼈다. 이에 대장인 요시아키라 앞으로 수많은 다이묘들이 모여 회의를 했다. 그 자리에서 다이묘들은,

"그처럼 대군이 몰려와서는 도저히 승산이 없습니다. 이번에는 일단 아와나 카즈사로 물러났다가 그곳에서 새로이 싸울 방법을 강구하는 것이 좋을 듯합니다."라고 결정했다. 대장인 요시아키라는 아직 11세였으나 그 말을 듣자,

"이처럼 겁을 먹어서야 어찌 싸움을 할 수 있겠소. 나는 카마쿠라를 지키기 위해 여기에 있는 이상, 싸움 한번 해보지 않고 달아날 수는 없소. 어쨌든 적과 싸우다 버티지 못하면 죽음을 각오하고, 또 만약 한쪽 편이라도 뚫을 수 있다면 그때는 아와가 됐든 카즈사가 됐든 그곳으로 들어가 거기서 다시 병사들을 모을 생각이오. 그리고 서쪽으

로 올라가는 아키이에의 뒤를 따라 공격해 들어가 우지나 세타 부근에서 아버지의 군과 협공을 가한다면 틀림없이 승리할 수 있을 것이오."라고 말했다. 이 말에 힘을 얻은 다이묘들은 카마쿠라에서 아키이에와 맞서 싸우기로 했다. 12월 28일, 아키이에, 토키유키, 토쿠주마루의 연합군이 마침내 카마쿠라로 한꺼번에 공격해 들어왔다. 카마쿠라의 병사들은 1만 명쯤 되었으나 곧 패했고 요시아키라는 다른 곳으로 몸을 피하고 말았다.

이번 싸움으로 수많은 무사들이 다시 아키이에 편에 가담했다. 아키이에 등은 정월 8일에 카마쿠라를 출발하여 서쪽으로 향했다. 그 병력은 50만이었다고 한다. 마침내 오와리노쿠니에 이르렀다. 그러자 카마쿠라의 병사 8만쯤이 그들의 뒤를 좇아왔다. 그야말로 사마귀가 매미를 잡기 위해 나아가는 사이에, 그 뒤에서 새가 다시 사마귀를 잡으려 다가오고 있는 것과 같은 형국이었다.

오와리까지 온 아키이에는 뒤에서 좇아오는 이 카마쿠라 군이 귀찮게 여겨졌다. 30리쯤 뒤로 물러나 미노와 오와리의 경계에서 물리치려 했으나 그 8만의 카마쿠라 군은 생각 외로 강했으며, 특히 아오노가하라(青野ヶ原)에서는 아키이에와 그의 동생인 아키노부(顯信)의 병사들이 모모노이(桃井), 토키(土岐) 등의 사무라이 때문에 고전을 면치 못했다. 그래도 어쨌든 그들을 흩어놓고 서쪽으로 가려 했으나, 타카우지가 코노 모로야스 형제를 대장으로 삼아 오우미와 미노의 경계까지 병사들을 보내 아키이에를 막으려 했기에 아키이에는 그들을 피하기 위해 이세 쪽으로 돌아서 요시노를 향해 나아갔다.

그러자 타카우지 쪽에서,

"뭐야 센 척하더니 싸움이 무서워서 꽁무니를 빼는구나."라고 비웃기 시작했다.

아키이에가 나라까지 갔을 때였다. 유키 뉴도(結城 入道)라는 자가 아키이에 앞으로 나서서,

"기껏 여기까지 왔는데 아오노가하라에서도 승리다운 승리는 거두지 못했으며, 모로야스의 군도 깨부수지 못하고 이대로 요시노로 간다는 것은 왠지 부끄러운 일인 듯합니다. 그러니 지금부터 쿄토로 가서 타카우지를 내쫓거나, 그게 어렵다면 힘껏 싸우다 죽는 것이 무사의 도리라 여겨집니다."라고 말했다. 아키이에도 옳은 말이라 여겨 거기서 쿄토로 공격해 들어가려 했다.

한편 쿄토 쪽에서는 누가 아키이에 군을 막기 위해 갈 것인지에 대해서 회의를 했는데, 아키이에 군이 상당히 센 듯했기에 아키이에를 좋지 않게 이야기하는 자는 있어도 막상 그를 막으러 가겠다고 선뜻 나서는 자는 아무도 없었다. 그런데,

"그 일이라면 모모노이 형제가 가장 적합할 듯합니다. 모모노이 형제는 미노의 아오노가하라에서도 아키이에를 상당히 괴롭혔으니."라고 말한 자가 있었다. 이에 모모노이 형제가 나가기로 결정되었다. 이렇게 해서 형제는 나라를 향해 나아갔다. 아키이에가 이 형제들을 맞아 격렬하게 싸웠으나 아키이에의 병사들은 긴 행군으로 완전히 지쳐 있었을 뿐만 아니라, 사무라이들도 모모노이 형제들의 강함에 두려움을 느끼고 있었기에 덧없이 무너져서 병사들은 뿔뿔이 흩어졌으며, 대장인 아키이에조차 어디로 갔는지 알 수 없게 되어버리고 말았다. 싸움에서 이긴 모모노이 형제들은 의기양양해서 쿄토로 개선했다.

그러는 사이에 아키이에의 동생인 아키노부가 이즈미(和泉 오오사카 남서부, 센슈, 하국, 키나이)의 경계 부근까지 가서 아군 병사들을 모아 쿄토 부근의 오토코야마(男山)에 진을 쳤다. 그 기세 역시 매우 강성한 듯했기에 쿄토에서는 이번에도 발등에 불이 떨어진 듯 소란을 떨기 시작했다. 이에 코노 모로나오(高 師直)가 일족을 이끌고 그들을 공격하기 위해 나섰다. 오토코야마는 하치만 신사가 있는 산으로, 산이라 부르고 있지만 야트막한 언덕에 지나지 않았으나 아래로 절벽을 이루고 있었기에 공격하기 그리 쉬운 곳은 아니었다. 게다가 아키노부가 필사적으로 지켰기에 간단히는 떨어뜨릴 수가 없었다. 이에 모로나오는,

　　'여기를 그냥 내버려두었다가 카와치 부근에서 쿠스노키 군이 가세를 하게 된다면 돌이킬 수 없는 상황이 벌어지고 말 것이다.' 라고 생각했다. 따라서 자신은 오오사카의 텐노지 부근에 진을 치고 아키이에 군과 싸웠다. 아키이에도 얼마 되지 않는 병사로 목숨을 걸고 싸웠으나 전투에서 패했기에 요시노 쪽으로 달아나기 시작했다. 그러나 그를 따르는 병사들이 겨우 20명쯤밖에 되지 않았기에 끝내는 이즈미의 이시즈(石津)에서 전사하고 말았다. 이는 5월 20일의 일이었다. 그때 아키이에는 아직 21세라는 꽃다운 나이의 젊은 무사였다. 이 소식을 들은 천황은 매우 애석해하며 그에게 종1위 우다이진을 내렸다.

　　오토코야마는 병사들이 굳게 지켰기에 좀처럼 떨어지지 않았다. 이때 요시사다는 엔랴쿠지와 동맹을 맺어 쿄토로 공격해 들어가야겠다고 생각했다. 그랬기에 타카우지 쪽에서는 오토코야마를 얼른 떨어뜨

리지 않으면 큰일이 나겠다 싶었기에 결국은 오토코야마의 신사에 불을 지르고 말았다. 오토코야마의 하치만은 황실에서도 중히 여기는 신사이니 설마 불을 지르지는 않을 것이라 아키노부도 방심하고 있었기에, 불을 지르자 병사들은 뿔뿔이 흩어졌으며 군량까지 전부 불에 타버려 6월 27일 밤에 카와치 쪽으로 달아나버리고 말았다. 이때 만약 요시사다가 아시바 성을 공격하지 않고 그 대군과 함께 쿄토로 왔다면 아키이에도 전사하지 않고, 오토코야마도 떨어지지 않고, 어쩌면 타카우지를 멸망시킬 수 있었을지도 모를 일이었으나, 참으로 세상일은 뜻대로 되지 않는 법이다.

관군은 완전히 무너져버리고 말았다. 대장들도 싸움에 패해 목숨을 잃고 말았다. 남조에게는 상당히 슬픈 일이었으나, 천황은 그래도 여전히 아시카가 씨를 멸망시키겠다고 생각하여 토고쿠의 병사들을 다시 한 번 모으기로 했다. 이에 당시 7세가 된 노리요시 친왕을 아키노부에게 맡겨 무쓰로 내려가게 했다. 아버지인 치카후사도 역시 그들과 함께 가기로 했다. 아키노부 등은 이세에서 배를 타고 무쓰로 향했는데 도중에 토오토우미(遠江시즈오카 현 서부.엔슈.상국.중국)에서 폭풍우를 만나 배들은 뿔뿔이 흩어졌으며, 친왕이 탄 배는 이세로 되돌아왔기에 거기서 요시노로 다시 돌아갈 수밖에 없었다. 치카후사는 히타치에서 내려 진구지(神宮寺) 성으로 들어갔으나 적군의 공격을 받았기에 아바사키(阿波崎) 성으로 들어갔다. 그러나 그곳도 적의 손에 떨어졌기에 이번에는 오다(小田) 성으로 들어갔고 그곳 역시 적의 손에 떨어지자 세키(関) 성으로 들어갔다. 세키 성은 히타치노쿠니 마카베군(真壁郡) 카와치무라(河内村)에 있었다. 이 성에는 세키 무네스케

(関 宗祐)라는 무사가 있어서 치카 후사를 극진히 대하며 지켜주었다. 그러나 그 무렵 부근의 성들은 모두 아시카가 편에 선 곳들뿐이었으며, 이 세키 성과 옆에 있는 다이호(大宝) 성만이 천황을 편들고 있었다. 따라서 이 2개 성은 언제나 적의 공격 속에 놓여 있었기에 조금도 마음을 놓을 수가 없었다.

키타바타케 치카후사

치카후사는 이 전쟁 중에 『신황 정통기[神皇正統記]』라는 책을 저술했다. 멀리 고대로부터 고무라카미(後村上) 천황(1339~1368) 시절까지, 천황의 혈통을 자세히 기록한 책이다. 지금도 역사를 연구하는 사람 가운데는 이 책을 보지 않는 자가 없다.

이후 요시노 쪽에서 천황의 손자로, 타카나가 친왕의 아들인 모리나가(守永) 친왕이 이 성으로 왔으나 코노 모로후유(高 師冬)가 대군을 이끌고 이 성을 포위하여 성 안의 식량이 떨어졌을 뿐만 아니라 도와주러 오는 자도 없었기에 결국은 이 성도 떨어지고 말았다. 그때 친왕과 치카후사는 간신히 성에서 빠져나올 수 있었다. 성에서 빠져나온 친왕은 무쓰로 내려갔고, 치카후사는 요시노로 올라갔다. 그로부터 치카후사는 남조를 섬기며 천황을 돕다 세상을 떠났다.

고다이고 천황은 엔겐 4년(1339) 8월 16일에 요시노에서 세상을 떠났으며 노리요시 친왕이 그 뒤를 이었다. 이를 고무라카미 천황이라고 한다.

2. 요시노의 궁

엔겐 원년(1336) 12월 21일, 고다이고 천황은 카잔인에서 은밀히 빠져나와 삼종의 신기를 들고 요시노로 들어갔다. 우선은 아노우(賀名生)라는 곳에 있는 호리 노부마스(堀 信增)의 집을 행궁으로 삼았다. 아노우는 야마토노쿠니 요시노군에 있는 곳으로 원래는 아나우(穴生)라 불렸으며 요시노에서 50리(20㎞)쯤 떨어진 곳에 위치해 있다. 그해 12월에 천황은 이곳에서 요시노로 옮겼는데 쇼헤이(正平) 3년(1348) 정월에 코노 모로나오와 모로야스가 요시노를 공격했기에 고무라카미 천황은 아노우로 다시 옮겼다.

이 외에도 남조가 요시노에 자리 잡고 있던 58년 동안 이곳은 몇 번이고 행궁으로 쓰였다.

엔겐 원년 12월에 고다이고 천황은 아노우에서 요시노의 킷스이인(吉水院)으로 들어갔는데, 엔겐 4년(1339)년 8월 9일부터 병을 얻고 말았다. 산속이었기에 여러 가지로 불편함이 많았지만 주위 사람들은 가능한 한 모든 일을 해가며 천황을 간호했다. 그런데 16일에 갑자기 고개를 들어,

"조정의 적을 멸망시켜 천하를 평정하지 못한 것은 참으로 안타까운 일일세. 설령 몸은 요시노의 땅에 묻힐지라도, 마음만은 언제나 쿄토의 하늘을 떠나지 않을 것일세. 모두 힘을 합하여 조정의 적을 반드시

물리쳐주시기 바라네. 이 명령을 배반하는 자는 짐의 자손도 아니고, 짐의 신하도 아닐세."라고 분명하게 말하고 오른손으로 보검을 쓰다듬다 곧 세상을 떠나고 말았다.

3. 시조나와테의 폭풍

사쿠라이에서 아버지 마사시게와 헤어져 카와치노쿠니로 돌아온 마사쓰라는 어머니에게도 아버지가 한 말을 들려준 뒤, 쓸쓸한 가운데서도 전투의 양상이 어떻게 전개될지 걱정하고 있었다.

아버지 마사시게는 결국 미나토가와에서 전사했는데, 비록 적이기는 하나 훌륭한 대장이었다며 타카우지가 그의 목을 카와치로 보내주었다. 어머니와 마사쓰라 모두 진작부터 그렇게 될 줄은 알고 있었으나, 막상 마사시게의 목을 보니 슬픔이 한꺼번에 밀려들어 소매로 얼굴을 가린 채 울고 또 울었다. 눈물은 좀처럼 그칠 줄 몰랐다.

그러던 마사쓰라가 무슨 생각을 한 것인지 흐르는 눈물을 소매로 닦으며 지불당[持佛堂]으로 갔다. 이를 이상히 여긴 어머니가 뒤를 따라가 문 틈으로 안을 들여다보니 마사쓰라가 아버지에게서 유품으로 받은 칼을 오른손에 들고 하의의 허리춤을 내려 당장에라도 할복을 하려 하고 있었다. 어머니가 서둘러 달려 들어가서 마사쓰라의 팔을 붙들고 눈물을 흘리며,

"무슨 짓을 하려는 게냐. 될성부른 나무는 떡잎부터 알아본다고 했다. 너는 아직 어리다만 아버지의 아들이니 이러한 사실을 모르지 않을 터. 아버지께서 미나토가와로 가시다가 사쿠라이에서 너를 돌려보내신 것은 무엇을 위해서였더냐. 집으로 돌아가서 할복하라고 보내

셨던 게냐? 아버지께서 돌아가시더라도 살아남은 일족들을 모아 군을 일으켜 천황폐하를 위해 충성을 다하라고 보내셨던 것 아니었더냐? 그 사실은 이 어미보다도 네가 더 잘 알고 있을 것이다. 그 사실을 벌써 잊었단 말이냐? 이래서야 천황폐하를 위해 일을 할 수 있겠느냐?"라고 깨우쳐주었다. 이를 들은 마사쓰라는 한 마디 한 마디 옳은 말이었기에 아무런 대답도 하지 못했다. 어머니와 둘이서 끌어안고 엉엉 눈물을 흘렸다.

이후부터 마사쓰라는 아버지와 어머니의 가르침을 마음에 깊이 새겨, 평소 놀 때조차 타카우지를 치는 흉내를 내며 때가 오기를 기다렸다.

아버지가 돌아가신 지 13년이 흘러, 마사쓰라는 23세의 혈기왕성한 청년이 되었다. 아버지의 뜻을 이어받아 타카우지를 멸망시킬 때가 온 것이었다. 마사쓰라는 콘고산 부근에서 충성의 깃발을 올렸다. 카와치, 이즈미의 병사들이 500명이나 모여들었다. 마사쓰라는 키이와 셋쓰까지 자신의 편으로 만들어 세력을 점점 키워나갔다. 이 소식을 들은 타카우지는,

"마사시게의 아들이라면 만만히 보아서는 안 될 테지만, 두려워할 정도는 아닐 것이다. 하지만 근방에서 소란을 피우는 것은 좋지 않은 일이다. 세력을 더 키우기 전에 쳐서 없애라."라며 호소카와 아키우지(細川 顯氏)에게 3천 정도의 병사를 이끌고 가서 정벌케 했다. 쇼헤이 3년(1348) 8월, 아키우지는 진군하여 카와치의 후지이데라(藤井寺)라는 곳까지 갔다. 그곳은 콘고산에서 70리(28㎞)쯤 떨어진 곳에 위치해 있었다. 이때 마사쓰라는 야오(八尾) 성을 공격하려 하고 있었다.

그 사실을 안 아키우지는,

"그래, 잘 되었구나. 야오로 간 사이에 콘고산을 급히 쳐서 비어 있는 성을 빼앗기로 하자."라며 그 기회를 엿보고 있었다. 마사쓰라는 마사시게의 아들로 전투에 매우 능했기에,

"아키우지가 나의 뒤를 노리고 있구나. 그 계략을 반대로 이용해야겠다."라며 우선은 스스로 700명 정도의 병사들을 이끌고 야오를 향해 나아갔다. 그리고 그 부근의 민가에 일부러 불을 지른 뒤, 은밀하게 뒤로 물러나 콘다바야시(誉田林)라는 곳에 숨어 있었다. 아키우지는 그런 줄도 모르고 야오 쪽에서 불길이 솟아오르자,

"드디어 야오로 갔구나. 지금 당장 콘고산을 취하도록 하라."라며 병사들을 재촉해서 콘다가와라(誉田河原)까지 갔는데, 순간 뒤에서 갑자기 커다란 함성이 들려왔다. 무슨 일일까 놀라 뒤를 돌아보니, 숲 속에서 물에 뜬 국화 문양의 깃발이 바람에 펄럭이고 있었다.

"앗, 적은 뒤에 있다."라며 서둘러 태세를 전환하려 했으나 그전에 이미 마사쓰라가 선두에 서서 돌격해 들어왔기에 아무런 힘도 써보지 못한 채 쿄토로 달아나버리고 말았다.

이 후지이데라 전투에서 마사쓰라가 얼마 되지 않는 병력으로 몇 배나 되는 적을 물리쳤기에 마사쓰라는 곧 킨키에서 세력을 떨치게 되었다. 그로부터 1개월 지나고 2개월 지나는 사이에 마사쓰라의 병력은 점점 더 수를 더해갔다. 이에 타카우지도 조금씩 두려움을 느끼기 시작했다. 11월 25일에 이번에는 야마나 토키우지(山名 時氏)와 호소카와 아키우지 두 사람을 대장으로 삼고 6천의 병사를 주어 마사쓰라 정벌에 나서게 했다. 아키우지는 전에 패한 적이 있었기에,

"이번에 또 지면 고개를 들고 다닐 수 없을 것이다. 죽을 각오로 여름의 치욕을 씻어야 한다."라고 병사들을 격려한 뒤 출정했다.

셋쓰노쿠니까지 나아간 두 사람 가운데 토키우지는 스미요시에, 아키우지는 텐노지에 진을 쳤다.

마사쓰라는 26일에 콘고산 성에서 나와 2천의 병사를 이끌고 셋쓰로 들어갔다.

"그래, 우선 스미요시에 있는 적을 치면 텐노지의 적은 틀림없이 알아서 달아날 것이다."라며 우류우노(瓜生野)의 북쪽에서 진격해 들어갔다. 마사쓰라 군이 진격해오는 것을 본 토키우지는 우선 군대를 3갈래로 나누고 자신은 그 가운데 한 부대의 대장이 되어 우류우노의 동쪽을 향해 나아갔다. 아키우지는 역시 텐노지에 진을 치고 있었다.

마사쓰라 군은 그때까지 병사들을 5갈래로 나누어 전진하고 있었으나, 적이 4갈래로 나뉜 것을 보고는,

"우리는 하나가 되어 나아가겠다."라며 우류우노를 지나 토키우지 군을 향해 맹렬하게 나아갔다. 이렇게 해서 마사쓰라와 토키우지가 격전을 치르게 되었다. 서로 엉겨붙어서 베고 찌르기를 1시간쯤이나 계속했는데, 이때 토키우지는 벌써 7군데나 상처를 입었다. 양 군 모두 불꽃을 튀기며 싸웠기에 서로 지쳐서 좌우로 잠시 물러났다.

그런데 마사쓰라 군에서 와다 겐슈(和田 源秀)와 야스마 료간(安間 了願)이라는 두 스님이 나와 토키우지 군 속으로 뛰어들었다. 두 사람 모두 상당히 강용해서 삽시간에 36명을 베었기에 토키우지 쪽에서도 그대로 보고만 있을 수는 없었다. 두 사람을 치기 위해 병사들을 앞으로 나아가게 하자 마사쓰라 쪽도 두 사람을 지키기

위해 앞으로 나섰기에 다시 격전이 시작되었다. 이 싸움에서도 토키우지는 크게 지고 말았다. 이에 토키우지는 할복하려 했으나 그의 가신이 간신히 말려서 쿄토로 달아나버리고 말았다. 그러자 아키우지는 제대로 싸워보지도 않고 달아나버리고 말았다.

이때 수많은 자들이 한꺼번에 달아났기에 와타나베바시(渡辺橋다리)에서 강으로 떨어진 자가 500명이나 되었다. 그러나 그들을 구해주려는 자는 아무도 없었다. 아버지는 아들을 버리고, 아들은 아버지를 버리고 달아났다. 한겨울에 무거운 갑옷을 입고 강물에 빠져버린 쿄토의 병사들은 가엾게도 금방 얼어죽을 것만 같았다. 싸움에는 강하지만 한편으로는 인정 깊은 마사쓰라는, 그 병사들을 전부 구해주었으며 따뜻한 옷을 내어주고 상처를 입은 자는 치료를 해주고 약까지 내어주며 오륙일 잘 보살피다 그들을 돌려보냈다.

적 가운데는 이러한 친절에 감탄하여 쿄토로 돌아가지 않고 그대로 남아 마사쓰라를 따르게 된 자도 아주 많았다고 한다.

토키우지가 이번에도 달아나 돌아왔기에 크게 화가 난 타카우지는,
"그렇다면 한 놈도 남김없이 몰살해주겠다."라며 코노 모로나오와 모로야스를 대장으로 삼고, 시코쿠·추고쿠·토산·토카이의 병사 6만을 보내 마사쓰라를 공격케 했다.

이 소식을 들은 마사쓰라는,
"이번에야말로 목숨을 건 싸움이 될 것이다. 그 전에 천황폐하의 용안을 한 번이라도 뵙고 싶구나."라며 12월 27일에 동생 마사토키(正時) 이하 일족을 데리고 요시노의 황거로 가서 천황에게 이렇게 말했다.
"저희 아버지 마사시게는 조그만 몸으로 타카토키 군과 싸워 선제

[先帝]께 한때나마 마음의 평안을 드릴 수 있었으나, 그 후 타카우지가 다시 세상을 어지럽혀 마침내는 미나토가와에서 전사하고 말았습니다. 그때 저는 11세였는데, 아버지는 저를 전장에 데려가지 않고 조금 더 성장한 후에 조정의 적을 치라며 카와치로 돌려보냈습니다. 다행히 저도 이처럼 성장했으나, 혹시 폐하께 충성을 다하기도 전에 병으로 세상을 등지면 폐하께는 불충한 신하가 되고 아버지에게는 불효한 자식이 되겠기에 늘 근심해왔습니다. 듣자하니 이번에 코노 모로나오 형제가 대군을 이끌고 저를 치기 위해 오고 있다고 합니다. 지금이야말로 폐하께 목숨을 바쳐 충성을 다할 때가 아닐까 합니다. 만약 제가 모로나오의 목을 베지 못한다면 그로 하여금 제 목을 치게 할 생각입니다. 이처럼 죽음을 각오했기에 폐하의 용안을 뵙고 싶어서 지금 이렇게 달려온 것입니다."

충심을 얼굴 가득 드러내며 이렇게 청하자 고무라카미 천황은 얼굴 앞의 발을 높이 들어올리고 조용히 마사쓰라 일족을 둘러본 뒤, 마사쓰라를 가까이로 불러,

"최근 들어 적을 2번이나 무찔렀다는 소식을 듣고 짐도 크게 기뻐하던 차였네. 부자 2대에 걸쳐서 두 마음을 품지 않고 충성을 다해주었다는 사실에는 짐도 크게 감복했네. 지금 적이 대군을 이끌고 공격해 올 것이라 하니 짐도 걱정이네만 반드시 죽는 것만이 충의는 아닐세. 짐은 그대 한 사람을 크게 의지하고 있으니 모쪼록 목숨을 소중히 여겨 앞으로도 힘이 되어주시게"라고 간곡한 말로 청했다. 마사쓰라는 너무나도 감격스러워서 눈물이 멈추지 않았다. 이마가 바닥에 닿을 정도로 머리를 숙여 감사의 말을 했다.

황거에서 나온 마사쓰라는 그 걸음에 고다이고 천황의 무덤으로 갔다. 그런 다음 뇨이린도(如意輪堂)로 가서 일족 143명의 이름을 과거장에 적고 화살촉으로 당의 문에,

〈돌아오지 않을 생각이기에 죽은 자들의 이름 가운데 우리의 이름을 남기는 것이다〉

라는 마지막 구를 새긴 뒤, 각자 머리카락을 잘라 불전에 바쳤다. 그리고 그날로 요시노를 출발하여 전장으로 향했다.

마사쓰라가 요시노에서 돌아왔다는 소식을 들은 모로나오 형제는, 동생인 모로야스가 2만을 이끌고 정월 2일에 이즈미의 경계 부근까지 갔다. 그리고 6일에는 모로나오가 6만의 대군을 이끌고 카와치의 시조(四條)에 도착했다. 천황은 시조 타카스케(四條 隆資)에게 명령하여 마사쓰라를 돕게 했다. 이때 마사쓰라는 3천의 병사들을 이끌고 모로나오 군 속으로 돌진해 들어갔다. 비록 얼마 되지 않는 숫자였으나 마사쓰라의 병사들은 죽음을 각오한 자들이었기에, 순식간에 모로나오 군의 일각을 무너뜨렸다. 그러나 모로나오 군도 이번 싸움이 승부의 갈림길이라 여기고 싸웠기에 마사쓰라의 후군이 절반쯤 목숨을 잃었으며 절반쯤은 달아나버리고 말았다.

마사쓰라, 마사토키, 겐슈, 마사토모(正朝) 등과 같은 일족 143명은 모두 전군에 있었다. 후군이 패했으나 사기는 조금도 떨어지지 않았으며, 남은 병사 300명을 이끌고 모로나오를 향해 똑바로 달려나갔다. 호소카와 키요우지(細川 淸氏)가 500명의 병사로 이들을 막으려 했으나 곧 패하고 말았다. 뒤이어 니키 요리아키(仁木 賴章)가 700명의 병사를 이끌고 왔다. 마사쓰라 군은 말머리를 나란히 하고 그들도

마구잡이로 쓰러뜨렸다. 그러자 이번에는 치바, 우쓰노미야(宇都宮) 등의 대장이 500명으로 동서에서 한꺼번에 마사쓰라를 공격했다. 마사쓰라는 숨 돌릴 겨를도 없이 이들과 싸워 둘을 내몰았으나 이번 싸움으로 인해 마사쓰라의 병사도 100명쯤 목숨을 잃었으며 말까지 상처를 입고 말았다. 이에 모두 말에서 내려 도보로 돌아다녔다. 그러다 각자 논둑에 앉아 점심을 먹기 시작했다. 이 모습을 지켜본 모로나오의 병사들은 어처구니가 없었다.

"참으로 대담하고 차분하기 짝이 없는 자들이로구나. 저들의 모습으로 봐서는 죽을 때까지 밀고 들어올 요량인 듯하다."라며 두려움에 누구 하나 맞서려는 자가 없었다. 태연하게 밥을 먹고 난 마사쓰라는,

"자, 모로나오는 어디에 있느냐? 어서 승부를 가리자."라며 자리에서 일어났다. 모로나오의 병사 7천 명이 마사쓰라를 포위했다. 그러나 마사쓰라는 조금도 두려워하지 않았다. 화살이 날아오면 갑옷의 소매를 모아 막았으며, 적이 다가오면 칼을 하나로 하여 베어버렸다. 마사쓰라는 모로나오의 진에서 2, 30간(50m)쯤 떨어진 곳까지 다가갔다.

모로나오의 진에서는,

'설마 여기까지는 오지 못할 것이다.' 라고 생각하고 있었기에 칼은 어디에 있으냐, 창을 가져와라 하며 한바탕 소동이 벌어졌다. 그때 모로나오 진영에 카미야마 타카모토(上山 高元)라는 자가 있었다. 마사쓰라가 코앞까지 왔다는 말을 듣자마자 모로나오의 갑옷을 집어 갑자기 자신의 어깨에 걸치고 달려나가려 했다. 그러자 모로나오의 가신이,

"이놈, 그건 우리 대장의 갑옷이다."라며 그를 끌고오려 했다. 모로나

오가 그 가신을 한껏 노려보며,

"무슨 짓을 하려는 게냐. 대장 대신 목숨을 바쳐 싸우려는 용사에게 천금, 만금의 갑옷이라 한들 무엇이 아깝겠느냐."라고 질타했다. 이 말을 들은 카미야마는 기꺼이 모로나오 앞에 버티고 서서,

"내가 무사시의 카미인 코노 모로나오다."라고 외치더니 단칼에 마사쓰라의 병사 5명쯤을 베어버렸다. 마사쓰라 쪽에서는,

"저놈이 모로나오다."라며 한꺼번에 몰려들어 타카모토를 쓰러뜨렸다.

그의 목을 본 마사쓰라가, 대장다운 얼굴을 하고 있을 뿐만 아니라 갑옷에도 둥근 원이 겹쳐진 모로나오 집안의 가문이 새겨져 있었기에,

"참으로 기쁘구나. 이것으로 소망을 이루었다."라고 외친 순간 동생인 마사토키가 달려 들어와,

"정말로 모로나오의 목입니까? 우선은 적과 아군에게 보이시기 바랍니다."라고 말했기에 마사쓰라가 그것을 모두에게 내보이자 한 사람이,

"그것은 카미야마 타카모토의 목입니다."라고 말했다. 이에 마사쓰라는 그 목을 땅바닥에 내던지고,

"너야말로 일본에서 가장 괘씸한 놈이로구나."라며 발로 걸어찼다. 그러다 잠시 후 그 목을 다시 주워들더니,

"허나, 너도 네 주인에게는 충의로운 자로구나."라며 그 목을 거기에 두고,

"모로나오는 어디에 있느냐."라며 주위를 둘러보았다. 그 순간 저 너머로 모로나오의 깃발이 보였다. 마사쓰라가 남은 50명의 병사들

쿠스노키 마사쓰라

을 이끌고 다시 맹렬하게 돌진해 들어갔으나 아침부터 6시간쯤이나
분전을 거듭했기에 모두가 녹초가 되어 있었다. 마사쓰라가 칼을
지팡이 삼아 잠시 쉬고 있자니 1정(110m)쯤 앞으로 모로나오가 모습을
드러냈다. 그것을 보고,

"무사하지 못할 줄 알아라."라며 달려들었다. 깜짝 놀란 모로나오는
달아나기 시작했다. 그때 스스키 시로(須々木 四郎)라는 자가 화살을
날렸는데 그것이 마사쓰라의 미간에 맞았다. 마사토키도 좌우의 무릎
과 오른쪽 뺨, 왼쪽 눈에 화살을 맞아 움직일 수 없게 되어버렸다.
정신은 제아무리 또렷하다 할지라도 이래서는 어찌해볼 도리가 없었
다. 이것이 마지막이라며 마사쓰라와 마사토키 형제는 서로를 찔러
목숨을 버렸다. 남은 32명의 병사들도 모두 배를 갈라 그 자리에서
함께 전사하고 말았다.

　마침내 날도 저물기 시작했다. 낮게 드리운 구름, 차가운 바람

속에서 일세의 충신이자 효자였던 자의 영혼이 안타깝게도 하늘로 돌아가고 말았다. 당시 마사쓰라는 23세였다.

　(1) 키타바타케 아키이에가 쿄토를 되찾기 위해 다시 병사를 이끌고 쿄토로 향했으나 쿄토로는 들어가지 못하고 이즈미에서 전사했다.

　(2) 아키이에가 전사한 후, 아키이에의 아버지인 치카후사는 노리요시 친왕을 데리고 무쓰로 내려가려 했으나 도중에 커다란 바람을 만나 친왕이 탄 배가 이세로 되돌아왔다. 이에 친왕은 요시노로 돌아올 수밖에 없었다.

　(3) 고다이고 천황이 세상을 떠난 이후, 노리요시 친왕이 왕위에 올랐다. 그를 고무라카미 천황이라고 부른다.

　(4) 치카후사는 그 후 히타치의 세키 성에서 『신황정통기』라는 책을 썼다.

　(5) 쿠스노키 마사쓰라는 성장한 이후 몇 번이고 싸움에 나서 남조를 위해 공을 세웠다. 그 후, 코노 모로나오가 대군을 이끌고 공격해왔기에 카와치의 시조나와테에서 그들과 힘껏 싸우다 전사하고 말았다.

제11장 키쿠치 타케미쓰

1. 세이세이쇼군

고다이고 천황이 호조 씨 토벌을 시작한 당초부터 키쿠치 씨는 멀리 큐슈에 머물면서도 늘 천황을 위해 충성을 다했다.

키쿠치 씨는 후지와라 씨에서 갈라져나왔는데, 그 자손은 오래 전부터 히고노쿠니에 머물렀다. 코안의 난(원나라의 침공) 때는 키쿠치 타케후사(菊池 武房)가 일족을 이끌고 종군했다. 그의 손자인 타케토키가 고다이고 천황이 오키에서 빠져나왔을 때, 큐슈 탄다이인 호조 히데토키와 싸우다 용감히 전사했다는 사실은 앞서도 이야기한 적이 있다. 그때 타케토키는 아들 타케시게(武重)를 고향으로 돌려보내며, "나의 뜻을 물려받아 천황께 충성을 다하도록 하라."라는 말을 들려주었다. 그 후 타케시게는 쿄토로 올라가 요시사다와 함께 카마쿠라에 있는 타카우지를 공격했다. 타카우지가 큐슈로 달아났을 때에는 타케시게의 동생인 타케토시가 타타라하마에서 타카우지를 공격하여 무사로서의 이름을 높였다. 그 후, 타케시게는 천황에게 청하기를, "저는 오랜 세월 큐슈에서 싸워왔으나 아무래도 위광이 일반 백성에

키쿠치 타케미쓰

게까지는 아직 미치지 못합니다. 청컨대 황자 가운데 한 분을 큐슈로 보내주신다면 큐슈 사람 모두가 관군의 편에 서리라 여겨집니다."라고 말했다. 이에 고무라카미 천황은 동생인 카네나가(懷良) 친왕을 세이세이쇼군(征西将軍)에 임명하여 큐슈로 내려보냈다. 다케시게는 기뻐하며 히고노쿠니 야쓰시로군(八代郡)에 세이세이후(征西府)를 세우고 그곳을 지켰다.

이후 타케시게가 세상을 떠나자 그의 동생인 타케미쓰(武光)가 집안을 물려받았으며 친왕을 보좌했다.

2. 치쿠고가와 전투

그때 큐슈의 분고(豊後오오이타 현호슈,상국,원국)에는 오오토모 우지토키(大友 氏時)라는 자가 있었으며 치쿠젠에는 쇼니 요리히사(少弐 頼尚)라는 자가 있었다. 이 두 사람은 오랜 세월 키쿠치 씨와 사이가 좋지 않았다. 그러나 타케미쓰는 싸움에 능한 자였기에 결국은 이 두 사람 모두 항복해버리고 말았다.

큐슈의 대부분이 친왕을 따르게 되었으나 오직 한 사람, 하타케야마 쿠니히사(畠山 国久)라는 자만은 휴가노쿠니(日向国미야자키 현 닛슈,중국, 원국)에 머물며 항복하지 않았다. 이에 타케미쓰는 쿠니히사를 정벌하기 위해 휴가로 공격해 들어갔다. 그러자 우지토키와 요리히사가 다시 등을 돌렸다. 이에 타케미쓰는 분고에서 병사를 이끌고 치쿠젠으로 들어가 그들을 공격하여 그들에게 크게 이겼다. 그래도 우지토키와 요리히사는 쉽게 항복하지 않았다. 그랬기에 카네나가 친왕 스스로가 대장이 되어 요리히사 정벌에 나섰다. 타케미쓰는 8천의 병사를 이끌고 친왕을 따랐다.

이 소식을 들은 요리히사는 6만의 대군을 이끌고 치쿠고가와(筑後川)에 진을 쳤다. 이는 쇼헤이 13년(1358) 7월의 일이었다. 타케미쓰가 5천여의 병사들을 이끌고 치쿠고가와를 건너 요리히사 진영으로 밀고 들어갔다. 그런데 요리히사는 무슨 생각을 한 것인지 싸우려 하지 않았다. 30정(3.3㎞)이나 뒤로 물러나 오오호바루(大保原)라는 곳에 진을 쳤다. 타케미쓰도 뒤를 따라가 공격하려 했으나 그 사이에는 깊은 늪이 있고, 늪 한가운데로 가느다란 길 한 줄기가 지날 뿐이었다. 게다가 그 길조차 3군데를 파서 끊어놓았을 뿐만 아니라 거기에 작은 다리만을 걸쳐놓았기에 그곳으로 대군을 움직일 수는 없었다. 하는 수 없이 20여 일이나 서로 대치하기만 했다. 적을 눈앞에 두고도 싸울 수 없었기에 타케미쓰는 초조한 마음이 들었다. 이에 적에게 한번 수치심을 느끼게 해주어야겠다며, 금은으로 일월을 새긴 깃발 끝에 종이 한 장을 붙였다. 그 종이는 예전에 요리히사가 잇시키(一色)라는 자의 공격을 받아 도저히 이길 수 있을 것 같지 않았을 때에 키쿠치 사람이 요리히사를 도와주자 요리히사가 크게 기뻐하며,

"지금부터 자손 7대에 이르기까지는 키쿠치와 절대 전쟁을 하지 않겠다."는 약속을 쿠마노(신사)의 부적 뒤에 피로 써서 그것을 키쿠치 쪽에 건네준 것이었다. 그런데 지금은 마음을 바꾸어 키쿠치와 싸우고 있기에,

"너희는 이 약속을 잊은 것이냐?"라며 깃발 끝에 그 증서를 붙여 높이 세운 것이었다. 그러나 요리히사는 아무것도 모르겠다는 듯 시치미를 떼고 있었다. 타케미쓰도 더는 대치만 하고 있을 수는 없었기에, 16일 밤이 되자 300명의 병사를 적의 뒤편으로 돌아들게 하고 자신은 7천 명의 병사를 셋으로 나누어, 치쿠고가와가 콸콸 흐르는 소리에 자신들의 움직임을 숨겨 치쿠고가와를 따라 난 험준한 길을 지나 은밀하게 이동했다. 마침내 요리히사 군의 뒤편으로 돌아든 부대가 공격을 시작했다. 좁은 장소에 6만의 대군이 모여 있었기에

얼마 되지도 않는 300명에게 공격을 받자 누가 적이고 누가 아군인지조차 조금도 알 수 없었다. 요리히사 군은 서로가 서로를 찌르기 시작했다. 이러한 소란 속에서 날이 밝았다. 타케미쓰의 제1진이 그 증서를 붙인 깃발을 앞세워 정면에서부터 공격해 들어갔다. 뒤이어 제2진이 돌격해 들어갔다.

요리히사는 어디에 있는지 타케미쓰가 둘러보자, 멀리 맞은편에 2만여의 병사들을 데리고 당당하게 서 있었다. 타케미쓰는,

"저기, 저들을 깨부수어라."라며 3천의 병사들을 이끌고 돌진해 들어갔다. 요리히사도 병사들을 좌우로 슥 펼쳐 일제히 화살을 퍼부었다. 화살이 날아 빗발처럼 쏟아졌으나 타케미쓰는 조금도 두려워하지 않고 그 속을 헤쳐나갔다.

카네나가 친왕은 매우 용감한 사람이어서 쏟아지는 화살 속을 뚫고 나갔다. 그러다 화살 하나가 날아와서 친왕에게 맞았다. 그러나 친왕은 조금도 굴하지 않고 앞으로 계속 나갔다. 두 번째 화살이 날아와 또 맞았다. 친왕은 그래도 앞으로 나아갔다. 세 번째 화살에 또 맞았다. 친왕은 더욱 용기를 내어 말을 앞으로 나아가게 했다. 친왕의 몸도 슬슬 위험해지기 시작했다.

이때 친왕을 따라 온 11명의 공경과, 멀리 큐슈까지 와 있던 닛타의 병사 1천 명이 옆에서부터 적진을 공격했다. 그러나 요리히사 군이 그들을 맞아 맹렬하게 싸웠기에 공경의 병사들도 패했으며 닛타 군도 산산이 패하고 말았다. 타케미쓰가 불과 같이 화를 내며 적을 향해 똑바로 나아갔다. 말이 쓰러지면 갈아타고 또 갈아타며 17번이나 적을 향해 달려들었다. 그러는 사이에 타케미쓰는 투구를 잃어 옆머리

를 두 번이나 베였다.

'우리 대장이 위험하다.'라고 생각한 순간, 적진 속에서 또 다시 용사 하나가 뛰쳐나와 타케미쓰를 향해 달려들었다. 타케미쓰는 말 위에서 그 자와 겨루어 별 어려움 없이 목을 벤 뒤, 자신은 그 자의 투구를 쓰고 말까지 그 자의 것으로 갈아타더니 다시 앞으로 나가며 적과 싸웠다.

그날 타케미쓰 군은 아침 6시 무렵부터 오후 6시 무렵까지 숨도 돌리지 않고 싸워서 적의 목을 4천이나 베었다. 요리히사도 이래서는 버틸 수 없겠다며 다자이후로 물러나버리고 말았다. 타케미쓰도 싸움에서 이기기는 했으나 아군 전사자의 숫자를 헤아려보니 1천 8백 명이나 되었다고 한다. 이를 치쿠고가와 전투라고 부른다. 그 후, 타케미쓰는 일단 히고노쿠니로 돌아갔다.

이후에도 요리히사와 우지토키는 역시 치쿠젠과 분고에 머물며 투항하지 않았다. 그랬기에 치쿠고가와 전투가 끝난 지 2년 뒤에 타케미쓰는 병사 5천여를 이끌고 치쿠젠의 하카타까지 진격했다. 그러자 요리히사와 우지토키 두 사람이 군대를 하나로 합하여 카시이 (香椎) 부근에 진을 치고 타케미쓰와 맞서려 했다. 그 병력은 1만 3천이나 되었다. 거기에 마쓰라까지 3천의 병사들을 이끌고 와서 요리히사 등을 도왔다. 타케미쓰는 조금도 두려워하지 않고 친왕을 받들어 격렬하게 싸워서 우선은 마쓰라 군을 달아나게 한 뒤, 다른 두 사람도 끝까지 뒤를 쫓았다.

이때 타카우지(쇼군)는 이미 죽고 그의 아들인 요시아키라의 시절이 되어 있었다. 큐슈의 상황을 들은 요시아키라는 그대로 내버려둘 수 없다며 시바 우지쓰네(斯波 氏経)라는 자를 큐슈의 탄다이로 삼아 키쿠치 정벌을 위해 내려보냈다. 오오토모 우지토키는 기꺼이 그를 맞아들였다.

시바 우지쓰네가 왔다는 소식을 들은 타케미쓰는 친왕에게,

"적의 병력이 많아지기 전에 쳐야 합니다."라고 말한 뒤 동생 타케요시(武義) 등을 대장으로 삼고 병사 5천을 주어 우지쓰네를 공격케 했다. 우지쓰네도 7천 명의 병사를 도중까지 내보내 그들을 막게 했으나, 타케요시 등이 용감히 싸워 우지쓰네의 병사들을 내몰았다. 아군이 승리했다는 말을 들은 타케미쓰는,

"그렇다면 승기를 몰아 탄다이까지 내쫓기로 하자."라며 자신이 3천 명의 병사들을 이끌고 치쿠젠까지 가서 동생 타케요시와 합류한 뒤 분고노쿠니로 향했다.

타케미쓰가 공격해 들어온다는 소식을 접한 우지쓰네와 우지토키는 커다란 두려움을 느껴 타카사키(高崎) 성까지 달아나 그곳으로 들어갔다. 이때 요리히사도 우지쓰네와 함께 타케미쓰에게 맞섰다. 그러나 타케미쓰는 1년 넘도록 성을 포위하여 결국에는 우지쓰네를 쿄토로 쫓아버리고 말았다.

타케미쓰가 죽은 후에는 아들인 타케마사(武政)가 역시 카네나가 친왕을 받들며 남조를 위해 충성을 다했다. 그러자 아시카가 요시미쓰(足利 義満)가 10만의 병사를 이끌고 키쿠치를 정벌하기 위해 왔다. 이를 맞아 타케마사가 잘 싸웠기에 요시미쓰도 어쩌지 못하고 화친을 맺은 채 쿄토로 돌아갔다.

그 이후 세이세이후로는 고무라카미 천황의 아들인 요시나리(良成)

친왕이 와서 쇼군(將軍)의 자리에 올랐다. 카네나가 친왕은 코와(弘和) 3년(1383)에 세상을 떠났다. 친왕이 큐슈로 내려간 지 46년의 세월이 흐른 뒤였다.

젠추(元仲) 9년(1392)에 남북조가 하나로 합쳐졌으나, 세이세이후에는 여전히 요시나리 친왕이 머물며 큐슈를 다스리고 있었다. 그 후인 오에이(応永) 4년(1397)에 오오토모 치카요(大友 親世)라는 자가 세이세이후를 함락시켰기에 친왕은 치쿠고 쪽으로 달아났으며, 마침내는 거기서 세상을 떠나고 말았다. 세이세이후는 이때까지 59년 동안 존속해왔다.

(1) 큐슈의 키쿠치 씨는 대대로 천황을 위해서 군을 일으켰다.

(2) 고무라카미 천황은 큐슈의 관군을 위해 동생인 카네나가 친왕을 큐슈로 보냈다.

(3) 키쿠치 타케미쓰가 친왕을 받들어 큐슈의 적들과 싸웠다.

(4) 그러한 때에 쇼니 요리히사가 친왕에 맞섰기에 타케미쓰가 치쿠고가와에서 요리히사를 쳐서 커다란 승리를 거두었다.

(5) 타케미쓰가 세상을 떠난 이후 큐슈의 관군은 마침내 세력이 떨어지기 시작했다.

제12장 참람한 아시카가 씨

1. 불충에 대한 응보

예로부터 '충신은 효자의 집안에서 난다.'는 말이 있다. 또한 천하의 태평은 형제 사이의 우애에서 비롯된다는 말도 있다. 그와 반대로 천하를 어지럽힐 정도의 인물은 그 집안 역시 사이가 좋지 않은 듯하다. 타카우지가 처음 쿄토로 공격해 들어갈 때만 해도 타카우지와 동생인 타다요시는 사이가 나쁘지 않은 듯했으나, 세상이 자신들의 것이 되자 서로 욕심을 부리기도 하고 의심하기도 해서 사이가 벌어지게 되었다.

거기에 코노 모로나오 형제가 시조나와테에서 마사쓰라를 치고 돌아온 뒤부터는,

"우리야말로 아시카가의 충신이다."라며 위세를 부리기 시작했다. 사람들에게 위세를 부렸을 뿐만 아니라 타다요시에게까지 무례하게 굴었기에, 타다요시는 모로나오를 죽여야겠다고 생각했다. 이러한 모습을 본 타카우지는 모로나오 형제에게도 잘못이 있다고 생각하기는 했으나, 모로나오 등의 세력이 워낙 컸기에 그들을 억누르지 못하고

아시카가 타카우지

그때까지 카마쿠라에 있던 아들 요시아키라를 불러들여 타다요시 대신 정치를 행하게 했다. 타다요시에게는 이 역시도 기뻐할 만한 일이 아니었다.

"형님도 모로나오 형제를 어찌할 수 없다는 말인가?"라며 결국에는 모로나오 형제를 죽여버리고 말았다. 이에 타카우지는 타다요시의 불평을 달래주기 위해서 일단 요시아키라에게 넘겨주었던 정치의 권력을 다시 타다요시에게 맡겼으나, 타다요시의 불평은 가라앉지 않았고 쇼헤이 4년(1349) 7월에 결국은 쿄토를 떠나 카마쿠라로 가버리고 말았다.

카마쿠라는 요리토모가 막부를 설치했던 곳으로 거기서 세력을 키우면 형 타카우지보다 자신이 더 강해질 수 있다고 타다요시는 생각한 것이었다. 타카우지 역시 처음에는 카마쿠라에 막부를 두고 싶었다. 그러나 남조 때문에 어쩔 수 없이 쿄토에 막부를 설치한 것이었기에 타다요시가 카마쿠라로 간다는 것은 참으로 불안한 일이었다. 만약 타다요시가 카마쿠라에 머물며 자신보다 더 강해진다면, 지난 몇 년 동안 조정의 적이라는 소리를 들어가면서까지 싸워서 일군 것이 전부 물거품이 되어버리고 말 터였다. 이에 욕망을 위해서, 야망을 위해서 혈육의 정도 형제간의 우애도 전부 내버린 채, 그 이듬해 2월에 사람을 은밀하게 보내 타다요시를 독살해버리고 말았다. 참으로 매정하기 짝이 없는 짓이었다. 모리나가 친왕을 죽인 벌이, 몇 년인가 지나서 그의 형에 의해 내려진 셈이었다.

고무라카미 천황 시절인 쇼헤이 13년(1358) 4월, 타카우지의 등에 옹[癰]이라는 종기가 났다. 여러 의사를 부르고 온갖 약을 써보았으나 병은 낫지 않았다. 신에게 기도를 하고 제사를 올리는 등 야단법석을 떨었으나 역시 낫지 않았으며, 열흘쯤 앓다가 세상을 떠났다. 당시 아직 54세로 젊은 나이였으나 천황을 괴롭히기도 하고 충성스러운 자를 죽이기도 한 응보를 받은 것일지도 모를 일이었다. 그러나 타카우지도 천황에게 활을 겨누고 전쟁을 일으켜 수많은 사람을 죽게 한 일이 마음에 걸렸는지 고다이고 천황이 세상을 떠나자 공양을 위해서 사가(嵯峨)에 텐류지(天龍寺)라는 절을 세워 애도했으며, 적과 아군을 가리지 않고 전사한 자들을 기리기 위해 각지에 안코쿠지(安国寺)라는 절을 세우기도 했다.

2. 남북조 합일

쇼헤이 13년(1358)에 타카우지의 뒤를 이어서 그의 아들인 요시아 키라가 세이이타이쇼군의 자리에 올랐다. 물론 북조의 천자가 허락한 관직으로 정식 쇼군이라고 할 수는 없는 것이었다. 그로부터 9년이 지나 요시아키라는 38세의 나이로 세상을 떠났다. 그 사이에도 세상은 역시 소란스러웠으며, 남조에서 언제 공격해올지 알 수 없었기에 차분하게 지낼 수 있는 날이 단 하루도 없었다.

그 뒤를 요시아키라의 아들인 요시미쓰가 이었다. 당시 요시미쓰는 아직 10세였기에 정치에 관해서는 아무것도 몰랐다. 그랬기에 일족인 호소카와 요리유키(細川 賴之)라는 자가 그를 보필했다. 요리유키는 상당히 훌륭한 인물로 성심을 다하여 요시미쓰를 보살폈으며, 사무라 이들의 허영을 금지하고, 방자한 다이묘들을 억압했기에 아시카가 씨의 세력도 마침내 굳건한 것이 되어가기 시작했다.

그러는 사이에 요시노의 조정(남조)에서는 고무라카미 천황이 30년 동안 위에 머물다 쇼헤이 23년(1368)에 세상을 떠났고, 황자인 고카메 야마(後龜山) 천황이 황위에 올랐다[90].

요시미쓰가 쇼군의 자리에 오른 지 24째 되던 해의 일이었다.

---

90) 남조 쪽의 기록이 충분하지 않아 현재 공인되어 있는 천황의 계보 및 즉위 연도와 본서의 내용에는 약간의 차이가 있다. 다음 쪽 내용 및 각주 참조.

사람을 요시노로 보내서 고카메야마 천황에게 쿄토로 돌아오라고 청했다. 고카메야마 천황도 오랜 세월 전쟁을 하는 것은 백성에게도 좋지 않은 일이라 생각했기에 요시미쓰의 청을 받아들여 겐추 9년 (1392) 10월 28일에 삼종의 신기를 들고 요시노를 출발하여 11월 3일에 쿄토에 도착했다. 그리고 사가의 다이카쿠지(大覚寺)라는 절로 들어갔으며 이틀 후에 왕위를 북조의 고코마쓰(後小松) 천황에게 물려주었다. 고다이고 천황이 요시노로 들어간 이후 57년의 세월이 흐른 뒤였다.

(남조)

고다이고 천황 ─ 타카나가 친왕(카네가사키에서 사망)
　　　　　　 ─ 모리나가 친왕(카마쿠라에서 사망)
　　　　　　 ─ 쓰네나가 친왕(쿄토에서 타카우지에게 살해)
　　　　　　 ─ 카네나가 친왕(큐슈에서 사망)
　　　　　　 ─ 고무라카미 천황 ─ 초케이 천황[91]
　　　　　　　　　　　　　　　 ─ 고카메야마 천황

(북조)

고후시미 천황 ─ 코곤인 ─ 스코인
　　　　　　 　　　　　 ─ 고코곤인 ─ 고엔유인 ─ 고코마쓰 천황
　　　　　　 ─ 코묘인

---

91) 1900년대 초반까지도 재위를 인정받지 못하다 1926년에 재위 사실이 공인되었다.

요시미쓰는 남북조를 하나로 합친 뒤 비로소 정당한 쇼군이 되었다. 그와 함께 무슨 일이든 자신의 뜻대로 되었기에 슬슬 오만해지기 시작했다. 어렸을 때는 호소카와 요리유키가 엄하게 가르쳤다는 사실은 앞서도 이야기한 바 있으나, 원래부터가 방자한 성격으로 22세가 되자 그의 감독을 싫어하여 호소카와의 직을 박탈했기에 이 무렵에는 이미 그의 방자함을 막을 자가 없었다. 방방곡곡으로 놀러 다니고, 온갖 영화를 누렸으며, 더없이 사치스러워서 고카메야마 천황 시절인 텐주(天授) 4년(1378)에 쿄토의 무로마치(室町)라는 곳에 으리으리한 어전을 짓고 그 정원에 진귀한 나무와 화초를 옮겨 심어 혼자서만 그것을 즐겼다. 세상에서는 그곳을 꽃의 어소(花の御所하나노고쇼)라고 불렀다.

남북조를 합일한 것은 요시미쓰가 35세 때의 일이었는데, 그로부터 2년 뒤에 쇼군 직을 아들인 요시모치(義持)에게 물려주고, 자신은 다이조다이진으로 삼아달라고 천황에게 청했다. 천황은 이를 허락했다. 얼마 후, 요시미쓰는 다이조다이진에서도 물러나 불문에 들었다. 그 이듬해, 그가 39세가 되었을 때의 일이었다. 히에이잔의 엔랴쿠지로 참배를 갔는데 그 행렬은 상황의 행행 때와 같은 의식으로 행해졌으며, 칸파쿠 이하 공경들로 하여금 수행케 한, 참으로 화려한 것이었다. 신하의 몸으로 상황의 흉내를 내다니 참으로 참람하기 짝이 없는 일이었다. 그러나 요시미쓰의 방자함, 허영은 여기서 그치지 않았다. 오에이 4년(1397), 40세가 되었을 때 쿄토의 키타야마(北山)에 별장을 지었는데 그 집은 지상의 낙원이 아닐까 싶을 정도로 아름답고 훌륭한 것이었다고 한다. 죽은 뒤에는 아무래도 극락에 갈 수 없을 듯하여, 살아 있는 동안만이라도 극락에서 살아야겠다고 생각한 것일지도 모르겠다. 집이 호화로웠던 것뿐만 아니라 정원에는 일본 전국의 다이묘에게 명하여 각지의 귀한 나무와 진귀한 돌을 가져오게 해서, 돈과 인력이 드는 것에는 조금도 신경 쓰지 않고 가능한 한 아름답게 정원을 꾸몄다. 그리고 그 정원의 한가운데에 있는 연못에 면해서 3층짜리 건물을 지었다. 그 건물의 벽과 창과 천장과 기둥에는 전부 금을 입혔다. 그런 다음 그 건물을 금각[金閣]이라고 불렀다. 이 금각은 키타야마의 킨카쿠지(金閣寺)에 아직도 남아 있다. 이 별장이 완성되자 무로마치의 꽃의 어소는 쇼군인 요시모치에게 물려주고 요시미쓰 자신은 이곳으로 옮겼다. 그리고 아무것도 하지 않은 채 그림을 보며 기뻐하기도 하고 차를 마시기도 하며 세월을 보냈다. 이때부터 요시미쓰를 '키타야마도노'라고 불렀다.

그러나 이러한 일들은 일본 국내에서의 일들로 외국에 대해서는 신경 쓸 필요도 없는 것이었으나, 결국에는 외국에 대해서도 부끄러운 짓까지 저질러버리고 말았다.

요시미쓰가 제아무리 쇼군이라 할지라도 이처럼 사치스러웠기에 돈이 떨어져버리고 말았다. 그런데 그 무렵 큐슈에는 명나라에 다녀온 자가 있었다. 그 자가 요시미쓰에게 중국, 즉 명나라와 무역을 하면 돈을 벌 수 있다는 사실을 가르쳐주었다. 이에 요시미쓰는 명나라와 무역을 시작하기 위해서 그 큐슈 사람들에게 추호(仲芳)라는 스님을 붙여주고, 명나라로 건너가서 편지를 전하게 했다. 이는 오에이 8년(1401)의 일이었는데, 추호 등은 그 이듬해에 중국의 사신과 함께 일본으로 돌아왔다. 요시미쓰는 그 사자를 키타야마의 별장으로 맞아들여 명나라에서 보낸 편지를 받았다.

그런데 그 편지의 내용은 참으로 무례한 것이었다.

〈일부러 사신을 보내 공물을 바치다니 참으로 기특하구나. 앞으로도 명나라에 대해서 충성을 다하도록 하라.〉

라고 적혀 있었을 뿐만 아니라 요시미쓰를 가리켜 '일본국왕[日本國王] 미나모토노 도기(源 道義)'라고 칭했다. 요시미쓰는 불문에 든 이후 '도기'라는 이름을 쓰고 있었다. 이에 요시미쓰는 기꺼워하며 '일본국왕 신[臣] 도기'라는 이름으로 그에 대한 답장을 보냈다. 이래서는 일본이 중국의 속국이 된 것이나 다를 바 없는 일이었다. 게다가 일본국왕이라 칭해주었다고 해서 일본의 국왕이라도 된 양 기뻐한 것이다. 일본에는 천황이 엄연히 존재한다. 그러니 천황마저도 무시한 처사인 것이다. 예로부터 일본은 단 한 번도 외국의 속국이 된 적이 없었다. 그런데 요시미쓰는 명나라로부터 속국 취급을 받았으면서도 아무렇지 않았으며, 천황을 무시한 채 기뻐했던 것이다. 비록 남북조를 하나로 합치게 한 공로가 있다 할지라도 이래서는 참으로 괘씸하기 짝이 없는 자라 하지 않을 수 없다.

요시미쓰는 나라의 수치도 돌아보지 않고 천황까지 무시해가며 명나라로 물건을 보내, 그것으로 돈을 얻어 사치를 즐겼던 것이다. 지금도 일본에 남아 있는 '영락통보[永樂通寶]'는 요시미쓰가 중국으로부터 받은 돈이다.

이처럼 불충하고 괘씸한 짓을 일삼으며 사치로 일생을 보내던 요시미쓰는 오에이 15년(1408)에 51세로 세상을 떠났다.

(1) 타카우지 사후 요시아키라가 그 뒤를 이었으며, 요시미쓰가 다시 그 뒤를 이었다.

(2) 1392년에 요시미쓰가 남북조 합일을 청했다.

(3) 고카메야마 천황이 이를 받아들여 쿄토로 돌아왔으며 삼종의 신기를 고코마쓰 천황에게 건네주었다.

(4) 요시미쓰는 쇼군의 자리를 아들인 요시모치에게 물려주고 자신은 다이조다이진이 되었다.

(5) 요시미쓰는 꽃의 어소를 조영했으며, 키타야마에 킨카쿠를 짓는 등 정치를 게을리 하고 사치를 즐겼다.

(6) 요시미쓰는 자신의 행렬을 상황의 행행 때와 같은 의식으로 행하는 등 참람한 짓을 저질렀다.

(7) 명나라로부터 돈을 받기도 하고 명의 천자로부터 일본국왕이라 불린 것을 기뻐하기도 했으며, 스스로도 일본국왕이라고 적은 글을 명나라로 보내기도 했다.

제13장 아시카가 씨의 쇠미

1. 세력을 얻기 위해

아시카가 씨는 맨 처음 타카우지 때부터 어떻게든 세력을 얻고 싶다, 권력을 쥐고 싶다고 생각했기에, 그 이후의 쇼군도 사무라이도 서로 세력을 얻고 싶다, 권력을 쥐고 싶다고만 생각했다. 그랬기에 쇼군 집안에는 늘 다툼이 있었으며, 사무라이들 사이에서도 다툼이 일어나 편안할 날이 없었다.

거기에 요시미쓰를 비롯하여 사치스럽고 놀기를 좋아하는 자들이 많았기에 일본을 위해서도, 백성을 위해서도 그리 좋은 쇼군은 아니었다. 이러한 사실만 놓고 보더라도 호조 씨 쪽이 얼마나 좋은 정치가였는지 모를 정도였다.

요시미쓰 이후 요시모치, 요시카즈(義量), 요시노리(義教), 요시카쓰(義勝)가 뒤를 이었으며 요시마사(義政) 대에 이르렀다. 요시마사도 어렸을 때부터 방자했으며, 정치는 전부 칸레이[92]에게 맡긴 채 자신은 단풍놀이나 꽃놀이를 다녔고, 아름다운 옷으로 몸을 치장하

---

92) 管領 쇼군을 도와 정무를 총괄하던 벼슬.

고 다도회를 즐겼으며, 사루가쿠(猿楽연극)에 심취하는 등 그야 말로 온갖 놀이로 세월을 보냈다.

칸레이라는 벼슬은, 카마쿠라 막부를 세운 요리토모가 쇼군에 올랐을 때 호조 씨를 싯켄이라는 최고 직으로 삼은 것처럼, 아시카가 쇼군의 가신 중에서는 최고 직에 해당하는 것이었다. 아시카가 씨의 칸레이가 될 수 있는 집안은 호소카와 씨, 시바 씨, 하타케야마 씨 등의 세 집안으로, 세상에서는 이들을 산칸레이(三管領)라고 불렀다.

한편 아시카가 씨는 칸토 지방을 다스리기 위해 카마쿠라에 카마쿠라쿠보(鎌倉公方)라는 직을 두었다. 앞서도 이야기한 것처럼 이 카마쿠라는 막부를 열려고까지 생각했던 땅이었기에 카마쿠라쿠보로는 요시아키라의 동생인 모토우지(基氏)를 두었으며, 그의 자손들이 대대로 카마쿠라쿠보의 자리에 올랐다.

그러나 제아무리 많은 관직을 두어도 그들의 사이가 서로 좋지 않거나, 백성을 위하지 않는다면 그들 자신이 곧 세력을 잃게 되는 법이다.

2. 오닌의 난

쇼군 요시마사도 서른 살이 되었다. 요시마사에게는 아들이 없었다. 이에 자신의 동생으로 불문에 든 요시히로(義尋)를 불러서,

"너, 불문에서 나와 나의 후계자가 되어주지 않겠느냐?"라고 청했다. 그러자 요시히로는,

"형님은 아직 젊으시니 곧 아들이 태어날 것입니다."라고 거절했으나 요시마사가,

"그럴지도 모르겠으나 당장 후계자가 없으니 뭔가 불안하구나. 후에 만약 아들이 태어나면 그 아이를 불문에 들게 할 테니, 네가 꼭 후계자가 되어주었으면 한다."라고 말했기에 요시히로도 마침내 승낙하고 불문에서 나와 이름을 요시미(義視)로 바꾸었다. 그리고 요시미를 보필할 자로는 산칸레이 가운데 한 사람인 호소카와 카쓰모토 (細川 勝元)라는 자가 뽑혔다. 카쓰모토는 전에도 한 번 칸레이의 자리에 오른 적이 있었으며 꽤나 세력이 큰 자였기에 요시미도 마음이 놓였다.

그런데 그 이듬해, 요시마사에게서 요시히사(義尚)라는 아들이 태어났다. 동생 요시미와의 약속이 있었기에 그 아이를 불문에 들게 해야 했으나, 요시히사의 어머니인 토미코(富子)에게는 어렵게 태어난 아들을 스님으로 만들 생각이 없었다. 어떻게 해서든 결국은 쇼군으

로 만들고 싶다고 생각했다. 이것이 소동의 시작이었다.

그런데 요시히사를 쇼군으로 만들려면 요시미를 어떻게든 하지 않으면 안 되었다. 하지만 요시미에게는 카쓰모토라는 세력가가 딸려 있었기에,

"역시 요시히사를 쇼군으로 삼고 싶습니다."라는 등의 말을 쉽게 꺼낼 수는 없었다. 그러나 무슨 일이 있어도 쇼군으로 삼고 싶었기에 그렇다면 카쓰모토와 어깨를 나란히 하며 그 세력에서도 뒤질 것이 없는 사람을 찾아내 그로 하여금 요시히사를 보살피도록 하면 될 것이라고 생각했다. 그렇게 해서 여러 가지로 살펴보다 마침내 야마나 소젠(山名 宗全)이라는 자를 찾아냈다.

이 소젠이라는 사람의 딸이 카쓰모토의 아내였기에 호소카와와는 깊은 인척관계에 있었으나 카쓰모토의 세력이 강했기에 늘 시기심을 품고 있었다. 토미코가 소젠에게 그 일을 상의하자,

'이거 마침 잘 되었구나. 잘만 해서 요시히사를 쇼군 자리에 앉혀놓으면 나의 세력이 카쓰모토보다 더 강해질 것이다.'라고 애초부터 카쓰모토와 경쟁할 생각으로 요시히사를 보살피겠다고 대답했다.

이때 마침 하타케야마 집안에서도 마사나가(政長)와 그의 동생인 요시나리(義就)가 가독의 자리를 놓고 다투고 있었는데 마사나가가 카쓰모토에게 도움을 청하자, 요시나리는 소젠에게 도와줄 것을 청했다. 뿐만 아니라 시바 집안에서도 내분이 일어났으며, 다른 유력한 다이묘의 집안에서도 다툼이 일어났다. 한쪽이 소젠 쪽에 붙으면 다른 쪽은 카쓰모토에게 붙는 형국이었기에 소동은 점점 더 커져가기만 했다. 그리고 마침내 카쓰모토가 병사들을 모으기 시작했다. 소젠도

역시 병사들을 모으기 시작했다. 각지의 병사들이 연달아 쿄토로 들어왔다. 이것이 오닌(応仁) 원년(1467)의 일이었다. 이때 카쓰모토의 병력은 16만, 소젠의 군은 11만이었다. 이 양쪽 군의 병력이 무로마치 막부를 한가운데 두고 소젠은 그 서쪽에 진을 쳤으며, 카쓰모토는 동쪽에 진을 친 채 매일 싸움을 시작했다. 그랬기에 쿄토 안의 사람들은 위험해서 쿄토에 머물 수가 없었다. 모두가 짐을 싸들고 처자를 데리고 달아나버렸다. 공경들도 각자 자신들이 알고 있는 다이묘 등을 의지하여 멀리로 가버리고 말았다.

싸움은 연일 계속되었다. 거리도 불에 탔으며 이름 높은 절과 신사도 불에 타버리고 말았다. 처음 카쓰모토는 요시미를 위해서 싸우고 소젠은 요시히사를 위해서 싸웠으나, 언제부턴가 요시마사와 요시히사가 동군(카쓰모토) 편에 서고 요시미는 반대로 서군(소젠) 편에 서는 이상한 상황이 벌어졌다. 그래도 싸움은 쉬지 않고 계속되었다. 그러는 사이에 오닌 2년도 지났으며 3년에는 연호를 분메이(文明)라고 바꾸었다. 그해 정월에 요시마사는 요시히사를 쇼군으로 세웠다.

그런데 분메이 5년(1473) 3월에 한쪽 편의 대장인 소젠이 세상을 떠났다. 이렇게 해서 마침내 전쟁이 끝나는가 싶었으나, 그래도 여전히 전쟁은 계속되었다. 그러던 중, 같은 해 5월에 카쓰모토도 세상을 떠났다. 그래도 역시 싸움은 계속되었다. 분메이 9년(1477)이 되어서야 마침내 각 다이묘들이 자신의 근거지로 돌아가 쿄토 안에서의 전쟁이 멈추었다. 오닌 원년에서부터 11년 동안, 쿄토 전체가 불에 타버려서 예로부터 내려오던 기록과 보물이 전부 소실되고 말았다. 이를 오닌의 난(応仁の乱)이라고 부른다.

〈너는 아느냐, 도읍은 벌판이 되어 저물녘 날아오르는 종다리를 보아도 눈물이 나는구나〉

쿄토 사람들에게는 참으로 슬픈 일이었으리라. 들불이 휩쓸고 지나간 것처럼 되어버린 도읍을 바라보면, 한 사람의 욕심이 얼마나 많은 사람에게 피해를 주는지 알 수 있었다. 더구나 그 욕심쟁이가 사람들 위에 선 자라면 그 피해는 더욱 커지는 법이다.

한편 싸움의 당사자인 요시미는 전쟁이 끝났을 무렵에는 미노노쿠니로 들어가 싸움에서 벗어나 있었다.

이렇게 해서 싸움은 그쳤으나 요시마사는 자신의 행동을 조금도 고치려 하지 않았다. 전쟁 중에도 여전히 다담회를 열고 춤을 구경하며 하루하루를 보냈다. 그리고 분메이 14년(1482)에는 요시미쓰의 금각을 흉내 내어 히가시야마에 별장을 짓고 그 정원에 2층짜리 건물을 세워 건물 전체를 은으로 바를 생각이었으나 은을 살 돈이 없었기에 이름만 은각[銀閣]이라고 지었다. 아직도 히가시야마에 남아 있는 긴카쿠지(銀閣寺)가 바로 그것이다.

쇼군 요시히사는 25세로 세상을 떠났다. 그 뒤를 요시미의 아들인 요시타네(義植)가 이었다. 이때 요시미는 요시타네와 함께 미노에서 쿄토로 돌아왔다. 그 이듬해인 엔토쿠(延德) 2년(1490)에 요시마사가 56세로 세상을 떠났다. 이듬해인 3년에는 요시미도 53세의 나이로 세상을 떠났다.

이 오닌의 난 이후 아시카가 쇼군은 세력이 완전히 쇠해서 각지에 자리 한 다이묘들을 억누를 힘을 잃고 말았다.

(1) 요시마사는 사치가 극에 달해 백성들로부터 많은 세금을 거두는 등 백성들을 괴롭혔다.

(2) 오닌의 난

원인─요시마사에게는 아들이 없었기에 자신의 동생인 요시미를 후계자로 삼고 호소카와 카쓰모토를 보좌로 붙였다. 그 이후 요시히사가 태어났기에 그를 쇼군으로 만들기 위해 야마나 소젠을 그의 보좌로 붙였다. 그 호소카와와 야마나의 사이가 좋지 않았기에 아시카가 씨의 후계자다툼이 곧 호소카와와 야마나 씨의 싸움으로 번졌다.

싸움의 양상─오닌 원년 쿄토로 몰려든 호소카와와 야마나의 대군이 막부를 사이에 두고 동서로 갈려 11년이나 싸움을 계속했다.

결과─소젠과 카쓰모토가 세상을 떠난 뒤에도 싸움은 그치지 않았으며, 쿄토는 잿더미가 되었고 신사와 절까지 불에 탔으며 역대의 보물까지 소실되었다. 이후부터 전쟁으로 날이 새고 지는 세상이 되었다.

(3) 요시마사는 이러한 싸움 중에도 사치스러운 생활과 유희를 즐겼으며 히가시야마에 은각을 짓는 등 세상을 다스리려는 마음은 조금도 없었다.

◎ 카마쿠라 막부의 역대 쇼군

1대 미나모토노 요리토모(源 賴朝, 1192~1199)

2대 미나모노토 요리이에(源 賴家, 1202~1203)

3대 미나모토노 사네토모(源 実朝, 1203~1219)

4대 후지와라노 요리쓰네(藤原 賴経, 1226~1244)

5대 후지와라노 요리쓰구(藤原 賴嗣, 1244~1252)

6대 무네타카 친왕(宗尊親王, 1252~1266)

7대 코레야스 친왕(惟康親王, 1266~1289)

8대 히사아키라 친왕(久明親王, 1289~1308)

9대 모리쿠니 친왕(守邦親王, 1308~1333)

◎ 카마쿠라 막부의 역대 싯켄

1대 호조 토키마사(北条 時政, 1203~1205)

2대 호조 요시토키(北条 義時, 1205~1224)

3대 호조 야스토키(北条 泰時, 1224~1242)

4대 호조 쓰네토키(北条 経時, 1242~1246)

5대 호조 토키요리(北条 時頼, 1246~1256)

6대 호조 나가토키(北条 長時, 1256~1264)

7대 호조 마사무라(北条 政村, 1264~1268)

8대 호조 토키무네(北条 時宗, 1268~1284)

9대 호조 사다토키(北条 貞時, 1284~1301)

10대 호조 모로토키(北条 師時, 1301~1311)

11대 호조 무네노부(北条 宗宣, 1311~1312)

12대 호조 히로토키(北条 熙時, 1312~1315)

13대 호조 모토토키(北条 基時, 1315~1316)

14대 호조 타카토키(北条 高時, 1316~1326)

15대 호조 사다아키(北条 貞顕, 1326년 3월 16일~3월 26일)

16대 호조 모리토키(北条 守時, 1326~1333)

17대 호조 사다유키(北条 貞将, 1333년 5월 22일) 1일

일본의 옛 행정구역명

토산도
40.오우미/고슈
45.미노/노슈
50.히다//히슈
57.시나노/신슈
63.시모쓰케/아슈
64.코즈케/조슈
67.데와/우슈
68.무쓰/오슈

호쿠리쿠도
39.와카사/자쿠슈
46.에치젠/엣슈
47.카가/카슈
48.노토/노슈
49.엣추/엣슈
65.에치고/엣슈
66.사도/사슈

산인도
19.이와미/세키슈
21.이즈모/운슈
25.호키/하쿠슈
28.타지마/탄슈
29.이나바/인슈
30.오키/온슈
31.탄고/탄슈
32.탄바/탄슈

산요도
16.스오/보슈
17.나가토/조슈
18.아키/게이슈
20.빈고/비슈
22.빗추/비슈
23.비젠/비슈
24.미마사카/사쿠슈
27.하리마/반슈

토카이도
41.이가/이슈
42.이세/세이슈
43.시마/시슈
44.오와리/비슈
51.미카와/산슈
52.토오토우미/
53.스루가/슨슈
54.이즈/즈슈
55.사가미/소슈
56.카이/코슈
58.무사시/부슈
59.아와/보슈
60.카즈사/소슈
61.시모우사/소
62.히타치/조슈

키나이
33.셋쓰/셋슈
34.이즈미/센슈
35.카와치/카슈
37.야마토/와슈
38.야마시로/조슈

난카이도
12.이요/요슈
13.토사/도슈
14.아와/아슈
15.사누키/산슈
26.아와지/탄슈
36.키이/키슈

사이카이도
1.오오스미/구슈
2.사쓰마/삿슈
3.휴가/닛슈
4.부젠/호슈
5.분고/호슈
6.치쿠젠/치쿠슈
7.치쿠고/치쿠슈
8.히젠/히슈
9.히고/히슈
10.이키/잇슈
11.쓰시마/타이슈

약 700년 동안 일본을 지배했던 칼의 역사
사무라이 이야기(상, 하)
—문고간행회 편집부 엮음 각권 15,000원

일본 최초의 무가정권을 수립한 기념비적 인물
(전기) 다이라노기요모리
—가사마쓰 아키오 지음 16,800원

전국시대 최고의 무장으로 꼽히는 다케다 신겐의 일대기
(소설) 다케다 신겐
—와시오 우코 지음 13,400원

치열했던 가와나카지마 전투, 그 중심에 섰던 우에스기 겐신의 인간상
(소설) 우에스기 겐신
—요시카와 에이지 지음 13,400원

일본 역사상 최대의 미스터리인 혼노지의 변을 소재로 한 소설
(소설) 아케치 미쓰히데
—와시오 우코 지음 13,000원

오다 노부나가와 도쿠가와 이에야스의 어린 시절을 그린 소설
젊은 날의 도쿠가와 이에야스
—와시오 우코 지음 12,000원

혼돈의 전국시대를 평정한 진정한 영웅
(전기) 도쿠가와 이에야스
—나카무라 도키조 지음 14,000원

독재는 어떻게 태어나는가? 파시즘의 창시자
(개정증보판) 무솔리니 나의 자서전
—베니토 무솔리니 지음 17,000원

일본을 대표하는 두 거장(소설+만화)의 만남

(삽화와 함께 읽는) 도 련 님

—나쓰메 소세키 지음 / 곤도 고이치로 그림 11,200원

한 편의 시처럼 펼쳐놓은 '비인정'의 세계

풀 베 개

—나쓰메 소세키 지음 11,800원

인간의 심리를 날카롭게 파헤친 성장소설

갱 부

—나쓰메 소세키 지음 12,600원

일본의 국민작가 나쓰메 소세키의 주옥같은 단편

나쓰메 소세키 단편소설 전집

—나쓰메 소세키 지음 13,000원

인간 나쓰메 소세키의 정신세계를 엿볼 수 있는 한 권의 책

나쓰메 소세키 수상집

—나쓰메 소세키 지음 13,000원

대중소설의 선구자, 나오키 상으로 이름을 남긴

나오키 산주고 단편소설 선집

—나오키 산주고 지음 14,000원

암울한 현실에 맞서 치열한 삶을 살았던 작가들의 이야기

일본 무뢰파 단편소설선

—사카구치 안고 외 지음 13,000원

미에 대한 끝없는 탐구, 예술을 위한 예술

일본 탐미주의 단편소설 선집

—무로우 사이세이 외 지음 13,000원

구로사와 아키라 감독 영화의 원작소설

붉은 수염 진료담

—야마모토 슈고로 12,000원

일본 최고의 감독들이 앞 다투어 영상화를 시도한 명작소설

계절이 없는 거리

—야마모토 슈고로 지음 12,000원

서로 다른 재능을 가진 두 청년의 우정과 내면적 성장기

사부

—야마모토 슈고로 지음 13,000원

일본 대문호의 계보를 잇는 야마모토 슈고로의 드라마 원작소설 모음집

유령을 빌려드립니다

—야마모토 슈고로 지음 13,000원

인간미로 가득 넘쳐나는 새로운 형식의 추리소설

잠꾸러기 서장님

—야마모토 슈고로 지음 13,800원

절대자의 참모습, 그 이면을 파헤친 유니크한 소설

절대제조공장

—카렐 차페크 지음 / 요케프 차페크 그림 14,000원

에드거 앨런 포부터 아가사 크리스티까지

추리소설 속 트릭의 비밀

—에도가와 란포 지음 12,000원

현존 최고의 탐정, 셜록 홈즈를 낳은 작가

아서 코난도일 자서전

—아서 코난 도일 지음 14,000원

옮긴이 **박현석**

나쓰메 소세키, 다자이 오사무, 와시오 우코, 나카니시 이노스케,
후세 다쓰지, 야마모토 슈고로, 에도가와 란포, 쓰보이 사카에
등의 대표작과 문제작을 꾸준히 번역해 소개하고 있다. 국내 최
초로 번역한 작품도 상당수 있으며 앞으로도 국내에 잘 알려지
지 않은 작가·작품을 소개하여 획일화된 출판시장에 다양성을
부여할 계획이다. 옮긴 책으로는 『나쓰메 소세키 단편소설 전
집』, 『그럼, 이만…… 다자이 오사무였습니다.』, 『젊은 날의 도
쿠가와 이에야스』, 『붉은 흙에 싹트는 것』, 『운명의 승리자 박
열』, 『붉은 수염 진료담』, 『추리소설 속 트릭의 비밀』, 『스물네
개의 눈동자』 외 다수가 있다.

사무라이 이야기(상)

1판 1쇄 인쇄 2024년 8월 5일
1판 1쇄 발행 2024년 8월 10일

엮은이 문고간행회 편집부
옮긴이 박현석
펴낸이 박현석
펴낸곳 호 人(현인)

등 록 제 2010-12호
주 소 서울시 도봉구 덕릉로 62길 13, 103-608호
전 화 010-2012-3751
팩 스 0505-977-3750
이메일 gensang@naver.com

ISBN 979-11-90156-51-6
ISBN 979-11-90156-50-9 (전2권)